Reden statt schießen

D1919652

Unverkäufliches
Leseexemplar

Prospero

Reden statt schießen

Militärputsch in Malis Kultur des Dialogs

Ein Tagebuch von Christof Wackernagel

Prospero

Auszug auf S. 161

chrismon 09/2012 und http://chrismon.evangelisch.de/artikel/2012/panzer-fuer-die-saudis-15166

Christof Wackernagel:
Reden statt schießen. Militärputsch in Malis Kultur des Dialogs – Ein Tagebuch
© 2013 Prospero Verlag, Münster, Berlin
www.prospero-verlag.de

Der Prospero Verlag ist eine Unternehmung der Verlagshaus
Monsenstein und Vannerdat OHG, Münster

Alle Rechte vorbehalten

Satz: Thorsten Hartmann, MV-Verlag
Umschlag: Thorsten Hartmann unter Verwendung eines Bildes von
Cultura Travel/Philip Lee Harvey, Getty Images
Herstellung: Monsenstein und Vannerdat, gedruckt in der EU

ISBN: 978-3-941688-48-3

Vorwort:

Dass in Afrika geputscht wird, gilt in Europa als an der Tagesordnung. Die Afrikaner seien eben noch nicht »demokratiereif«, ist eine populäre Auffassung auch in intellektuellen Kreisen Europas. Die Entwicklungen in Mali in den Jahren 2012 und 2013 haben jedoch gezeigt, dass diese Ansicht überprüft werden sollte.

Als 1991 der junge Offizier Amadou Toumani Touré gegen den Diktator Moussa Traoré putschte, geschah etwas einmaliges: Der Putschführer stellte sich nicht zur Wahl. Der Politiker Alpha Konaré führte das Land in die Demokratie. Nach Ablauf der beiden Legislaturperioden Konarés bewarb sich Touré (im Volksmund ATT genannt) und gewann die Wahl umstritten, erst seine Wahl zur zweiten Legislaturperiode gilt allgemein als korrekt. Kurz vor deren Ablauf im März 2012, der Wahlkampf zahlreicher Kandidaten lief bereits auf Hochtouren, wurde gegen ihn geputscht. Was war da passiert?

Seit über zwanzig Jahren, bis zu dem Militärputsch am 21.3.2012, galt Mali weltweit als demokratisches Musterland Afrikas. Es gab zwar auch dort Wahlfälschungen und Korruption – dies wurde aber in den alle politischen Spektren abdeckenden Print- und Elektronikmedien angeprangert und diskutiert. Und es gab die messbare Tendenz einer Veränderung zum Besseren – derartig tief und historisch verwurzelte Traditionen lassen sich nicht von einem Tag auf den anderen abschaffen, sondern erfordern langwierige gesellschaftliche Umstrukturierungsprozesse.

Eine Sonderrolle spielten in diesen Prozessen die im Norden Malis lebenden Tuareg. Obschon seit Langem kulturell wie ökonomisch eng verknüpft mit den anderen dort ansässigen Ethnien wie den Songhrai, den Dogon oder den Bambara, forderten seit Anfang des letzten Jahrhunderts verschiedene politische Interessengruppen der Tuareg einen eigenen Staat. Sein Territorium sollte sich zwar nicht auf den Norden Malis beschränken, sondern auch Teile von Mauretanien, Algerien, Libyen und Niger einbeziehen, im Norden Malis aber sein Zentrum haben. Zum ersten Mal 1905 und zuletzt im Jahre 2009 hatte es deswegen sogar bewaffnete Auseinandersetzungen gegeben. Begründet mit nicht spezifizierter »Unterdrückung«, dem »Selbstbestimmungsrecht der Völker« oder »kultureller Autonomie« und forciert von einer in der westlichen Welt geschickt taktierenden intellektuellen Lobby, fanden diese Bestrebungen stets weltweit Aufmerksamkeit, Sympathie und Unterstützung: Von politisch mit Lobbyisten bei der Europäischen Union bis kulturell, zum Beispiel einem international beachteten jährlichen Musik- und Trachtenshowfestival in Timbuktu. Ohne auf die weitaus komplizierteren und sich teilweise sogar gegenteilig darstellenden, seit Jahrhunderten existierenden ethnischen Hintergründe einzugehen, wurde in Trivialliteratur genauso wie in linken Kreisen gerne von den »Indianern der Sahara« geschwärmt, den »edlen Wüstenkriegern«, den »stolzen Verteidigern der Freiheit«. Ignoriert wurde dabei vor allem die von der Afrikanischen Union – man kann in diesem Fall sogar wirklich sagen: den Afrikanern – am Ende der Kolonialzeit nach einem schmerzhaften Diskussionsprozess getroffene Entscheidung, die von den Kolonisatoren gezogenen, ungerechten und nicht mit den wahren ethnischen Verhältnissen übereinstimmenden Grenzen trotzdem in dieser Form zu belassen. Hintergedanke und Ziel war dabei die Einigung Afrikas und nicht seine weitere Zersplitterung; es ging bei dieser Entscheidung in erster Linie um die Vermeidung neuer Anlässe für Grenzkriege, Mord und Totschlag.

Umso fataler waren die internationalen Bestrebungen, die politisch unverantwortliche, destruktive und für Afrikas Zusammenhalt kontraproduktive Entwicklung der »nationalen Unabhängigkeit der Tuareg« zu beeinflussen: Von der deutschen »Gesellschaft für technische Zusammenarbeit«, GTZ (heute: GIZ), die dort mit einem milliardenschweren Programm Politik machte, über französische Uranforschungsinstitutionen, die eine Uranfabrik planten, bis hin zum ehemaligen libyschen Machthaber Muamar al Gadhafi, der von vielen Maliern als »heimlicher Präsident« angesehen wurde und zur Bekräftigung dieser Rolle ungeheure Finanzmittel einsetzte. Dies ist besonders bitter, weil gerade Mali innerhalb Westafrikas eine führende Rolle inne hatte und die höchst entwickelte Kultur der Verständigung unter den Ethnien und der Überwindung althergebrachter Stammeskonflikte entwickelt und bis zur Eskalation Anfang 2012 auch erfolgreich betrieben hatte. Über die Motive für die Einmischung mögen sich Experten streiten – hier sei nur ein Beispiel erwähnt: Ein wesentlich einleuchtenderes Motiv als eine von interessierten Pressuregroups geforderte »nationale Selbstbestimmung« stellt die seit vielen Jahren bekannte Jumbo-taugliche Landebahn in der Nähe der Stadt Kidal dar, die als zentraler Umschlagpunkt des von Südamerika ausgehenden internationalen Drogenschmuggels dient.

Nach Gadhafis Sturz eskalierte die Situation in atemberaubender Geschwindigkeit. Gadhafis »Werwölfe«, fast die gesamten jungen Tuareg von Gao, Timbuktu und Kidal, die er als letzte Reserve mit Hilfe von Geld und Drogen nach Libyen gelockt hatte, kehrten nun bis an die Zähne bewaffnet in ihre Heimatländer zurück. Während Mauretanien, Niger oder Burkina Faso ihre Grenzen für die Waffen dicht machten, erlaubte der malische Präsident Amadou Toumani Touré (ATT) die Einfuhr des gesamten Waffenarsenals, das bis zu Boden-Luft-Raketen reichte.

Innerhalb kürzester Zeit begannen bewaffnete Angriffe auf nordmalische Kasernen, flankiert von politischen Offensiven in der europäischen Parteienlandschaft. Die in Frankreich und Marokko ansässigen Führer der nationalistischen Tuaregbewegung MNLA lancierten professionelle Internetseiten, auf denen die baldige Gründung des Tuaregstaates »Azawad« angekündigt wurde. Doch Präsident Touré setzte weiter auf Verhandlungen und friedliche Kompromisse, lehnte es ab, das schlecht bis überhaupt nicht bewaffnete Militär im Norden aufzurüsten und hielt weiter an dieser Strategie fest, als die Proteste dagegen lauter wurden. Selbst Massendemonstrationen von Müttern und Frauen der betroffenen Soldaten, was in Afrika als Alarmstufe Nummer eins verstanden werden kann, versuchte er durch im Fernsehen übertragene Diskussionen mit diesen Frauen zu besänftigen.

So war es für manchen Beobachter keine allzu große Überraschung, dass am 22. März 2012 der bis dato unbekannte Capitaine Amadou Sanogo gegen ATT putschte. Was zunächst wie eine Meuterei frustrierter Soldaten wirkte, die sich dagegen wehrten, im Rahmen einer unklaren Politik verheizt zu werden, entpuppte sich im Handumdrehen als ein grundsätzlicher Angriff auf das bisherige politische System Malis. Vorgeblich ging es darum, den Norden Malis nicht zu verlieren, der Name der Puschistengruppe offenbarte aber schon weiter gehende Ziele: »Wiederherstellung der Demokratie und des Staates« (CNRDRE). Ein offensichtlicher Widerspruch zu der Tatsache, dass mit dem Putsch die sechs Wochen später, für den 29.4.2012, angesetzten Wahlen verhindert wurden, und stattdessen ein in dem von ihm besetzten Staatsfernsehen heiser herumschreiender selbsternannter »Staatschef« sämtliche demokratische Institutionen außer Kraft setzte.

Einen Putsch mitzuerleben, ist eine einschneidende Erfahrung im Leben.

Ein Putsch ist etwas Entwürdigendes. Er erniedrigt die Menschen des Landes, das er überfällt. Zu erfahren, wie ein Lebensgefühl, eine soziale Realität, der Zusammenhang und -halt von Menschen in ein paar Stunden zerfetzt werden kann als sei man auf eine Mine getreten – das hat etwas Demütigendes.

Im Jahr 2003 zog ich nach Bamako, um dort ein Jahr lang meinen Roman »es – Traumtrilogie« zu schreiben. Aus diesem einen Jahr wurden sechs und es war nicht mehr möglich, bruchlos zum Status quo ante zurückzukehren. Der »Virus africanus« im Allgemeinen und die malische Lebenslust im Besonderen hatten mich angesteckt und ich beschloss, in Mali als Schriftsteller zu leben und nur zeitweilig nach Deutschland zu fahren, um dort als Schauspieler zu arbeiten. Ich baute mir ein Haus, holte meine Möbel und Bücher nach Bamako und als ich alles fertig eingerichtet hatte, verjagten Putschisten den Präsidenten – für mich, trotz mancher Vorwarnungen, aus heiterem Himmel. Ich hätte es mir buchstäblich im Traum nicht vorstellen können, dass die Entwicklung dieser zwar jungen, aber ungestüm sich entwickelnden Demokratie, die mir oft lebendiger und phantasievoller vorkam als unsere institutionell eingefahrene in Deutschland, je wieder zurückgedreht werden könnte. Aufgewachsen in einem Land, in dem seit 65 Jahren Frieden herrscht und erzogen mit den bürgerlich-humanistischen Idealen der deutschen Nachkriegsgesellschaft, die Konsequenzen aus ihrer eigenen totalitären

Vergangenheit zu ziehen versuchte, war die Erfahrung dieses Putsches ein wahrer Schock.

Ich habe Mali als ein Land erfahren, das sich in einer Hinsicht von allen anderen Ländern unterscheidet, die ich kenne, auch meinem eigenen Herkunftsland. Ich habe dort eine gesellschaftliche Realität erlebt, die mich dort festhielt, obwohl ich das nie geplant hatte. Ich habe dort eine Gesellschaft kennengelernt, die eine vielleicht sogar weltweit einzigartige gesellschaftliche Praxis lebt, die ich – wie die Malier selbst – »Kultur des Dialogs« nennen möchte: Vom Ehekonflikt bis zur großen politischen Auseinandersetzung – man redet erst mal miteinander.

Diese Kultur des Dialogs hat zwei Seiten. Sie ist vorbildlich utopisch human und gefährlich kontraproduktiv zugleich. Die im Zusammenhang mit dem Putsch vom 21./22. März hervorgerufenen Entwicklungen, Geschichten, Veränderungen, Offenbarungen im privaten wie politischen Rahmen verdeutlichen diese Widersprüchlichkeit.

21. März bis 2. April, Mali

21.3.:
Nachmittag in Bamako. Unvergleichbares Licht. Frühjahr ist die schönste Zeit in Mali. Die meisten Touristen sind wieder abgereist, aber es ist noch nicht so heiß, dass über Mittag jegliches Leben erschlafft, ein laukühles Lüftchen umschmeichelt die Haut und von den Straßen schallt das Geschrei der spielenden Kinder. Die Märkte, auf denen die Farben der Früchte und Gemüse wetteifern mit den Farben der Kleider ihrer Händler und Besucher, sind so belebt, dass die Autos auf den engen Straßen kaum durchkommen, überall wird gebaut, neue Häuser schießen wie Pilze aus dem Boden oder bereits vorhandene werden aufgestockt: Mali boomt.

Ich stehe auf der Dachterrasse meines Hauses im Stadtviertel Banconi Razel und genieße den Blick über die zu meinen Füßen liegende Stadt, das rotbraune Gewirr der oft halbfertigen Häuser, das viele Grün, am Horizont schängelt sich ein dünnes blaues Band, der Niger, ich höre die Stimmen der Kinderscharen, der Transistorradios, der Fußball spielenden Jugendlichen.

Vom Hof meines Hauses, in dem ich mit dem Musiker Madou Coulibaly wohne, seiner Tochter Mah und zwei Bonnes – wie hier die Haushälterinnen genannt werden – ziehen die süßen Düfte des bald fertigen Mittagessens bis hoch auf meine Dachterrasse im zweiten Stock, wo ich mit Blick über ganz Bamako an meinem Stehpult arbeite. Um halb zwei muss die Kleine aus der Schule geholt werden und bis dahin dröhnen ebenfalls vom Hof die Diskussionen einer beliebten Publikumssendung, in der sich Hörerinnen ausheulen, so laut, dass ich das obligatorische Schluchzen der meist betrogenen Ehefrauen hören kann als stünden sie neben mir. Aber die Aussicht auf das wohlschmeckende Atjeke, geraspelte und gedünstete Maniokwurzeln mit einer Tomaten-Zwiebeln-Paprika-Soße und den köstlichen, fast grätenlosen »senegalaise« genannten Niger-Fisch, versöhnen mich mit der unerwünschten Klangkulisse. Nachmittags werden – meist unangekündigt, aber dennoch erwünscht – Freunde erscheinen, mit denen wir Tee trinken. Abends treffe ich mich meist mit Madou in unserem Studio, in dem er an der Cora, dem klassischen malischen harfenartigen Instrument und ich an der Gitarre vor uns hin improvisieren oder Stücke für unsere zweite CD entwickeln.

Das Mobiltelefon meldet eine SMS.

»Straßenschlachten in Kati. Bleib zu Hause.«

Nichts Besonderes. Seit Monaten protestieren die im – neben dem Präsidentenpalast auf dem Berg Koulouba gelegenen – Militärstützpunkt Kati stationierten Soladaten gegen die ihrer Meinung nach lasche Politik des malischen Präsidenten Amadou Toumani Touré, kurz ATT: Er greife nicht hart genug gegen die im Norden Malis für einen unabhängigen Staat kämpfenden Touareg-Rebellen durch, er stelle nicht genügend Waffen zur Verfügung, er verheize sie, sein eigenes militärisches Jungvolk.

Eine Viertelstunde später die nächste SMS:

»Die Militärs greifen den Palast an!«

Absenderin ist eine kanadische Freundin, die seit vielen Jahren in Bamako lebt und Kontakte bis in die Regierungsspitze hat. Ich reagiere mit einem Achselzucken. Da spielt jemand dicke Ärmchen. In fünf Wochen sind Wahlen, ATTs zweite Amtszeit ist vorbei, er tritt ohnehin ab. Das hat er nun von seiner Abwiegelei.

Schon wieder das SMS-Signal:

»Der Palast brennt! Siehst Du was von Deinem Dach???«

Soll das ein Witz sein? Ich kann in der Tat zum Präsidentenhügel hinübersehen – nichts. Doch ehe ich mir darüber klar werde, was ich davon halten soll, klingelt schon wieder eine SMS:

»Sie haben den Flughafen besetzt und stürmen gerade ORTM!«

Ich zucke zusammen. ORTM ist die staatliche Fernsehgesellschaft. Wer die Medien in seine Gewalt bringt, meint es ernst. Ein Putsch oder was? Das, was in dieser Vorzeigedemokratie Afrikas kein Mensch für möglich hielt? Ich schüttle den Kopf.

»Wer ist ›sie‹?«, funke ich zurück.

»Junge Soldaten.«

»Kennt man da jemanden?«

»Capitaine Sanogo. Sie haben die halbe Regierung verhaftet. Es gibt Tote und Verletzte!«

Ich will es nicht glauben. Das ist ein hilfloser Verzweiflungsakt kleiner Jungen. In ein paar Tagen ist der Spuk vorbei.

Schon wieder das SMS-Signal:

»Ausgangssperre! Sanogo hat ATT abgelöst!«

Mein Herz klopft. Ein Putsch in meinem idyllischen Mali? Unmöglich.

Ich gehe runter. Von den Unruhen in Kati hat Madou gehört – alles andere glaubt er nicht. Allerdings sendet ORTM nur noch klassische Volksmusik, die zahllosen Privatsender plappern teilweise ihren üblichen Kram, haben aber auch zum Teil den Betrieb eingestellt. Also warten wir die nächsten Nachrichten ab.

Mir ist unwohl. Da läuft etwas schief. So etwas habe ich in den neun Jahren, die ich nun hier lebe, noch nicht erlebt. Mir fällt die Ansprache an das Volk ein, die ATT vor wenigen Wochen hielt, nachdem Frauen und Mütter von Soldaten demonstriert hatten. Dieser nette Onkel von nebenan, wie ich ihn bisher erlebt hatte und wie er von allen geliebt zu werden schien, war plötzlich bemüht, einen auf Staatsmann zu machen, der an die Einheit des Volkes appellierte – und wirkte dabei unbeholfen, fast hilflos.

Ein erstes Anzeichen, dass die Grundfesten des Staates erschüttert waren? Dieser Mann soll jetzt davon gejagt sein? Nach zehn Jahren Amtszeit, so kurz vor deren Ende? Einer der »Hoffnungsträger« Afrikas? Ein Putsch in einem Land, das dabei war, Afrika und dem Rest der Welt zu zeigen, dass die Afrikaner eben nicht so sind, wie ihr Klischeebild sie zeichnet? In dem ich eine lebendigere Demokratie erlebt hatte, als ich sie aus dem langweiligen Deutschland kannte? Eine Lebenslust und Lebensfreude, wie ich sie in dieser unserer verwalteten Profitmaximierungswelt schon nicht mehr für möglich gehalten hatte?

Auch wenn der im Prinzip seit jeher vor sich hin dümpelnde Konflikt mit einigen Tuareggruppen im Norden in letzter Zeit wieder an Schärfe gewonnen hatte – bisher waren diese Aufwallungen stets wieder abgeschwollen, sei es durch Intervention des libyschen Diktators Gadhafi, dessen Großmutter aus dieser Gegend stammen sollte, seit dort Erdölvorkommen entdeckt worden waren, sei es durch Zahlungen, sei es durch politische Zugeständnisse wie Pöstchenschiebereien oder Autonomieregelungen. Allerdings hatten wir alle befürchtet, dass mit dem Ableben des Herrschers von Tripolis die Probleme mit der Rückkehr seiner Tuaregsöldner verschärft würden – und der lasche Umgang mit diesem Problem war der Hauptvorwurf gegen ATT.

Schnell brodelt die Gerüchteküche. Eine SMS jagt die andere, ein Anruf den nächsten. Madou und ich gehen auf die Straße, diskutieren mit Nachbarn, Bekannten, Passanten. Alle rätseln, keiner weiß Genaues. Ein Baguettelieferant, der vor wenigen Stunden durch Kati gefahren war, den Vorort neben dem Präsidentenpalast, erzählt, er habe Straßenkämpfe gesehen, brennende Häuser, vor allem Geländewagen, die Autos seien von Soldaten mit grünen Baretts beschlagnahmt worden. Soviel ist klar: Eine schärfere Qualität als in den letzten Wochen haben die heutigen Ereignisse eindeutig.

Bei ORTM, dem staatlichen Rundfunk und Fernsehsender, ist nur noch klassische malische Volksmusik zu hören beziehungsweise sind entsprechende Videos zu sehen. Das könnte darauf hindeuten, dass etwas an dem Gerücht stimmt, ORTM sei von den Soldaten besetzt. Das sähe tatsächlich nach Putsch aus. Die privaten Sender spielen zwar noch Werbung, aber auch keine Kommentare und Nachrichten. »africable«, der private TV-Sender dudelt wie üblich seine Hip-Hop- und RAP-Videos ab.

Der Flughafen sei besetzt und geschlossen, simst Monica, die für eine kanadische Nichtregierungsorganisation arbeitet. Eine ihrer Freundinnen ist mit einem Minister ATTs verheiratet. Die Kinder gehen in dieselbe Schule, sie kennt die Betreuerin des Lieblingsenkels ATTs. Näher kann man nicht dran sein. Was sie schreibt, hat Hand und Fuß.

Langsam können wir unsere Einschätzung, dass es sich um ein paar ausgeflippte junge Soldaten handelt, die in gewisser Weise sogar verständlich dagegen aufbegehren, im Norden verheizt zu werden, nicht mehr aufrecht erhalten. Madou kocht auf der Straße vor unserem Haus den malischen starken grünen Tee mit Pfefferminze, in einer kleinen Menschentraube sitzen wir um ihn herum, brüten vor uns hin, rätseln, spekulieren. Der eine sucht im Radio, ob es irgendwo Nachrichten gibt, der andere telefoniert, der dritte simst.

»ATT ist geflohen«, schreibt Monica.

Das kann nicht sein!

Die lebende Legende ATT, der 1991 selbst den damaligen Diktator Moussa Traoré weggeputscht hatte, soll nun selbst einem Putsch zum Opfer gefallen sein? Der Mann, der die Demokratie in Mali eingeführt hatte? In fünf Wochen sind Wahlen, die Stadt hängt voller Wahlplakate, eine öffentliche Wahlparty jagt die andere, jede eine gute Gelegenheit, kostenlos berühmte Musiker wie Neba Solo oder Abdulai Diakité zu sehen, T-Shirts, Tee und Zucker werden massenhaft verschenkt – da macht man doch keinen »coup d'etat«?! ATT hatte hundert Mal erklärt, er habe nach zwei Legislaturperioden die Macht satt – und er hatte sich auch gut daran bedient – er stand auf keinem Wahlzettel: Wieso, um Himmels willen ihn ausgerechnet jetzt gewaltsam vertreiben?!

Schon wieder eine SMS. Diesmal von der deutschen Botschaft, bei der von allen in Mali lebenden Deutschen Notfallnummern und E-Mail-Adressen hinterlegt sind: »Bitte beachten Sie unbedingt die Ausgangsperre ab 18 Uhr! Meiden Sie auch tagsüber die Innenstadt! Halten Sie nur Kontakt zu Ihnen vertrauenswürdigen Personen!«

Madou Coulibaly bereitet nachdenklichen Blickes den Tee, indem er ihn immer wieder in einem hohen Bogen von einem Gläschen in ein anderes und zurückgießt, wieder und wieder und wieder, um damit Schaum zu erzeugen. Wir alle sitzen um ihn herum und brüten dumpf vor uns hin. Zwischen 18 und 19 Uhr bricht ziemlich schnell die Nacht herein.

Keiner will es wahrhaben, aber alle wissen wir irgendwie, dass das Unvorstellbare wahr geworden ist.

22.3.:

In der Nacht wecken mich zweimal kurze Gewehrsalven.

Morgens kommt Madou unverrichteter Dinge mit seiner Tochter Mah auf dem Rücksitz des Motorrads wieder: Die Schule ist geschlossen. Er hat mit Passanten gesprochen, kurz seinen Onkel besucht, einen Ministersohn mit Kontakten in höchste Politikerkreise und einen ehemaligen Vermieter: ATT ist weiterhin verschwunden, aber bedeutende Politiker verhaftet, allen voran Modibo Sidibe, der bereits von vielen als Nachfolger ATTs gehandelt wurde und dem nachgesagt wird, Chef des Kokainumschlagplatzes Kidal zu sein, womit sein sagenhafter Reichtum zumindest teilweise erklärt werden kann. Aber auch der Außenminister Soumeylou B. Maiga, sowie ein General, der Chef des wichtigsten Ministeriums für Territorialverwaltung Kafoukouna Koné. Außerdem seien Villen von Ministern und anderen hohen Politikern ausgeraubt und verwüstet worden und vor allem im Reichenviertel ACI 2000 die Kassen der Geschäfte geplündert.

Irgendwie ist das alles noch nicht richtig real und wir glauben beide nicht daran, dass das Bestand haben wird. Aber bei der Vorstellung, dass die korrupte Politikerkaste und die reichen Fieslinge, die man oft mit unterdrücktem Hass auf der Straße in ihren Hochglanzkarossen beobachtet, jetzt eins ausgewischt bekommen haben, können auch wir uns ein Grinsen nicht verkneifen. Ich kann das zwar nicht billigen, aber Mitleid habe ich mit diesen Herrschaften so wenig wie sie es mit ihrer Bevölkerung haben, die sie ausbeuten bis aufs Blut. Wenn ich ganz ehrlich bin, spüre ich sogar so etwas wie eine heimliche Genugtuung: Geschieht ihnen ganz recht, sie sollen es sich eine Lehre sein lassen. Allerdings gehe ich immer noch fest davon aus, dass der Spuk in ein paar Tagen sein Ende haben wird.

Inzwischen sind auf Radio France International (RFI) erste verlässliche Nachrichten zu hören: Ein Toter und vierzig Verletzte hat der coup d'etat bis jetzt gekostet, die internationale Staatengemeinschaft, allen voran Frankreich, verlangt eine sofortige Rückkehr zur konstitutionellen Macht, die Putschtruppe nennt sich CNRDRE, »Komitee zur Wiederherstellung der Demokratie und der staatlichen Ordnung« (Staatsräson), die große Partei YELEMA nimmt den coup mit »consternation« zur Kenntnis – was wiederum mich konsterniert: mehr nicht? – aber dann kommt der erste Schock: Dr. Oumar Mariko, Generalsekretär der Partei SADI begrüßt den coup d'etat. Mir wird buchstäblich flau im Magen. Madou schluckt, wir sehen uns an und können es nicht glauben.

Ich lernte Mariko durch die »Rosa Luxemburg Stiftung« kennen, die sein oppositionelles Radio »Kayira« finanziell unterstützt. Präsident seiner Partei ist der international geachtete und von mir bewunderte Cineast Cheick Oumar Sissoko – sein Film »Finzan« lief in Cannes, ein erschütternder Appell gegen die in Mali immer noch in hohem Maße praktizierte Zwangsheirat und Beschneidung. In der Parteizentrale hängen Fotos von Marx, Engels, Rosa Luxemburg und Thomas Sankara, einem der größten Hoffnungsträger Afrikas, der von seinem Freund Blaise Compaoré, dem heute noch amtierenden Präsidenten Burkina Fasos, ermordet wurde. Wir hatten manchen rotweinfeuchten Abend bis tief in die Nacht mit Diskussionen, wie man Mali umkrempeln könnte, verbracht. Einmal hatte er Videos aus dem Jahre 1991 gezeigt, in denen unübersehbare Menschenmassen ihm zujubelten und er sich mit ATT um den Hals fiel, den er beim Putsch gegen den Diktator unterstützt hatte. Bitter hatte er berichtet, wie er hinterher ausgebootet worden war. Seitdem war er »die Stimme der Opposition Malis« und hatte in zahlreichen TV-Debatten, die ich mitverfolgte, meinen Respekt gewonnen. Er stammt aus Madous Heimatstadt Koutialla, wo die SADI die Macht hat, nichts an ihm vorbeigeht – maliweit hat er als Präsidentschaftskandidat kaum eine Chance. Später hatten wir uns verkracht, weil er von Gadhafi Geld genommen hatte, obwohl er ihn bis dato politisch genauso verurteilt hatte wie ich, mit der Begründung: »Wenn ich von der Rosa Luxemburg Stiftung nicht genug Geld bekomme, muss ich es von Gadhafi nehmen!« Nachdem er dann auch noch Stalin als sein Vorbild pries, war ich aus der Partei ausgetreten, besonders enttäuscht von Cheick Oumar Sissoko. Erst Sonntag hatte ich ihn auf einer Ehrenveranstaltung für den berühmten Musiker Abdulai Diakité gesehen und auf meine Frage, wie es mit der Präsidentschaftskampagne gehe, hatte er resigniert abgewinkt. Nun begrüßt er den coup d'etat – weil er darin seine letzte Chance sieht, doch noch an die Macht zu kommen? Steckt er vielleicht sogar dahinter? Hatte er deshalb am Sonntag so abwesend gewirkt? War das die Erklärung für seine für mich am Sonntag unverständlichen Abschiedsworte, »Wenn es soweit ist, gebe ich Dir ein Zeichen«?

Immer mehr deutet darauf hin, dass es sich hier um mehr als eine »Meuterei« handelt.

Da kommen die Bonnes aufgeregt angelaufen, die vor dem Fernseher bei Musikvideos Wache halten: Irgendwas sei passiert, wir sollten sofort kommen.

Wir erreichen gerade noch rechtzeitig das Wohnzimmer, als im Fernsehen die Nationalhymne ausklingt und ein glatzköpfiger Mann in Kampfdress an einem kleinen Tischchen erscheint und fragend, Hände fuchtelnd um sich schaut, hinter ihm sind weitere Kampfdressuniformen zu sehen. Erst ist kein Ton zu hören, dann sind nach verschiedenen Krächzern durcheinander sprechende Stimmen zu hören, dann erscheint ein Untertitel: »Capt. Amadou Haya Sanogo, President du Comité National pour le Redressement de la Démocratie et la restauration de l'État«. Auf mehrfache Aufforderung hin beginnt er, zu sprechen. Er ist so heiser, dass man ihn kaum verstehen kann, nennt den Namen des Komitees und fordert die Bevölkerung Malis auf, ruhig und besonnen zu bleiben. Ständig seine Worte mit Kopfnicken unterstreichend, entschuldigt er sich für die Akte des Vandalismus und verspricht alle »notwendigen Maßnahmen zu ergreifen«, derartige Auswüchse in Zukunft zu verhindern. Recht und Ordnung werden aufrechterhalten und er bittet die Bevölkerung, sich daran zu halten. Vor allem fordert er dazu auf, strikt die Zeiten des Ausgangsverbots zwischen 18 Uhr abends und 6 Uhr morgens zu beachten. Sein Name sei Capitaine Sanogo, Präsident des CNRDRE. Daraufhin lehnt er sich auf seinem Stuhl zurück, verschränkt die Arme und nickt mehrmals vor sich hin.

Bildflackern, danach weiter alte Musikvideos.

Das soll also der »neue starke Mann Malis« sein, wie ihn RFI kurz darauf nennt? Das ist doch eine peinliche Witzfigur, sind Madou und ich uns einig. Unvorstellbar, dass so jemand einen Staat in den Griff bekommt! Wer sind diese Putschisten? Gerade mal die Besatzung der Kaserne von Kati, wenn auch der größten in ganz Mali? Die haben doch von Tuten und Blasen keine Ahnung! Erkennbar sind sie daran, dass sie grüne Baretts tragen, während die ATT-treuen die mit den roten Baretts sind. Diese sind offenbar loyal, bleiben aber ruhig. Warum schlagen sie nicht zurück?

Hauptfrage ist und bleibt: Wo ist ATT?

Wir diskutieren wieder auf der Straße vor dem Haus – und so scheint es jetzt in ganz Bamako auszusehen, das kommerzielle und amtliche Leben ist komplett zum Erliegen gebracht, nur der Markt und die kleinen Geschäfte sowie die Frauen, die am Straßenrand Essen verkaufen, führen ihre Arbeit weiter wie immer.

Viele vermuten, dass ATT sich bei den loyalen Fallschirmjägern in der Kaserne am Flussufer neben der Innenstadt aufhält. Andere denken, er sei in der amerikanischen Botschaft. Erste Gerüchte seiner abenteuerlichen Flucht durch einen geheimen Tunnel im Berg Koulouba werden verbreitet, nach denen seine Leibwache auf der darunterliegenden Straße mehrere Wagen mit Waffengewalt angehalten, die Fahrer rausgeschmissen habe und die ganze Familie damit geflohen sei.

Nachmittags werden wir wieder von unseren aufmerksamen TV-Wächterinnen ins Wohnzimmer gerufen: Die »2eme déclaration« der Putschisten ist angekündigt.

Diesmal verliest sie der Sprecher der Truppe, umgeben von mindestens 20 bis 30 bis an die Zähne bewaffneten Soldaten in Kampfdress. Inhaltlich nichts Neues, nur ausschweifender formuliert, adressiert an die »tapfere Bevölkerung Malis«, »Patrioten« und »Vaterlandsverteidiger«, liest der Soldat stockend vom Blatt, verspricht sich jedes Mal, wenn er den Namen des CNRDRE nennt, und bekräftigt wie Sanogo jedes seiner Worte mit heftigem Kopfnicken. Vor allem der Rest des Militärs wird aufgefordert, still zu halten und die weitere Entwicklung abzuwarten und jeden weiteren Vandalismus zu unterlassen. Jeder, der eine andere Uniform als die des CNRDRE trage, also keine grünen Baretts, solle zu Hause bleiben. Außerdem erklärt er offiziell alle Grenzen zum Ausland und den Flughafen für geschlossen. Alle staatlichen Stellen sollen geschlossen bleiben. Am Dienstag, den 27. März um 7:30 Uhr solle die Administration des Landes wieder ihre Arbeit aufnehmen. Das CNRDRE werde alle Machtbefugnisse behalten bis eine neue Regierung gebildet sei, es bleibe bei seinen Idealen der Wiederherstellung der Demokratie und der territorialen Unabhängigkeit; er schließt mit den Worten: »Es lebe Mali! Es lebe die nationale Armee! Es lebe das CNRDRE!«

Wieder auf der Straße, machen wir uns etwas bemüht über die Stümperhaftigkeit dieser ganzen Inszenierung lustig, die Zwischenschnitte auf die finster und entschlossen blickenden, den Sprecher umstehenden Soldaten, zum Teil blutjunge Gesichter, die verkrampft ihre Maschinenpistolen umklammern und an sich pressen, ratlose Gesichter, die allesamt Trauer ausstrahlten, viel eher Ratlosigkeit als Triumph.

Uns ist genauso zumute, aber in den Diskussionen vor dem Haus werden Stimmen laut, dass es schließlich mit der Regierung ATTs schwer im Argen gelegen habe, er sich schamlos bereichert habe und je näher das Ende seiner Amtszeit gekommen sei, umso mehr, dass er alle seine Verwandten noch bedient habe und es so ja nicht habe weitergehen können. Dass doch in fünf Wochen Wahlen sein sollten und es um Kritik an seiner Politik im Norden gegangen sei, fällt unter den Tisch.

Nachts sind wieder vereinzelt Schüsse, kurze Salven zu hören.

23.3.:
Das öffentliche Leben ist nun völlig lahmgelegt, selbst die Tankstellen sind geschlossen. Die Einzigen, die dafür sorgen, dass das Leben als solches weitergeht, sind mal wieder die Frauen, sie schleppen weiter Wasser oder Lebensmittel auf ihren Köpfen und Kinder auf ihren Rücken durch die Straßen und kochen zu Hause oder am Straßenrand, damit die Männer, die überall diskutierenderweise herumstehen oder -sitzen beim buchstäblichen Abwarten und Teetrinken nicht verhungern. Auch politisch sind sie die ersten, die sich eindeutig äußern: Dieselben Mütter und Ehefrauen der Soldaten, die schon ATT unter Druck gesetzt hatten, richten nun einen Appell an Präsident Obama, sofort militärisch zu intervenieren, um die konstitutionelle Ordnung wiederherzustellen. Auf verschiedenen Internetportalen ist ein Video zu sehen, auf dem die stellvertretende Direktorin der Behindertenhilfsorganisation AMALDEME, Frau Oumou Traoré zu Frieden, Besonnenheit und Stabilität aufruft, in der einheimischen Sprache Bamanankan. Da inzwischen sogar viele der am Straßenrand stehenden Telefonkartenverkäufer über Laptops und mobilen Internetzugang verfügen, wenn sie ihn nicht sowieso auf ihren Smartphones haben, kann man sogar davon ausgehen, dass diese Botschaft einen Teil der Bevölkerung erreicht.

Auch in meinem Haushalt sieht es nicht viel anders aus: Wir Männer sitzen vor der Tür, diskutieren, trinken Tee und suchen die Radiosender ab, die Bonnes kochen und Madous Tochter Mah, die »putschfrei« hat, spielt mit ihren Freundinnen im Wohnzimmer und passt auf den Fernseher auf.

Dort erscheinen in regelmäßigen Abständen Meldungen, dass sich ORTM für den Ausfall des Programms entschuldigt, die Bevölkerung bittet, nicht in Panik zu geraten und für den Abend eine Nachrichtensendung in Vorbereitung sei.

So gespannt habe ich noch nie in meinem Leben auf eine »Tagesschau«, die hier »Journal« heißt, gewartet!

Der einzige Radiosender, der einigermaßen verlässliche Nachrichten bringt, ist Radio France Internationale (RFI).

Dort erfahren wir, dass:

- ORTM unter der »effektiven Kontrolle« des CNRDRE stehe,
- kommenden Dienstag ein außerordentlicher Gipfel der CEDEAO, der westafrikanischen Staaten- und Wirtschaftsgemeinschaft, geplant sei,
- eine Botschaft der Afrikanischen Union (AU) und der CEDEAO an die Militärs gerichtet worden sei, die Macht zurückzugeben,
- heute, Freitag den 23. März, eine außerordentliche Sitzung der AU in Addis-Abeba stattgefunden habe, in der die »afrikanischen Führer« beschlossen haben, Mali solange aus der AU auszuschließen, bis die konstitutionelle Ordnung wiederhergestellt worden sei,
- Putschführer Sanogo ein Interview geben wird.

Auf verschiedenen Internetportalen wird berichtet und spekuliert:

- »Wer steckt hinter dem Putsch?« Unteroffizier Sanogo, Sohn eines Arztes aus Segou, gar nicht so jung wie gedacht, sondern schon 39 Jahre alt, wolle den »Staat reformieren« habe aber nach eigenen Angaben, »noch nie gewählt«: »Wir sind gekommen, um bessere Lebensbedingungen, bessere Behandlung und bessere Gehälter zu bekommen«.
- Werden die Putschisten von den Großmächten manipuliert, denen der Umgang ATTs mit dem Tuaregproblem missfällt?
- Wildeste Gerüchte: Hat ATT selbst den Putsch organisiert, um auf diesem Umweg an der Macht zu bleiben?

- Am 24.1.2012 wurden in Aguelhok 70 Militärs von den Tuareg massakariert, am 12.3. fiel Tessalit in die Hände der Tuareg, ohne dass ATT reagierte – warum?
- Der CNRDRE sagt ein für 16 Uhr geplantes Treffen mit der »Zivilgesellschaft« (gemeint ist eine Abordnung der großen Parteien) ab
- Die Tuareg haben die Stadt Anefis in Nordmali besetzt
- Der CNRDRE garantiert die Sicherheit der verhafteten Repräsentanten der malischen Politik
- Videos über die Verwüstung des Präsidentenpalastes und einer außerordentlichen Sitzung des Hohen Rats des Islam von Mali
- Inzwischen drei Tote durch den Putsch
- Warum das Regime von ATT so fragil war
- Die Fragwürdigkeit von ATTs »Politik des Consensus«
- Zeitungsberichte: »Eine isolierte Junta unerfahrener junger Soldaten übernimmt die Macht«
- Weitere Interviews mit Sanogo auf »africable« und ORTM werden angekündigt

So viel, so durcheinander, so widersprüchlich, dass es immer schwieriger wird, sich ein Bild der Lage zu machen.

Zwei Tendenzen lassen sich in den Diskussionen allerdings ausmachen:

»Die Franzosen« (die ehemalige Kolonialmacht, ohne die in der Tat bis heute nichts Entscheidendes lief) sind schuld, in der abgeflachten Version »die Weißen«.

Zunehmendes Verständnis bis hin zu Sympathien mit den Putschisten. Plötzlich empören sich Menschen darüber, wie korrupt ATT war, die ihn vorher anhimmelten.

Ob pro oder contra: Jeder hat eine andere Sicht, eine andere Begründung für seine Meinung.

Nun meldet sich einer der wichtigsten Politiker Malis, Ibrahim Boubacar Keita, genannt IBK, zu Wort. Er, der ewige Verlierer hinter ATT – ich hatte Wahlveranstaltungen seiner Kampagne 2007 besucht und auf meiner Internetseite dokumentiert –, weit über 60 Jahre alt, hatte bei den kommenden und nun in Frage gestellten Wahlen seine letzte Chance, noch Präsident zu werden. Unser Nachbar, Freund und Hauselektriker Bakary ist einer seiner Anhänger und Leiter der Wahlkampagne in unserer »Commune I« (Bamako ist in insgesamt sechs Communes organisiert), und wir lauschen alle zusammen gespannt.

»Dieser coup d'etat ist in Wirklichkeit ein Schlag gegen unseren gesellschaftlichen Zusammenhalt«, verurteilt er eindeutig den Putsch, dieser beschmutze das Bild Malis und Afrikas, insbesondere, da er nur wenige Tage vor dem Feiertag des 26. März (dem Tag des Putsches gegen Moussa Traoré 1991, der als Gründungstag der malischen Demokratie gefeiert wird) stattgefunden habe, und bittet die »jungen Soldaten« eindringlich jegliche Gewalt einzustellen und die Verhafteten freizulassen. »Es lebe Mali« – und so weiter.

Bakary, der mich gestern veräppelte, dass »Dein Freund Mariko« für den Putsch sei, ist begeistert, dass sein Idol IBK eindeutig gegen den Putsch ist, ich finde das Gesagte etwas dünn, was nutzt es, jemanden, der einen mit der Knarre bedroht, zu bitten, sie doch wegzustecken, Madou hält sowieso nichts von dem »alten Trottel«, der in den 90er Jahren als Erziehungsminister alle Schulen ein halbes Jahr geschlossen habe.

Interessant ist der Hinweis auf den 26. März, was eine Erklärung für den Zeitpunkt des Putsches sein könnte: Sollte damit etwa ausgedrückt werden, dass ATT am Ende auch nicht besser war als der Diktator, den er abgelöst hatte?

Da endlich beginnt das angekündigte Interview mit Sanogo, das er in der inzwischen »Hauptquartier« genannten Kaserne »Soundiata Keita« in Kati dem Korrespondenten von RFI gibt und das mit der schlichten Frage »Warum ein Putsch?« beginnt.

»Wenn ein Staat auch nach 50 Jahren seines Bestehens noch nicht einmal die minimalsten militärischen Bedingen erfüllt, seine territoriale Unabhängigkeit zu wahren«, antwortet Sanogo, sei das eine unakzeptable Schwäche. Zweitens: »Auch als Soldaten sind wir Bürger dieses Landes.« Seit zwanzig Jahren gebe es keine vernünftige Schulausbildung, habe die Mehrheit der Bevölkerung keinen Zugang zur Krankenversorgung, gebe es generell keine Gerechtigkeit. Das sei empörend. Dagegen hätten die Bürger revoltiert, dagegen habe das Militär revoltiert und das alles habe ihn und seine Mannschaft dazu gezwungen, zu dieser Ultima Ratio zu greifen.

»Es geht also nicht nur um das Problem des Nordens«, spricht der Interviewer aus, was sich jedem Beobachter aufdrängt.

Aber Sanogo antwortet nicht darauf, betont, dass er zwar Soldat sei, aber niemanden töten wolle und räumt ein, dass Bürger des Landes die Situation benutzen könnten, um eine weitergehende Änderung herbeizuführen.

Ob er für Verhandlungen sei?

Selbstverständlich, er sei für Mali und das Wohl aller.

Wie lange der Übergang dauern werde?

Er wolle keine Militärregierung, das hänge nun von den zivilen Kräften ab.

Er sei heute der Staatschef, fährt der Interviewer fort, in Bamako habe es Akte des Vandalismus gegeben und zivile Häuser seien zerstört worden. Was tue er, Sanogo, um die Sicherheit der Bürger zu gewährleisten?

Er habe Beweise, antwortet dieser, dass »böswillige Individuen« sich Polizei- und Armeeuniformen angezogen hätten, obwohl sie nicht dazugehörten. Er bitte noch einmal die Malier um Entschuldigung, man sei hier in Afrika, da sei das eben so, aber er werde alles tun, um das einzustellen: »Das ist nicht unsere Mission, das ist nicht unsere Motivation, das ist nicht unser Ziel.« Zu den verhafteten und auf seinem Militärcamp festgehaltenen Ministern wolle er sich nicht äußern, aber es gehe ihnen gut und geschehe ihnen nichts.

Für eine Weile verstummt unser Diskussionszirkel vor dem Haus, man muss erst mal nachdenken, Bakary setzt neuen Tee auf. Ich kann es nicht fassen, dass dieser heisere Hampelmann nach zwei Tagen bereits als »Staatschef« angesprochen wird, und dann noch von einem französischen Sender. Da ballern irgendwelche wildgewordenen Verrückten um sich, setzten das ganze Land außer Kraft – und die Politik bittet um Nachsicht und will verhandeln? Was ist da los? So einfach geht ein Putsch? Stecken vielleicht doch ganz andere Kräfte dahinter? Ist es vielen ganz recht, dass diese Typen ATT vertrieben haben?

Das »Journal« des Staatsfernsehens ORTM beginnt mit anderthalb Stunden Verspätung und dem üblichen Vorspann: Auf dem Hintergrund einer Weltkarte bildschirmfüllend die Landkarte Malis, in deren Mittelpunkt Bamako als roter Punkt blinkt und konzentrische Ringe aussendet, begleitet von der üblichen Aufreißermusik wie bei uns auch. Eine der weniger bekannten Sprecherinnen begrüßt wie üblich die Zuschauer, ist aber sichtlich um Normalität bemüht – so auch ihr Text: 48 Stunden nach Übernahme der Macht durch das CNRDRE, beginne sich die Lage im Land zu normalisieren und der Chef des Komitees werde nun etwas zum Problem des Vandalismus sagen. Wieder erscheinen Bilder in Videomitschnittqualität: Sanogo in seinem inzwischen schon bekannten »Hauptquartier«, umgeben von vielen anderen Soldaten, fuchtelnd, diskutierend, Schwenk auf einen Journalisten, der ihm das Mikrofon entgegenstreckt und vorwurfsvoll vom Vandalismus redet, die Bevölkerung sei verunsichert, was Sanogo zu tun gedenke. Das seien keine Soldaten, antwortet Sanogo, weniger heiser als gestern, sie trügen gestohlene Uniformen, das alles werde geahndet – und dann wieder mehrfach und in aller Form: »Je présente tout mes excuses« (ich entschuldige mich in aller Form) – fast schon formvollendet, ganz im Gegensatz zum ersten Eindruck, sucht er Sympathien zu gewinnen und die Frage nach dem Putsch als solchem wird schon gar nicht mehr gestellt. Zwar betont er, es gehe um »territoriale Integrität«, aber im Wesentlichen geht es nur darum, dass diese Ausschreitungen nicht beabsichtigt gewesen seien und alle geraubten Gegenstände zurückgegeben würden (tatsächlich ist die Rückgabe geraubter Kühlschränke und Möbel zu sehen – in unseren Augen Sperrmüll) – als gäbe es sonst keine Probleme und Fragen. Im weiteren Verlauf des Interviews beschwört er, dass es ihm nur um das Wohl aller gehe, er nicht alleine sei, die Armee hinter ihm stehe, aber auch die Bevölkerung, dass er eine gut ausgerüstete Armee wolle und das Problem des Nordens lösen – die Floskeln beginnen sich zu wiederholen. In jedem Satz, den die Sprecherin abliest, wird der Name Sanogos und des Komitees wiederholt. Die Chefs der Administration müssen im »Hauptquartier« antreten und man sieht, wie Sanogo sie instruiert.

Danach nur noch Ergebenheitsadressen von staatlichen, politischen und privaten Gruppen an die Putschisten bis Mitternacht, meist mühsam abgelesen von einer Person, die an einem Tisch sitzt, auf dem die malische Fahne steht, rechts und links von ausdruckslos vor sich hin blickenden Menschen flankiert. Vereinigungen, Komitees, Gruppen, von denen ich nicht beurteilen kann, ob es sie schon vorher gab oder ob sie eigens gegründet wurden, viele junge und Jugendliche darunter, die am ehesten engagiert wirken. Ein junger Mann unterstützt den Putsch, er sei notwendig und richtig gewesen, warnt aber Sanogo vor den Versuchungen der Macht: Er solle nicht, wie alle anderen, an der Macht kleben bleiben und seine Ideale und Ziele vergessen.

Es ist kaum vom Problem des Nordens die Rede, umso mehr von Korruption und Vertrauensverlust in die herrschende Klasse.

Madou kennt die meisten Gruppen nicht, erkennt aber einmal den Zöllner, der uns kürzlich die Touristengenehmigung für den von Freunden mitgebrachten PKW verlängerte. Es hatte ein Missverständnis gegeben, wir hatten Strafe zahlen müssen, er hatte, nachdem ich ihn um Verständnis für meine Unwissenheit gebeten hatte, eingelenkt und uns nicht nur die Strafe zurückgegeben, sondern auch die Nutzzeit verlängert: ohne Bestechungsgeld, »cadeau« (Geschenk) genannt. Er wirkte intellektuell und nachdenklich – die ganze Prozedur war für mich ein Beispiel dafür, wie die Korruption, beziehungsweise die Bedingungen dafür, langsam, aber sicher zurückgeschraubt wurden, es nicht mehr, wie noch zwei Jahre zuvor, möglich war, einfach jemandem etwas Geld zu geben und die entsprechenden Stempel zu bekommen. Nahm er freiwillig an dieser Ergebenheitsadresse teil? Madou meint, er habe einen Soldaten mit einer Pistole hinter sich stehen gehabt. Am Gesichtsausdruck war weder das eine noch das andere abzulesen.

24.3.:

An Tag vier setzen erste Gewöhnungserscheinungen ein. Und, wenn ich ehrlich bin: Es hat seinen Reiz. Man wacht morgens auf und fragt sich: Was wird es heute wohl spannendes Neues geben? Es ist buchstäblich »echt was los«! Mal einen echten Putsch mitzuerleben hat ja auch was, wenn man, wie ich zu diesem Zeitpunkt, davon ausgeht, dass der Spuk sich in ein paar Tagen in Wohlgefallen aufgelöst haben wird.

Und so rufe ich in der nicht putschgefährdeten Heimat an, aber in Deutschland hat noch niemand etwas mitbekommen. Angela, die mich über Weihnachten und Neujahr besuchte, fällt aus allen Wolken. Meine Schwester, die erst zwei Wochen vor dem Putsch wieder nach Hause gefahren war, kann es nicht glauben. Was die europäischen Freunde am wenigsten verstehen: Wieso kurz vor der Wahl? Was soll der Quatsch? Da aber auch in Europa die Entführung französischer Geologen (beziehungsweise »Geologen«, denn es sind natürlich Geheimdienstler) bekannt ist, die in Nordmali und dem benachbarten Niger in Sachen Uran unterwegs waren, drängt sich als erste Vermutung auf, dass die Franzosen dahinterstecken. Weil das aber für eine Putschunterstützung nicht ausreicht, sind sie eben verantwortlich, da sie dort gerne eine Uranfabrik bauen würden und deshalb schon lange mit den Tuareg mauscheln. Auch die Agentur Reuters spekuliert: »Wurde der coup d'etat von Frankreich arrangiert?« Fragt aber auch: 1. Mali, ein exemplarisches Land am »Busen des frankophonen Afrika«, Mali, »ein guter Schüler in der okzidentalen politischen Szene«, Mali, stabiler Fels in den Wirren an der Elfenbeinküste und im Senegal – ist all dies nun vorbei? 2. Wurde nun diese Region von der Al Qaida infiltriert? 3. Könnten die Tuareg-Rebellen vom Putsch profitieren?

Einig sind sich alle Beobachter, im In- wie im Ausland, dass es sich um ein Gadhafi-Nachbeben handelt, weil die von ihm gekauften Söldner, wie befürchtet, nun zurückgekommen sind und schwerste Waffen mitbrachten (darunter vor allem deutsche: »Deutsche Waffen, deutsches Geld, morden mit in aller Welt«, skandierte man in den 60er Jahren, heute nimmt man das achselzuckend hin).

Dass Präsident ATT das zuließ, wird mehr und mehr zum Hauptgegenstand der Diskussionen. Indirekt damit auch zur Rechtfertigung des Putsches. Die Soldaten im Norden hätten kaum Waffen gehabt, berichten Verwandte oder Freunde von dort Stationierten, und vor allem: keine Munition! Sie hätten vielfach nichts zu essen gehabt – deswegen seien ja die Mütter und Frauen auf die Straße gegangen!

Inzwischen soll es drei oder vier Tote gegeben haben, vierzig Verletzte.

Der CNRDRE hat inzwischen sein 35stes Communiqué herausgegeben – der Inhalt interessiert bereits keinen mehr. Sanogo jedenfalls versichert bei jeder Gelegenheit, dass er nicht an der Macht bleiben wolle.

Die SADI und ihr Chef Oumar Mariko unterstützt mit ihrem Radio rund um die Uhr die Putschisten – ich vermute, dass Mariko morgen in die Startlöcher springt, er bietet sich bereits ständig als Ministerpräsident an – dann werde ich Außenminister!

Wo steckt Präsident ATT? In der amerikanischen Botschaft? In der Botschaft Guineas? Im Camp der Fallschirmjäger am Fluss? Was ist wahr an den Gerüchten eines Gegenputsches in der Nacht? Was soll die Geheimnistuerei von Sanogo, der spöttisch grinsend immer wieder sagt, es gehe ATT gut? Was wird da von wem gemauschelt?

»Le Monde« betont, dass ATT einer der wenigen Präsidenten war, der nicht versuchte, an der Macht zu bleiben. Nun frage keiner nach seinem Verbleib oder fordere seine Rückkehr. »Ist das nicht seltsam?«

Noch seltsamer ist Folgendes: Die Tuareg, die MNLA, sind kurz davor, die Stadt Kidal einzunehmen! Kidal ist der Ort zwischen Timbuktu und Gao, neben dem sich eine Jumbo-landefähige Startbahn befindet, auf der die Kokainjets aus Südamerika landen. Offenbar nutzen die Tuareg das Machtvakuum, um sich weiter auszubreiten.

Damit wäre das erste Resultat des Putsches das Gegenteil dessen, was er zu beabsichtigen behauptete.

Und noch viel, viel seltsamer ist das Weitere: Die Gruppe »Ansar Dine« (»Verteidiger des wahren Glaubens«) wird mehr und mehr gleichberechtigt mit der MNLA als führende Kraft im Norden in den Radio- und Internetberichten genannt – ihnen geht es aber nicht um einen unabhängigen Tuareg-, sondern um einen islamischen Gottesstaat! Was wird hier gespielt?

Verschiedene Quellen berichten, dass Capitaine Sanogo in den USA ausgebildet wurde, bei den Marines – das könnte seinen anfänglich ihm nicht zugetrauten professionellen Umgang mit den Medien erklären. Nun feiern allerlei Verschwörungstheorien fröhliche Urständ: »Die Amerikaner« stecken mal wieder hinter allem! Wenn es denn nur so einfach wäre! Offenbar ist die Situation etwas verworrener, fallen da alle möglichen, auch gegenteiligen, Interessen zusammen. Dass unter anderem auch die USA mitmischt, zieht und pusht ist geradezu selbstverständlich.

Die Grenzen sind zwar geschlossen, aber LKWs mit Benzin und Diesel dürfen passieren und überall wird betont, dass die Tankstellen offen sind – tatsächlich saust und braust der Verkehr fast wie zu normalen Zeiten.

Madou und ich sind inzwischen den ganzen Tag auf der Straße und reden mit den Leuten, kommunizieren im Internet oder am Telefon und verfolgen Radio- oder TV-Sendungen. Trotz der alarmierenden Meldungen aus dem Norden ist immer mehr Sympathie mit den Putschisten zu spüren, vor allem französische Medien berichten einhellig von Verständnis in der Bevölkerung für die »jungen, niedriggradigen Soldaten«.

Die zehn größten Parteien veröffentlichen eine Erklärung. Sie verurteilen den Putsch und fordern »in dieser dramatischen Situation«: Eine Rückkehr zum Frieden im Norden, Abhaltung der Wahlen und Freilassung der Verhafteten.

Bis auf Letzteres sagen die Putschisten dasselbe, obwohl genau das verhindert wird – alle zusammen reden nicht mehr von ATT. Da stinkt doch was zum Himmel!

Im »Journal« auf ORTM, dem malischen Pedant zu unserer ARD, wird mehr und mehr der »ruhige und geordnete Normalzustand« vermittelt. Er besteht vor allem darin, dass erste führende Politiker und Religionsführer Capitaine Sanogo und seinen Sprecher Herrn Konaté in der Kaserne in Kati aufsuchen, wo man die Herren auf Baststühlen am Cafétisch sitzen und diskutieren sieht, Sanogo nickt immer wieder ernst und zustimmend. Anschließend folgen so langatmige wie nichtssagende Erklärungen der Besucher, darunter ein Herr Maiga aus Kidal, der besonders lange redet. Der Sprecher der Putschisten fordert alle Soldaten, die keine grünen Baretts tragen, auf, sofort in die Kasernen zurückzukehren und sich registrieren zu lassen. In Straßeninterviews erklären Passanten, dass alles normal sei, tankende Autos werden gezeigt. Polizisten erklären, dass sie alles unter Kontrolle haben und keine weiteren Vandalismen zu erwarten seien. Die Wahllokale für die Exilsenegalesen werden gezeigt: Morgen ist die entscheidende Stichwahl zwischen Macki Sall und dem – im Gegensatz zu ATT – nicht abtreten wollenden Abdoulaye Wade. Am Schluss sogar ein Kulturbeitrag: Der ehemalige Chef der staatlichen malischen Filmorganisation, deren Castingleiter ich kenne, der mir versprach, mich zu besetzen, wenn sie mal einen Weißen brauchen, ist gestorben; er hinterlässt zwei Frauen und vier Kinder und beim Begräbnis traf sich die malische Filmelite.

25.3.:
Das neue Regime stabilisiert sich, das wird immer deutlicher.

Besonders die kleinen politischen Gruppen und Parteien, allen voran die Partei SADI, die bei der bevorstehenden Wahl keine Chance gehabt hätten, biedern sich bei den Militärs an. Vielleicht hat die SADI den Putsch sogar mitorganisiert. Radio Kayira, das Verlautbarungsorgan der Partei, ist nun Organ der Putschisten und verbreitet dieses verlogene Geschwätz, es gehe um Bildung, Gesundheit soziale Sicherheit – darum ging und geht es immer, das zu fördern behaupten alle und es gibt keinen Hinweis, was unter einer Junta in dieser Hinsicht anders würde.

In unserem Diskussionszirkel wird mehr und mehr darüber spekuliert, dass es um das Erbe Gadhafis geht: Millionen, wenn nicht Milliarden, von denen man nicht weiß, wer darauf den Zugriff hat, riesige Landstriche in Mali, die ihm, beziehungsweise seinem Clan, von ATT übereignet wurden, die Waffenarsenale, die zum Teil schon von den Tuareg-Söldnern hierher geschafft wurden und die Immobilien vor allem in Bamako (darunter vier internationale Hotels, die sogenannten »Libya-Hotels«): Das abzusahnen, darum streiten sie sich jetzt, davon sind alle felsenfest überzeugt. Wo ist das viele Geld? Einige sagen: In malischer Erde vergraben. Wer hat darauf Zugriff? ATT soll sein ergaunertes Geld bei Gadhafi gebunkert haben – hat er es nun verloren oder ist der Putsch Ausdruck des Kampfes um den Rest?

Das Gerede von Bildung und Gesundheit ist der übliche Klischeevorwand, der hier nun im Fernsehen verbreitet wird, um den Leuten was vorzumachen und im Ausland gut dazustehen.

Die Befürworter des Putsches fordern absurderweise ständig, gebetsmühlenartig wiederholt, »freie und transparente Wahlen«: Dabei wurden doch genau die gerade verhindert!

Erst hieß es, der Putsch sei gemacht worden, weil der Krieg gegen den Norden zu lasch geführt werde und die Demokratie wiederhergestellt werden müsse, was zunächst mal nichts miteinander zu tun hat, dann hieß es, ATT habe sich zu sehr bereichert – nun folgt die dritte Variante: Der Putsch sei gerade in diesem Moment notwendig gewesen, um die Wahlen zu verhindern, weil deren Fälschung perfekt vorbereitet sei, um Modibo Sidibe an die Macht zu hieven!

So verschieden die Meinungen eines jeden sind, mit dem man redet – einig sind sich alle, dass diese ganzen Begründungen nur Vorwände für den Versuch sind, selbst an die Töpfe zu kommen.

Wir hören von rassistischen Ausschreitungen gegen Tuareg. Ich rufe meinen Freund Yattara an und frage, was er sieht und hört. Er ist in der Stadt und kommt zu Besuch.

Den Targi Abdul Karim Yattara kenne ich seit Beginn meiner Zeit in Mali 2003. Er ist ein begnadeter Musiker der traditionellen Tuareg-Musik, die auf einer dreisaitigen »Ngoni« gespielt wird, einem harfenartigen Instrument, begleitet von zwei Kalebassentrommlern. Von einem megafonartigen Moscheelautsprecher verstärkt, stellen die rasend schnell gespielten Melodien eine so eigenwillige Musik dar, dass sie selbst in Mali nicht mainstreamfähig ist, es gibt kaum Kassetten oder CDs davon, sie wird nur auf Hochzeiten oder anderen Festen gespielt. Deshalb verdient Yattara sein Geld als Schmuckhändler und Hersteller von mit traditionellen Tuaregmustern geprägten Holzkästchen oder mit Leder überzogenen, ebenfalls mit denselben Mustern geprägten Möbeln. Fast alle meine Möbel sind von ihm derart bearbeitet.

Er lächelt etwas verkrampft. Im Prinzip sei alles o.k., aber man sei als Tuareg hier in Bamako seines Lebens nicht mehr sicher.

Woran man das sehe, frage ich ihn.

Er werde von vielen nicht mehr gegrüßt, von manchen beschimpft, er habe von Freunden gehört, die sogar tätlich angegriffen worden seien, nur weil sie Targi sind.

Ob es stimme, dass in Kati das Haus eines Targi angezündet worden sei, wie Passanten berichtet hatten.

Ja, das Haus des Besitzers der größten Boutique in Kati. Aber die Nachbarn – keine Tuareg – hätten die Familie gewarnt und bei sich in Sicherheit gebracht, es habe keine Verletzten oder Tote gegeben.

Dann ging es wohl nur um sein Geld, vermute ich.

Yattara nickt. In dem Fall war der rassistische Grund nur ein Vorwand – insgesamt habe sich das Klima aber gewandelt. Die Mehrheit der Bevölkerung mache die Tuareg für das Chaos verantwortlich, das nun entstanden sei. Er sieht mich ratlos und Hilfe suchend an:

»Ich bin Malier! Schon immer! Was soll das?!«

Zum Putsch selbst äußert er sich nicht – zum ersten Mal habe ich das Gefühl, dass ein Mensch, der sogar ein Freund ist, nicht sagt, was er denkt, weil er Angst hat, es könnte ihm ein Strick daraus gedreht werden.

Das »Journal« kommt inzwischen daher, als sei alles immer schon so gewesen wie jetzt. Der französische Botschafter besucht Sanogo in Kati, »ermahnt« ihn, die demokratische Ordnung wiederherzustellen und Wahlen abzuhalten – Sanogo nickt ernsten Gesichts und mit voller Zustimmung, deswegen hat er ja den Putsch gemacht –, aber auch Christian Rouyer, der Botschafter der ehemaligen Kolonialmacht, wie auch in den Zeitungen jedesmal hinzugefügt wird, verliert kein Wort über die Rückkehr ATTs an seine legale Macht!

Es war mir bisher unvorstellbar, wie oft man in einem einzigen Satz den Namen des »Comité national de la redressement …« etc. und den Namen Sanogos wiederholen kann, es ist die reine Gehirnwäsche, Einpeitscherei: Die Waffe Fernsehen bewirkt mehr als die altmodischen Feuerwaffen.

Nun traue ich meinen Augen kaum: Der katholische Bischof tanzt bei Sanogo an! Betont wird, dass er die erste Person des öffentlichen Lebens sei, die Sanogo empfange. Als ob das eine besondere Gnade sei! Er bete für den Frieden, erklärt Jean Zerbo hinterher in die Kamera. Danach wieder die prallvollen Märkte, Tankstellen und ein Kurzinterview nach dem anderen mit Passanten, die bestätigen, dass alles seinen normalen Gang gehe, sie mit der momentanen Macht – dem »neuen Regime«, wie es genannt wird – einverstanden seien; einer bittet darum, möglichst bald zu einer zivilen Regierung zurückzukehren. Bilder völliger Normalität: Händlerinnen, die Nüsse verkaufen, Tomaten, Bananen, Gurken – nur die Gesichter sind ernster, angespannter, abwartend.

Es ist unfassbar, wie offen manipuliert wird: Ein Passant antwortet nicht sofort auf die Frage, ob er Vertrauen in die neuen Machthaber hat, sondern sieht weg, überlegt, setzt zum Sprechen an – Schnitt. Mitten im Satz ist er wieder zu sehen mit den Worten: Immerhin seien die Tankstellen tatsächlich offen geblieben, das sei der Beginn von Vertrauen.

Von den Politikern redet keiner von der Rückkehr ATTs, keiner davon, dass die Wahlen wie vorgesehen abgehalten werden müssen. Wie eine stillschweigende Übereinkunft, dass alle zufrieden sind, ihn auf diese Weise losgeworden zu sein und gleichzeitig nach außen hin ihre Empörung über den Putsch kundtun zu können.

Sie wollen den Wechsel der Herrschenden, aber keinen Wechsel des Systems, der Herrschaftsstruktur.

Inzwischen haben sich 38 (!) Parteien organisiert, die morgen eine Riesendemo organisieren wollen. »Demokratie oder Tod«, steht in einer SMS, die zur Teilnahme auffordert. Die Veranstalter, wie ich von Monica erfahre, gehen davon aus, dass das Militär nicht schießen wird. Vielleicht bringt diese Demonstration ja die Wende! Auch wir gehen davon aus, dass das malische Militär niemals auf die eigene Bevölkerung schießen wird und wenn »das Volk« diese Spinner nicht will, werden sie das einsehen und zurücktreten! Wir sind guten Mutes ...

26.3.:

Den ganzen Tag warten wir gespannt auf Nachrichten von der »machtvollen Demonstration« gegen die Putschisten. Werden es Hunderttausende? Werden die Militärs zurückschießen? In den Medien ist nichts zu hören.

Aus Telefonanrufen und SMS erfahren wir nach und nach, dass gerade mal tausend Leute sich vor der »bourse de travail«, dem Arbeitsamt, versammelt haben. Offenbar fordern Transparente die »Rückkehr zur Demokratie«, aber weder die Rückkehr ATTs noch die Abhaltung der Wahlen. Polizei und Militär bleiben ruhig.

Von Monica erfahre ich, dass eine Abordnung aus führenden Politikern zusammengestellt worden sei, die mit Putschführer Sanogo reden will.

Wie bitte?!

Madou und ich sehen uns verblüfft an. Was gibt's denn zu reden mit dem Idioten. »Kugel in den Kopf«, knurrt Madou.

Andere aus unserer inzwischen permanenten Tee- und Diskussionsrunde im Schatten des großen Baumes vor unserem Haus wägen eher vorsichtig ab. Man müsse doch erst mal hören, was Sanogo zu sagen habe, meinen sie. Ja, aber dann anerkenne man ihn doch, widerspreche ich. Ein eher gequältes Lächeln antwortet mir, Achselzucken: »Was soll man tun?« Ein Nachbar fährt sich als Antwort mit der flachen Hand über die Kehle, das Zeichen für »kan tikke« (Bamanankan für: Gurgel durchschneiden), wie man es täglich mit Hühnern und Schafen macht: »Das ist die einzige Sprache, die der Mann versteht!« Mit Gewalt komme man nicht weiter, wird entgegnet.

Und dann: »Hier in Mali wird immer erst mal geredet, wenn es ein Problem gibt!«

Leiter der Delegation, die nach Kati, ins inzwischen aus dem Fernsehen wohlbekannte »Hauptquartier«, entsandt wurde, ist der unter dem ersten Präsidenten nach der Diktatur, Alpha Konaré, ehemalige Justizminister, Rechtsanwalt Maitre Tapó, stellvertretender Vorsitzender der größten malischen Partei ADEMA. Sie orientiert sich an den Prinzipien und Idealen von Nelson Mandelas ANC, ist Mitglied der Sozialistischen Internationale und hat 400 der 600 Bürgermeisterämter inne. Ihr Vorsitzender und amtierender Präsident der Nationalversammlung, Diacounda Traoré, neben dem von ATT favorisierten und verhafteten Modibo Sidibe der aussichtsreichste Präsidentschaftskandidat, ist nach Ouagadougou ins benachbarte Burkina Faso geflohen.

Ich kenne Tapó seit einigen Jahren durch den in seinem Büro, das unter anderen die französische Ölfirma »Total« vertritt, angestellten Rechtsanwalt Alassanne Diop, der mir bei Rechtsstreitigkeiten mit meinem ersten Vermieter zur Seite stand. Tapó eröffnete zusammen mit dem Vorsitzenden des malischen Verfassungsgerichts und dem deutschen Botschafter im Jahre 2005 meine erste Ausstellung im Museum Bamako.

Sein Domizil lernte ich freilich durch Zufall kennen.

Ich begleitete einmal meinen Schlosser Ishaka Mariko nach Hause, weil er mir Frau und Kinder vorstellen wollte, und entdeckte in seiner unmittelbaren Nachbarschaft einen märchenhaften, von hohen, mit Eisenspitzen gesicherten Mauern umgebenen, weißen Palast mit unzähligen Türmchen und Erkern, Klimaanlagen und roten Ziegeldächern, was in Mali völlig ungewöhnlich ist: Ein französisches Barockschlösschen aus dem Bilderbuch. »Da wohnt Maitre Tapó«, erklärte Ishaka lachend, »er ist so reich, das kann sich kein Mensch vorstellen!«

»Und der kriecht jetzt Sanogo in den Arsch!«, rufe ich in unsere kleine Runde und klatsche wütend mit den Händen auf meine Schenkel. Erst mal abwarten, meinen die anderen. »Was ist mit ATT? Was ist mit den Wahlen? Keiner redet mehr davon!«, rufe ich.

»Die sind doch froh, dass sie ATT losgeworden sind«, meint Madou. »ATT hat Modibo Sidibe die Präsidentschaft versprochen«, erklärt unser Hauselektriker Bakary, »damit er weiter seinen Anteil am Kokaintransfer und den Entführungsgeldern bekommt!« ATTs Frau Lobo hatte in Amsterdam beim Shoppen mit aus Lösegeldzahlungen registrierten Scheinen bezahlt.

»Und was hat das mit Demokratie zu tun?«, frage ich.

Alle lachen herzhaft.

Wenn man bedenkt, dass die Amsterdamer Polizei Lobo nicht verhaftet hatte, kann ich ihnen nicht widersprechen.

»Die sind doch nur froh«, fährt Madou fort, »dass die Soldaten die Drecksarbeit gemacht haben und wollen jetzt mit sauberen Händen die Sache wieder übernehmen – deshalb reden sie mit ihm und handeln nur die Konditionen aus!«

»Da macht Sanogo nicht mit«, erwidere ich, »wenn der wirklich in den USA ausgebildet wurde, hat er nicht nur den Umgang mit den Medien gelernt, sondern auch das Foltern, wartet es nur ab.«

Immer noch und mehr denn je ist das »Journal« das Ereignis des Tages. Die Straßen sind leer, beziehungsweise versammeln sich die, die keinen Fernseher haben, in großen Menschentrauben vor den Fernsehapparaten, die vor den meisten der kleinen Straßenläden stehen, den »butikis«. Ein Bild, wie man es sonst nur bei wichtigen Fußballspielen kennt.

Es ist der Feiertag der Revolution von 1991 und zum ersten Mal seit der Machtübernahme, betont die Sprecherin, wende sich der Präsident des Komitees und so weiter in einer Rede an die Nation. Schnitt. Landkarte Mali, darin abwechselnd Landschaften und marschierende Soldaten, dazu die Nationalhymne.

Dann Sanogo, ganz entspannt mit seinem grünen Käppi vor der malischen Fahne. Zunächst wiederholt er, dass es um das Wohl aller gehe, ihm der Vandalismus, der gestoppt sei, leid tue, sodann fordert er die »politische Klasse Malis« auf, sofort mit ihm darüber zu verhandeln, wie man schnellstmöglich wieder zu einer konstitutionellen Ordnung komme.

Geschickt dreht er den Spieß um, bietet allen Verhandlungen über alles außer der territorialen Integrität Malis an und gipfelt darin, dass er Mali einen historischen Vorreiter der Zivilisation nennt, und es nun wieder eine Avantgarde-Funktion übernommen habe, die zu erfüllen alle Partnerländer und die internationale Gemeinschaft ihm beistehen sollten.

Morgen sollten alle wieder an die Arbeit, wie bereits angekündigt. Speziell die Jugend fordert er auf, in dieser historischen Stunde das Land gemeinsamen wieder aufzubauen.

Danach noch mal die Nationalhymne und Kranzniederlegungen beim Grab der Märtyrer.

Sanogo habe auch dem algerischen Botschafter eine Audienz gegeben – so nennt man das schon! – was man sieht, wovon man aber nichts hört und nach ihm erscheint tatsächlich der erste hochrangige Politiker: Soumalia Cisse, einer der »ewigen« Präsidentschaftkandidaten, ein Multimillionär, der eine große Partei befehligt, aber immer in der zweiten Reihe bleiben musste. Es folgt ein Parteiführer nach dem anderen, der seine Sorge ausdrückt, von Sanogos verständnisvollem, ja zustimmendem Nicken begleitet, alle mit demselben nichtssagenden Blabla-Vokabular von Frieden, Sicherheit und Einheit, transparenten Wahlen, Ausweg aus der Krise, Rückkehr zur konstitutionellen Ordnung. Man habe den Capitaine beraten, schnell den Unwillen der internationalen Gemeinschaft zu besänftigen und hoffe, er werde darauf hören.

Als habe es ATT und bevorstehende Wahlen nie gegeben.

Madou und ich schauen uns nur noch sprachlos an.

Ob Frauen-, Jugend- oder Menschenrechtsorganisationen, die ehemalige Kultusministerin Aminata Traoré, die ihre Unterstützung des Putsches anbietet oder das »Forum der Zivilgesellschaft«: Sie alle erscheinen bei Sanogo und seinen Baststühlen um den Cafétisch, reden ernst auf ihn ein, zwischengeschnitten von dem verständnisvoll und zustimmend nickenden Sanogo.

Im Prinzip sind sich alle einig und sagen dasselbe!

Auch von der Demo beim Arbeitsamt wird berichtet: Bei Totalen sieht man, dass es noch weniger als 1000 Personen waren. Als Anlass wird freilich berichtet, es sei ein Treffen zur Erinnerung an die Märtyrer der Revolution 1991! Hamadoun Touré, der Sprecher der Studenten, ist der Einzige, der scharf formuliert – Tapó und Cisse sind kurz zu sehen, wie sie die aufgebrachten Menschen beruhigen. Auch hier die gleichen Floskeln, die diesmal in dem Aufruf, Ruhe zu bewahren, enden.

Folgt Auftritt Dr. Oumar Mariko. Er hat auf die Schnelle ein »Mouvement populaire de 22 mars« (der 22. zählt als Putschbeginn, da es um 5 Uhr das erste Communiqué der Machtübernahme gegeben hatte) gegründet, um »in dieser historischen Stunde« der Putschtruppe CN-RDRE eine »breite Massenbewegung« beizusteuern. Es sind zwar nur ein paar Leutchen unter dem Dach des Zeltes vor Radio Kayira versammelt, aber Mariko kann lang und breit seine Unterstützung des Putsches erklären und begründen. Auch ein Monsieur Bagayoko, der Präsident des »mouvement patriotique« ist, stimmt ihm zu. Man sei gegen Korruption und für Ausbildung, Ernährung und soziale Sicherheit, erklärt danach wieder Oumar Mariko: »Wir sind stolz, an diesem Kampf teilnehmen zu dürfen.«

Im Gegensatz dazu, scheinen die Unterstützungsdemonstrationen der »Jugend Bamakos«, angeblich eine Vereinigung vieler Jugendorganisationen, tatsächlich massenhaft zu sein: Skandierende Massen, soweit der Blick reicht und Erklärungen von emotional aufgeputschten, fast fanatisierten jungen Männern, die den Mut und die Initiative Sanogos loben und mit ihm zusammen das Land neu aufbauen wollen.

Überall im Land bilden sich CNRDRE-Ableger, die enthusiastisch von der angeblichen Zustimmung der Bevölkerung zur »neuen Macht« berichten: in Sikasso, in Kaye, in Segou.

Das »Journal« endet mit dem Aufruf an alle, morgen wieder zur Arbeit zu gehen.

Danach bis Mitternacht eine Ergebenheitsadresse nach der anderen, Vereinigung der Markthändler bis Menschenrechtsorganisationen, zum Teil stockend vom Papier vorgelesen, zum Teil vor allem von Jugendorganisationen (die bis dahin keiner kannte) enthusiastisch vorgetragen. Es bleibt den Militärveteranen vorbehalten, daran zu erinnern, dass Macht gefährlich sei – ansonsten stellen sie sich freilich »stolz« hinter ihre jungen Nachfolger.

Insgesamt eine frappierende Bestätigung der Tatsache, dass nicht gilt, was ist, sondern was im Fernsehen erscheint, weshalb bei einem Putsch der TV-Sender noch vor dem Präsidentenpalast besetzt werden muss.

Interessant auch die Funktion und Wirkungsweise der Sprache: Von Putsch ist keine Rede mehr, sondern von Veränderung, Neuanfang, vierter Republik, Ablösung des Ex-Präsidenten ATT – nur ein einziger der zahllosen Speichellecker erwähnte ihn, nannte ihn Präsident, verschluckte sich und verbesserte: Ex-Präsident.

Das Deprimierendste ist, dass inzwischen nicht nur »das einfache Volk« jubelt, sondern zum Beispiel auch Ärzte des hiesigen Krankenhauses sich hinter das neue Regime und den bekennenden Stalinisten Mariko stellen – vielleicht versprechen sie sich ja wirklich eine Verbesserung des Gesundheitssystems, aber bis ihnen die Augen aufgehen werden, ist es zu spät.

Das ist kein vorübergehendes Spektakel mehr, das wird unabsehbar, das ist das Ende des Mali, das es bis zum 21.3. gab.

27.3.:
Nicht der Putsch ist die Katastrophe, sondern die Reaktion der Gesellschaft darauf.

Nachdem gestern die großen Parteien ihren Buckel vor dem neuen Machthaber gemacht haben, der jetzt allerseits »Chef d'État« genannt wird, bietet sich nun Oumar Mariko in seinem Radio und Interviews immer wieder als Premierminister der Terrorregierung an und verspricht, dass als erstes die Spitzen aller administrativen Organisationen ausgewechselt werden sollen. Womit die wahren Ziele formuliert sind: Sicherung aller erreichbaren Pfründe für den eigenen Clan, die eigenen Anhänger.

Auch wenn er es nicht so offen wie Mariko sagt, gilt dasselbe für Ibrahim Boubacar Keita, IBK genannt. Nachdem er am ersten Tag noch vollmundig den Putsch verurteilte, erscheint er am fünften schon gar nicht mehr bei der Protestversammlung vor dem Arbeitsamt, sondern wanzt sich gleich direkt Sanogo an und gibt hinterher windelweiche Erklärungen ab, man müsse sich jetzt um einen »Prozess des Übergangs« kümmern. Sein gläubiger Jünger Bakary, unser Hauselektriker, trägt das sofort fraglos mit.

Überall das Gleiche: Der neue Status quo wird akzeptiert und je nach politischer Bedeutung und Größe der Anhängerschaft verschieden darauf reagiert.

Aber es sind nicht nur die politischen Parteien und ihre Führer, die sich mit atemberaubender Geschwindigkeit den neuen Verhältnissen anpassen, es sind auch bestimmte gesellschaftliche Interessengruppen, die versuchen, aus der neuen Situation Kapital zu schlagen.

Ich hatte drei Jahre benötigt, um festzustellen, dass die Mehrzahl der Intellektuellen, der sich engagiert für die Interessen ihres Volkes ausgebenden Gesprächs- und Kooperationspartner, mit denen ich zum Beispiel bei meinem Projekt einer Vollkornbäckerei zu tun hatte, in Wahrheit nichts anderes zu tun hatten, als mich von der wirklich repräsentativen Bevölkerung und damit von deren wirklichen Bedürfnissen, der realen Not, dem tatsächlichen Elend abzuschotten.

Das erste eindrückliche Beispiel hatte mein Rechtsanwalt, der bereits erwähnte Alassanne Diop geliefert. Er hatte mein Projekt einer Vollkornbäckerei, das seine Schwester Fafa leitete, juristisch begleitet. Und so wortreich wie er für das Wohl seines Volkes – als Jugendvorsitzender der ADEMA, der sozialdemokratisch orientierten größten Partei Malis – unterwegs war, so wenig interessierte er sich dafür, dass mit aus malischem Mehl gebackenem Vollkornbrot der durch Proteinmangel verursachten Schwellbauch bei Kindern abgemindert werden konnte. Er deckte, rechtfertigte und sicherte ab, dass seine Schwester mit den aus Deutschland gelieferten Maschinen und dem üblichen nährwertarmen Brot möglichst schnell, möglichst viel Geld verdiente, mit dem sie dann nach Frankreich verschwand. Daraufhin war er nicht mehr zu sprechen. Nicht, dass ihm das nicht peinlich und unangenehm gewesen wäre – aber Familienbande gehen halt über politische Ideale, wie sie Alassanne mit Sicherheit hat und auch ehrlich davon träumt, sie realisiert zu sehen. Und so repräsentiert sein Problem das vieler, die etwas ändern wollen, aber erst mal vor die Wand der sich nur sehr langsam ändernden starren gesellschaftlichen Strukturen und Traditionen laufen.

Auf nationaler, ja internationaler Ebene ist das Paradepferd dieser, wie ich sie bald nannte, »Abgreiferfraktion«, die all den engagierten Menschen, die da kommen und »helfen« wollen im Besonderen genauso wie »den

Weißen« im Allgemeinen, zeigt, wo es langgeht und wie man es richtig macht, die bereits erwähnte Frau Professor Aminata Traoré. Sie reist – natürlich nur in der Businessclass – als »Globalisierungskritikerin« durch die Welt und erklärt, wie ihre männlichen Kollegen stets mit erhobenem Zeigefinger nach dem Motto »haltet den Dieb«, dass schuld an allem der Kolonialismus, der Neokolonialismus und überhaupt »der Westen« und »die Weißen« sind. Sie ist die Vertreterin par excellence einer intellektuellen Oberschicht, die die Verbrechen des Kolonialismus heute dazu benutzt, ihr Konto und ihre Reputation weiter aufzufüllen. Die Verantwortung und Mitschuld der afrikanischen Oberschicht, der sie angehört und ohne deren Komplizenschaft weder der Kolonialismus noch der Neokolonialismus möglich gewesen wären – und die sie zu dem werden ließ, was sie ist –, blendet sie geflissentlich aus. Das Viertel am Rande der Innenstadt, in dem sie lebt, wurde vor allem mit belgischer und deutscher Hilfe saniert, und zwar unter der Leitung der ehemaligen Kultusministerin streng nach kulturell korrekten Kriterien: Straßen wurden mit Natursandsteinen gepflastert, die Holzkonstruktionen des Markts wurden mit malischem Desgin in Naturstein verwandelt und als Krönung des Ganzen ein todschickes Hotel, Restaurant und Kulturzentrum in traditionellem malischen Stil gebaut, das den Namen des großen westafrikanischen Dichters Amadou Hampate Bah trägt. Auf einer Pressekonferenz, in der sie sich für die große Hilfe vor allem des belgischen und deutschen Volkes bedankte, wurde sie gefragt, welchen Anteil denn sie beigetragen habe, die aus alteingesessener Multimillionärs-Familie stammte. Die Frage musste zweimal wiederholt werden, bevor sie mit bassem Erstaunen erklären konnte, dass sie im Besonderen und Mali im Allgemeinen doch kein Geld habe: »Wir sind doch viel zu arm dazu! Deswegen brauchen wir doch die Hilfe!«

Ich war Gast beim »bathem«, der traditionellen Feier für Neugeborene, für das Kind ihrer Tochter. Mit unübersehbar vielen reich gekleideten Gästen fand die Party natürlich im Kulturzentrum »Hampate Bah« statt und es trat die »grande dame« der malischen Musik auf, Nahawa Doumbia, die nicht unter einer Million Francs CFA spielt, was etwa anderthalb tausend Euro entspricht. Wir wurden alle aufs Wohlschmeckendste verköstigt, kaum schätzbar, wie viel das die arme Frau gekostet hat.

Wie sie mit ihren wirklich bedürftigen Landsleuten, denen die ausländische Hilfe doch eigentlich zugutekommen sollte, umgeht, erfuhr ich von meinem Freund und Musikerkollegen Madou Coulibaly. Er spielte als Musiker einer Gruppe, die im Hof des Aminata-Traoré-Restaurants »Santoro« zur Animation und Erhöhung des Wohlgefühls der feinen Gäste auftrat. Die edlen Gasträume durfte der Unterschichtsangehörige nicht betreten. Die zur umgerechnet nur wenige Cent betragenden Bezahlung der Musiker gehörende Mahlzeit bestand aus vergorenem Essen der Vortage, das, wie Madou lachend erzählte, »Fäden zog«. »Gestorben daran bin ich nicht«, sagte er, der vom Land kommt, vom »Busch«, wie man in Mali sagt, wo Essen noch gegessen wird, selbst wenn schon Tierchen drin zu sehen sind – »besser als Hungern«.

Dass Aminata Traoré als eine der ersten neben dem frisch gekürten »Chef d'État« im Fernsehen zu betrachten ist, deutet darauf hin, dass die Sache ernst zu nehmen ist. Diese Dame weiß, wo Bartel den Most holt. Sie spricht nicht nur für sich, sie steht für eine ganze Schicht, die offenbar davon ausgeht, dass es nun auf diesem Wege weitergeht.

Fehlt im Konzert der applaudierenden gesellschaftlichen Schichten nur noch der religiöse Part.

Cheick Haidara ist einer der berühmtesten, mächtigsten und beliebtesten Prediger ganz Westafrikas. Busweise pilgern Tausende aus allen umliegenden Ländern zu ihm, wenn der Geburtstag des Propheten oder andere religiöse Feste gefeiert werden. Angeblich wird er von Saudi Arabien unterstützt, verdienent aber Unsummen mit dem Verkauf von T-Shirts, Kassetten und anderen Devotionalien, mit denen er seinen Luxuslimousinenpark finanziert, vor allem aber lebt er von den Spenden der Bonnes, Bananen- und Orangenverkäuferinnen, also der Ärmensten der Armen, die ihr weniges Geld zu ihm tragen und dafür geweihtes Wasser und Garantien, ins Paradies zu kommen, erhalten. Neben seinem Haus, einem vierstöckigen Palast, befindet sich ein von ihm unterhaltenes Krankenhaus und natürlich unterhält er auch Koranschulen. Alte Frauen küssen den Boden, den er betreten hat. Madous Bruder, ein Ingenieur aus Sikasso, ein gebildeter, etwa 40-jähriger Mann, trat, zur Verzweiflung Madous, vor wenigen Jahren dieser Sekte bei. Einmal im Jahr kommt er, schläft eine Woche mit Tausenden anderer Pilger auf dem Boden vor Haidaras Haus, betet und lässt sich von ihm segnen.

Haidara besucht nun mit einigen anderen islamischen Religionsführern, einen Tag nach dem christlichen Bischof, Sanogo und bringt 800 Koranfürsprachen für das neue Regime mit.

Jeden Tag gibt es neue Analysen, Erklärungen, Verschwörungstheorien, heute heißt es:

Die Tatsache, dass es hauptsächlich Soldaten aus mittleren Rängen waren, die den Putsch realisierten, deute auf eine Verschwörung der mittleren gegen die oberen Ränge, schlicht und ergreifend eben doch eine Meuterei. Die sich nun aber verselbstständigt hat und völlig außer Kontrolle geraten ist.

Das Fernsehen ist nun ganz in der Hand der Putschisten. Schon vormittags wird in einer Sondersendung eine »neue Verfassung« präsentiert.

Ein »Magistrat Lieutenant« Jaques Koné, an einem Glastisch sitzend, hinter ihm sieben Militärs, neben ihm zwei Zivilisten, verkündet das Blaue vom Himmel, alles, was das Herz begehrt: Demokratie, Kampf gegen Korruption und Armut sowieso, durchaus auch Werte wie Laizismus, aber auch so hübsche intellektuelle Nebelschwaden wie »Kampf gegen Nepotismus«. Die gesamte Gesellschaft soll neu strukturiert werden: vom Gesundheits- und Schulwesen, bis zur Ökonomie. Das ganze dauert geschlagene 33 Minuten!

Wenn man bedenkt, wie breit die Zustimmung in der Bevölkerung bereits tatsächlich fortgeschritten ist, also nicht nur im Fernsehen behauptet, sondern auch auf der Straße bestätigt wird, muss man zugeben, dass die neuen Herren genau die Sehnsüchte und Erwartungen befriedigen, der Wut Genugtuung verschaffen, die sich in all den Jahren der Trickserei und Bereicherung der Herrschenden im Namen der Demokratie angesammelt haben. Immer wieder ist zu hören: »Was haben wir von einer ›Demokratie‹, die nur die Korruption der herrschenden Klasse legalisiert!«

Und wenn man des Weiteren bedenkt, dass sofort nach Putschbeginn nicht nur sämtliche führenden Politiker, sondern auch zweitrangige verhaftet und ihre Häuser ausgeraubt und zerstört wurden, wird es immer schwerer, an eine »Meuterei« zu glauben, die sich verselbstständigt hat. Das war geplant und vorbereitet.

Besonders auffällig – und neu! – ist, dass Begriffe wie »Patriotismus« und »Nation«, wie neuzeitliche Geistererscheinungen aus der Flasche entwichen, nun über allem schweben, von allen im Mund geführt werden und als Begründung für alles herhalten müssen, egal von welcher Seite im Konflikt.

Wie oft hatte ich mich geärgert, wenn unsere kleine Mah, die Tochter Madous, die Nationalhymne, die sie jeden morgen im Schulhof eingetrichtert bekam, nachmittags im Hof gellend mit ihren Freundinnen trompetete. »Ihr internalisiert doch nur den Kolonialismus«, schimpfte ich und erntete nur so höfliches wie verständnisloses Nicken. Jetzt wird es mir klar: Erst wird den Kindern die Nationalhymne eingeimpft, dann wird ihnen ein Gewehr in die Hand gedrückt, um die Nation zu verteidigen. Wenn man bedenkt, dass die Grenzen dieser Nation völlig willkürlich im vorletzten Jahrhundert von den Kolonialmächten in Berlin gezogen wurden und überhaupt nicht mit den bestehenden Ethnien übereinstimmen – die Bambara zum Beispiel gibt es vom Senegal über Mali bis nach Burkina Faso –, wirkt das ganze nur noch wie absurdes Theater.

Das Klima in unserer Diskussionsrunde hat sich geändert: Wenn jemand Fremdes sich dazugesellt, wird erst mal geschwiegen und sich gegenseitig abgetastet, geprüft, wer wo steht, bevor man beurteilen kann, ob man offen reden kann oder nicht.

Menschlich, sozial, ist das eine Katastrophe. Gerade das freie Wort in einer in allen Schichten hoch politisierten Gesellschaft war einer der Gründe, die mich so an dieses Land gefesselt hatten. Und das soll innerhalb von ein paar Tagen hinweggefegt sein?

Die Privatsender werden kleinlaut: »Die Zeit des Maulaufreißens – ›grand bouche‹ – ist vorbei!« – Madou ist regelrecht geknickt, als er mir das erzählt, lächelt verschämt, wie peinlich berührt.

Die Parlamentsabgeordneten werden von den Militärs gehindert, das Parlament zu betreten. Die Gewehre bestimmen die Politik. So platt.

Es gibt zwar immer noch Verlautbarungen einzelner prominenter Politiker, Parteien und Parteivereinigungen, die den Putsch kritisieren, aber sie relativieren mehr und mehr und die »Enthüllungen« über die negativen Seiten des ATT-Regimes nehmen zu. Warum haben diese Herrschaften das nicht vorher geäußert?! Gefahrlos möglich war es – das hatte Oumar Mariko, die »Stimme der Opposition« nicht nur in seinen Radiostationen, sondern oft sogar im staatlichen Fernsehen demonstriert. Er blieb aber der Einzige, weil dieselben, die jetzt das große Wort führen, ihr Maul hielten und sich ATT andienten, wie sie es jetzt bei den neuen Machthabern tun.

Dieser skrupellose Opportunismus ist viel deprimierender als der Putsch selbst.

Und wie reagieren die umliegenden Länder? Die CEDEAO, die westafrikanische Wirtschaftsgemeinschaft, veranstaltet einen außerordentlichen Gipfel, zu dem immerhin einige Staatschefs anreisen. Ausgerechnet Blaise Compaoré, Staatschef von Burkina Faso und einer der ekelhaftesten Diktatoren Afrikas, Mörder seines Vorgängers und Förderers Thomas Sankara, wünscht, dass der Gipfel zu einer Rückkehr zur konstitutionellen Ordnung in Mali beitrage. Ist das alles? Zwei Mitglieder der malischen Junta sollen anwesend sein, um sich zu erklären. Sollen sie überredet werden, die konstitutionelle Ordnung wiederherzustellen? Oder wird Compaoré ihnen erklären, wie man das nach außen hin anstellt und trotzdem dranbleibt?

Das Verlangen, das »Journal« zu sehen, verkehrt sich in Abscheu. Die ersten drei Minuten wird in jedem Satz immer wieder der Name des Komitees und seines »Präsidenten« wiederholt. Wie ist es möglich, dass dieselbe Tagesschausprecherin, die noch eine Woche vorher vom Präsidenten ATT sprach, im gleichen entspannten Ton von diesem Gewaltherrscher spricht, als habe es nie etwas anderes gegeben?! Wieso nehmen das alle so selbstverständlich hin? Das ist doch primitivste Gehirnwäsche, das müsste doch jeder durchschauen? Geht ein Putsch so einfach? Offenbar:

- Der Chef des Hohen Rats des Islam in Mali, El Hadj Mahmoud Dicko, spricht auch mit Herrn Sanogo und besucht anschließend die in Kati, der Kaserne, von der aus Sanogo herrscht, gefangen gehaltenen hohen Politiker, umarmt allen voran Modibo Sidibe, aber auch die anderen, was alles ausführlich zu sehen ist, und erklärt hinterher, es gehe den Gefangenen gut, »Dank sei Gott«

- Immer mehr Unterchefs von gesellschaftlichen Organisationen wie Gewerkschaften oder Händlervereinigungen, Polizeichefs, oder Bürgermeistern bekennen sich zum Komitee
- Der Flughafendirektor garantiert Sicherheit und Pünktlichkeit der Flugzeuge, man sieht Passagiere, die abgefertigt werden und in die Kamera sagen: »Keinerlei Probleme!«
- Der Chef der Steuerbehörde: »Alles in Ordnung« (ausgerechnet der!)
- Student: »Überhaupt keine Probleme«, die Uni geht weiter
- Krankenhäuser: »Alle Dienste funktionieren«
- Die Banken zahlen Gelder aus, zum Beispiel von Rentenkonten
- Die Bürgermeisterämter arbeiten auch nach der »Intervention« des Komitees normal –

also alles o.k..

Die weiterhin bis Sendeschluss ausgestrahlten Ergebenheitsadressen aller möglicher, meist neu gegründeter »Zusammenschlüsse der Zivilgesellschaft« schauen wir uns schon gar nicht mehr an.

Das Rätselraten geht weiter, wo ATT steckt. Einer der Religionsführer, El Hadj Bandjougou Doumbia erklärt in der Zeitung »l'independant«, die noch am ehesten ihrem Namen gerecht wird, ATT sei von den Leuten seines Vertrauens verraten worden. Wieso kam er aber trotzdem davon? Irgendwas stimmt da nicht. Was gibt es da schon wieder für geheime Deals?

28.3.:

AFP meldet: »Präsident ATT in Bamako und nicht gefangen.«

Und dann die Sensation: Der französische Sender RFI strahlt ein Telefoninterview mit ATT aus!

Amadou Toumani Touré: »Zunächst möchte ich eine Erklärung abgeben: Mit großem Interesse habe ich den Ausgang des außerordentlichen Gipfels der Westafrikanischen Wirtschaftsgemeinschaft, der CEDEAO, am Dienstag in Abidjan verfolgt. Ich unterstütze voll und ganz die von den Staatschefs unterbreiteten Vorschläge zur Überwindung der Krise in unserem Land. Dies bedeutet zur Vermeidung jeglicher Art von Abenteuern zuvorderst die Rückkehr zu einer verfassungsgemäßen Ordnung.

Weiter bedarf es der Wiederherstellung der durch das malische Volk demokratisch gewählten Institutionen der Republik.«

Der »Fall ATT« sei einfach: In zwei Monaten laufe seine Amtszeit aus, bis dahin stehe er zur Disposition. Er bitte alle, beim Ausweg aus der Krise zu helfen. Seine Person sei in dieser Situation nicht das Wichtigste.

Auf die Frage, wie es ihm gehe, antwortet er: »Gut«, es fehle nur ein wenig die sportliche Betätigung. Wo er sei: »In Mali, zu Hause«, ob er noch Präsident sei: »Auf diese Polemik« gehe er nicht ein. Was er von der neuen Verfassung halte: Das sei nun alles Sache der CEDEAO. Ob er von loyalen Truppen befreit werden wolle: Er werde auf keinen Fall zulassen, dass malische Soldaten auf malische Soldaten schössen. Ob er von loyalen Truppen beschützt werde: Er sei Soldat und als Soldat gebe es gewisse Geheimnisse. Ob er eine militärische Intervention der CEDEAO befürworte, wie sie auf dem Gipfel in Abidjan in Erwägung gezogen worden sei: Er antworte nicht auf Fragen, die ihm nicht offiziell gestellt worden seien.

So gespannt habe ich noch nie eine Gruppe von Menschen über ein Transistorradio gebeugt gesehen. Nach dem Interview sind wir erst mal alle sprachlos. Irgendwann mokiere ich mich über die »mangelnde sportliche Betätigung«. »Ihm fehlen die vierzehnjährigen Mädchen«, erklärt Madou, »die ihm von seinem dafür Spezialbeauftragten ständig zugeführt wurden!« »Ach so«, versuche ich zu scherzen, »deswegen sah er in letzter Zeit immer so krank aus: Weil er mit dem Viagra-Fressen nicht mehr nachkam!« Das Gelächter hält sich in Grenzen. Und es gibt wieder so viele Einschätzungen wie Mitglieder unserer Diskussionsrunde vor dem Haus: »Alles ein abgekartetes Spiel«, »ATT will nur den Bürgerkrieg verhindern«, »Sanogo kann es sich nicht leisten, ihn zu fangen oder zu töten, weil er dann Sympathien verliert«, »Bei uns in Mali regelt man Probleme immer durch miteinander reden«; ein Eindruck, der sich mir ebenfalls mehr und mehr aufdrängt – ich weiß nur nicht, was ich davon halten soll.

Nach und nach tröpfeln die Ergebnisse des gestrigen Dringlichkeitsgipfels der CEDEAO ein:

1. Militärische Intervention wird erwogen, außerdem Schließung der Grenzen, Warenboykott

2. Blaise Compaoré, der Präsident von Burkina Faso, wird Vermittler in der »malischen Krise«

3. Verhandlungen mit Sanogo: Der derzeitige Vorsitzende der CEDEAO, der Präsident der Elfenbeinküste, Alassane Dramane Quattara, will nach Bamako kommen. Ein Treffen zwischen ihm, Blaise Compaoré, Boni Yagi, dem Präsidenten Benins und Vorsitzenden der Afrikanischen Union (AU) und Amadou Haya Sanogo auf dem Flughafen sei vereinbart.

Letzteres empfinde ich als Alarmzeichen: »Dann erkennen sie ihn doch an!«, rufe ich. »Wenn drei Präsidenten, darunter die Vorsitzenden der afrikanischen und der westafrikanischen Union, mit ihm von gleich zu gleich reden, machen sie Sanogo damit de facto zum Präsidenten von Mali! Das ist offizielles diplomatisches Reglement auf der ganzen Welt: Nur gleich und gleich trifft sich!«

Die anderen zucken mit den Achseln: »Sanogo hat die Macht, was soll man tun!?«, »Hauptsache kein Blutvergießen!«, »Na und? Wenn dadurch eine Lösung gefunden wird?« Nur Madou knurrt wieder: »Kugel in den Kopf«, aber inzwischen so leise, dass nur ich es hören kann.

»Das ist eine Katastrophe«, beharre ich und beginne langsam zu verzweifeln, »wenn Quattara kommt und mit Sanogo verhandelt, gibt er ihm den Ritterschlag, macht er ihn damit offiziell zum Chef d'État!«

Schon dröhnt der nächste Paukenschlag: Die CEDEAO möchte den Präsidenten der malischen Nationalversammlung, Diacounda Traoré, zum Interimspräsidenten Malis ernennen. Er soll eine »Periode des Übergangs« führen.

Professor Diacounda Traoré, dessen Wahlplakate als Präsidentschaftskandidat der Partei ADEMA man seit Wochen überall in Bamako sehen konnte und der sich zum Zeitpunkt des Putsches gerade in Ouagadougou, der Hauptstadt Burkina Fasos aufhielt, ist als Präsident der malischen Nationalversammlung, und damit nach dem Wortlaut der Verfassung, offizieller Nachfolger des Staatspräsidenten, wenn dieser ausfallen sollte. Er ist ein relativ farbloser Bürokrat, dem aber als Chef der größten Partei durchaus Chancen eingeräumt werden mussten. Dass er zum Zeitpunkt des Putsches abwesend war und deswegen er nicht verhaftet werden konnte, macht misstrauisch: Wusste er etwa Bescheid?

Madou schüttelt den Kopf. »Diacounda ist harmlos«, erklärt er und alle anderen stimmen ihm zu. In Mali werden alle führenden Politiker entweder beim Vornamen genannt – zum Beispiel Diacounda für Diacounda Traoré und jeder weiß, wer gemeint ist – oder mit einer Abkürzung – wie ATT oder IBK (Ibrahim Boubacar Keita) beziehungsweise mit einem Spitznamen benannt – Soumaila Cisse, der ewige Verlierer der Präsidentschaftswahlen, ist »Soumi«.

»Aber den Interims-Job wird er ablehnen«, vermutet Bakary, »weil er dann nicht mehr als regulärer Präsident kandidieren kann!«, so stehe es jedenfalls in der Verfassung. Ich bin wieder einmal hin und weg, was für eine Kenntnis und was für ein politisches Bewusstsein ein »einfacher Elektriker« hier in Mali hat.

Aber die Tatsache dieses Beschlusses der CEDEAO, die ja nun als einzige Macht noch über Sanogo steht, ist de facto der Sieg der Putschisten.

Damit ist ATT abgesetzt und sind die Wahlen auf den Sankt-Nimmerleins-Tag verschoben. Und das eine Woche nach dem Putsch.

Und weiter überschlagen sich die Ereignisse:

- Modibo Sidibe, der ehemalige Premierminister und aussichtsreichste Präsidentschaftskandidat, der mutmaßliche Chef des Drogenkartells und wahrscheinliche Dollarmilliardär, den man gestern noch mit Cheick Haidara im Fernsehen als Gefangenen sah, ist als erster der verhafteten Politiker freigelassen! »Wieviel hat er gezahlt?«, lästern wir. Hat Haidara das bewirkt?
- Auch Jeamille Bittar, Inhaber des größten Busunternehmens und Präsidentschaftskandidat freigelassen! Auch er Multimillionär: Kassieren die Putschisten jetzt richtig ab?
- Kidal von der MNLA, der Tuareg-»Befreiungs«-organisation, angegriffen und von der Armee zurückgeschlagen, aber eingeschlossen. Das, was verhindert werden sollte, macht Fortschritte!
- Erste tatsächliche Auswirkung der CEDEAO-Beschlüsse: Die westafrikanische Zentralbank stoppt die Geldzufuhr! Zum ersten Mal

durchzuckt mich »persönliche Betroffenheit« im ursprünglichen Sinn des Wortes: Was ist, wenn ich kein Geld mehr aus dem Automaten ziehen kann?

- Die Anti-Putsch-Organisation FDR, Front für Demokratie und Republik, legt einen Plan vor, in dem wörtlich dieselben Forderungen stehen, wie sie die Putschisten gestellt haben: Transparente Wahlen, territoriale Integrität, Rechtssicherheit. Was soll das Spiel? Wer meint was Verschiedenes mit denselben Worten?
- Mobiltelefonvideos von plündernden Soldaten im Reichenviertel ACI 2000 machen die Runde, einer kopiert sie vom anderen. So funktioniert also ein Putsch im Zeitalter der neuen Medien: Und wann sehen wir das auf youtube?

Das »Journal« beginnt mit dem Bericht des Besuches der Militärdelegation der CEDEAO bei Sanogo in Kati, die die bereits bekannten Inhalte »Rückkehr zu« etc. des gestrigen Gipfels überbrachte. Blasorchester, Nationalhymne, salutierende Generäle vermitteln nur eines: Respekt vor dem neuen »Chef d'État«, Unterhaltung auf gleicher Augenhöhe, Zementierung des Status quo. Den Gipfel selbst erwähnt die Sprecherin eher en passant, um sodann zur Großdemonstration für die Junta und gegen die CEDEAO überzuleiten: »Es lebe der Capitaine Sanogo! Nieder mit Frankreich! Nieder mit der CEDEAO!« Unübersehbare Massen vor allem von jungen Leuten wälzen sich durch die Straßen. »Es geht um uns!«, »Wir wir wir« ist auf weiteren Transparenten zu lesen. Demonstranten sprechen in die Kamera: »Mali war keine Demokratie, sondern eine Plutokratie!«, »Die Herrschaft des Geldes muss ein Ende haben!«, »Der Putsch war überfällig« – es sind mindestens zigtausende unterwegs. Der Sprecher des Putsch-Komitees spricht zu den Massen: »Wir gehören zusammen« und die Massen jubeln in einer gleichgeschalteten Weise, dass es dem antifaschistisch erzogenen Nachkriegskind nur noch kalt über den Rücken läuft.

Vierzig Minuten lang nur noch Behauptung des ruhigen und geordneten Normalzustands mit Bildern aus allen Regionen Malis, von Sikasso bis Mopti, von Koutialla bis Niono, von Sevare bis Kaye: Skandierende Massen, Polizei-, Zoll- und sonstige Administrationschefs, die von ihrer reibungslosen Arbeit berichten, und zustimmende Statements aus der Bevölkerung. Der Name des Komitees geht inzwischen fließend über alle Lippen.

Zu später Stunde besucht mich endlich Bassy, einer meiner besten, langjährigen Freunde. Ich bin sehr gespannt, was er zu sagen hat, hatte aber am Telefon schon den Eindruck, dass er die Lage sehr anders sieht als ich. Mehrmals hatten wir den Termin verschoben, weil er, wenn er nicht bei der Arbeit war, von einer Versammlung zu anderen musste.

Mit dem Arzt Dr. Bassy Konaté bin ich seit dem Jahr 2005 befreundet. Er ist Mitbegründer der »action santé«, einer über hundert Mitglieder starken, rein malischen medizinischen Hilfsorganisation, die kostenlose Krankenversorgung und Aufklärung macht. Ich lernte ihn im Rahmen einer Spendenaktion medizinischer Geräte kennen, bei der diese allerdings nicht der »action santé« gegeben wurden, sondern an Krankenstationen der Oberklasse, was auf meiner Website unter dem Titel »Der Fall APA« ausführlich dokumentiert ist. Er ist nicht nur politisch engagiert, sondern auch ein begnadeter Komödiant, der Straßentheater zu Themen wie Beschneidung, Aids, Kindererziehung, etc. macht. In einem Stück über Kindererziehung waren wir sogar schon mehrfach zusammen öffentlich aufgetreten. Er ist ein überzeugendes Beispiel dafür, dass es in Mali – wahrscheinlich überall – nicht nur Korruption, Bereicherungsgier und Machtbesessenheit gibt, sondern auch eine beträchtliche Anzahl von Menschen, die, obwohl sie aus der Oberklasse stammen und den üblichen Weg über Europa oder die USA gehen könnten, hier bleiben und ihr Land aufbauen, entwickeln wollen. Ein Beispiel dafür ist ein zwar kleiner, aber wichtiger Schritt wie die Aktion zur Reinigung des Quartier-Marktes, wofür Geld bei Bekannten und dem Bürgermeisteramt gesammelt wurde, Besen gekauft und anschließend mit den Marktchefs über die Notwendigkeit verbesserter hygienischer Bedingungen des Marktes diskutiert wurde. In Oumar Marikos Radio »Kayira« hatte die »action santé« regelmäßige Aufklärungssendungen gemacht, sich aber aufgrund der diktatorischen Ambitionen Marikos inzwischen aber getrennt.

Tatsächlich ist er sehr zurückhaltend, will gar nicht in den ersten Stock in meine Privaträume, sondern mit mir in unserem Hof sitzen bleiben, wo eher die offiziellen Besucher abgefertigt werden und wir einst zusammen das Fußballspiel Deutschland-Argentinien anschauten, bei dem er für Deutschland bangte.

Ich platze mit meiner Empörung und Enttäuschung über den Putsch heraus, aber er schüttelt den Kopf und widerspricht nachsichtig lächelnd, mich auch mit seinen Handbewegungen milde besänftigend, ganz Onkel Doktor: Eine Demokratie habe es in Mali sowieso nicht gegeben und es habe nicht länger so weitergehen können.

Ich wundere mich, dass ich das nicht schon früher von ihm gehört habe.

Nun platzt es aus ihm heraus, ungewohnt heftig, fast verletzt:

»Ich habe einen meiner besten Freunde seit Schulzeiten im Norden verloren! 2009 schon!«

Ich schrecke zurück – so kenne ich ihn gar nicht.

Der Konflikt im Norden, das bewusste Verheizen hunderter Soldaten sei der Hauptgrund, alles andere Nebensache.

»ATT hat dem Chef der Rebellen beim letzten Ramadan 10 Millionen Francs CFA bringen lassen, damit er seine Leute mit Zucker versorgen kann, wusstest Du das?«

»ATT hat also da selbst mitgemischt?«, frage ich ungläubig.

Bassy nickt.

»Warum, das geht doch gegen seine eigenen Interessen als malischer Staatschef?«

»Das ist es ja!« Bassy ist richtig wütend. »Es musste weiteres sinnloses Blutvergießen verhindert werden.«

»Aber es sollte doch gewählt werden!«, wende ich ein. »Wieso hat man nicht bis danach gewartet?«

»Die Wahlen sind eine Farce, Oumar Mariko hat alle Beweise: Modibo Sidibe war als Nachfolger von ATT schon ausgemachte Sache.«

Ich gebe zu, dass ich das auch schon von anderer Seite gehört habe.

»Sidibe war schon zu seinem Vorab-Antrittsbesuch in Frankreich!«

»Dann geht es also in Wahrheit um den internationalen Drogenhandel auf höchster, auf allerhöchster Ebene?«

Bassy nickt heftig.

Ich schüttele den Kopf: »Noch mal«, erwidere ich, »warum haben sie es dann nicht nach den Wahlen gemacht und die Beweise vorgelegt?«

Nun schüttelt Bassy den Kopf.

»Solange konnte man nicht warten, wie gesagt, Blutvergießen musste verhindert werden.«

Außerdem sei ATT dabei gewesen, Geld und Ressourcen des Landes auf seine Verwandtschaft zu verteilen. Vierzig Generäle habe er in der letzten Zeit ernannt und auf sie Gelder verteilt, anstatt die Armee auszurüsten, um die MNLA zurückzuschlagen.

Davon hatte ich noch nichts gehört und es ist wahrhaft absurd, so viele Generäle für solch eine kleine Armee zu bestellen.

Trotzdem entgegne ich, dass das ein anderes Thema sei, das mit dem ersten nichts zu tun habe, das sehe doch dann eher so aus, als gehe es den neuen Machthabern nur darum, selbst an den Kuchen zu kommen. Oder nur an die Macht, wie unser »Freund« Oumar Mariko.

Bassy schüttelt den Kopf und lächelt milde, wieder ganz der Onkel Doktor:

Ich solle mich nicht aufregen, es werde bald freie Wahlen geben.

Als ich ihn zur Tür bringe, sehe ich, dass er plötzlich ein Auto hat – er arbeitet als Arzt beim CSCOM und beklagte neulich noch, dass sein Lohn nicht bezahlt werde. Er erklärt, dass der Wagen eine Art Car-Sharing mit einem anderen Freund sei.

Nachdem Bassy weggefahren ist, sagt Madou lachend: »Das nächste Mal hat er einen der beschlagnahmten Jeeps.«

29.3.:

Am Morgen ruft ein Vertreter der Rosa Luxemburg Stiftung in Westafrika an, der in Bamako war als der Putsch stattfand, aber nun wieder »in Sicherheit« in Dakar ist. Ich frage nach, was er davon hält, dass der von der Rosa Luxemburg Stiftung unterstützte Oumar Mariko und vor allem sein von der Stiftung unterstütztes »Radio Kayira« die größten Befürworter des Putsches sind, sie das Radio sozusagen zur offiziellen Propagandamaschine gemacht haben.

Man habe die Zahlungen eingestellt, sagt er, ganz Diplomat, bleibe aber im Gespräch. Über was man denn mit ihm noch sprechen wolle, wo er sich doch so eindeutig geäußert habe. Das müsse man von ihm selbst hören.

Der seit 30 Jahren in Mexiko lebende Maler Ralf Walter meldet sich per Skype. Nachdem er vor 40 Jahren bereits Mali kennengelernt hatte, kam er letztes Jahr wieder, um während einer sechswöchigen Arbeitsreise durch das Dogon- und Tuareggebiet 120 Aquarelle zu malen, die er zu dem Buch »Reise nach Timbuktu« verarbeitete.

Er hatte damals in Bamako bei mir gewohnt und erkundigt sich nun besorgt nach der Situation, er kenne die demütigende Erfahrung eines Putsches aus seiner Zeit in Algerien, diese »Zerstörung des Selbstwertgefühls als citoyen«. In den internationalen Medien finde man kaum Informationen, kritisiert er, Afrika sei eben kein Thema.

Als ich mich über die angeblichen »Unabhängigkeits-«bestrebungen der Tuareg errege, hinter denen nur der Griff nach dem Drogenkartell und der Kontrolle über den Uranabbau stehe, widerspricht er mir: »Die Tuareg haben ein Recht auf einen eigenen Staat«, erklärt er, »ihr Lebensraum wird durch die kolonialen Grenzen eingeschränkt, sie leben seit Jahrhunderten in diesem Gebiet und müssen ihre eigene Bewegungsfreiheit zurückbekommen.«

»Bist Du jetzt völlig verrückt geworden?!«, rufe ich so laut, dass man es auch ohne Skype bis Mexiko hören kann. »Dann sollen auch Mauretanien, Algerien, Libyen und Niger Gebiete abtreten, damit die Herrschaften in Ruhe ihre Deals machen können oder was?«

»Ja!« – er nickt lächelnd hinter seinem Schreibtisch in Yucatan.

»Dann wollen die Bambara einen Staat, der von Senegal über Mali bis Burkina Faso geht«, entgegne ich völlig entnervt, »und die Dogon wollen auch einen eigenen und die Peul und die Hutu und die Tutu und Afrika ertrinkt im Blut!?«

Er schüttet den Kopf. »Mit den Tuareg ist es etwas anderes, sie sind die letzten aufrechten Freiheitskämpfer auf dieser Welt«, schwärmt er, »die ›Indianer der Wüste‹, die letzten stolzen Verteidiger ethnischer Unabhängigkeit!«

Ich schlage die Hände über dem Kopf zusammen. »Das ist doch der pure Touristenkitsch, den Du da von Dir gibst!«, schimpfe ich. »Das ist die Sehnsucht nach ›Freiheit und Abenteuer‹, wie sie die Zigarettenreklame verspricht, das ist die Projektion frustrierter Linker in Europa, die ihre gescheiterten politischen Ideale auf diese ›edlen Wilden‹ übertragen, dabei sind das nur knallharte Geschäftsleute, die dieses Image eiskalt einsetzen!«

Er lacht. »Köstlich, wie Du Dich aufregst!«

»O.k.«, sage ich wieder ruhig, »sie haben eine riesige politische Lobby bis hin ins europäische Parlament, sie haben VW, das für sein Modell ›Touareg‹ mit diesem Image wirbt und das von amerikanischen Geschäftsleuten organisierte ›festival du desert‹ sponsort, auf dem man für 120 Dollar pro Tag in schicke indigoblaue Tücher gehüllte Tuareg auf edlen weißen Mahari Kamelen durch die Wüste ziehend vorgeführt bekommt, meinetwegen alles kein Problem. Aber was sagst Du dazu, dass die Waffen, mit denen sie gerade Mali in den Abgrund ziehen, von Gadhafi stammen und der sie wiederum aus Deutschland bekommen hat, von Heckler und Koch, Rheinmetall, Krauss-Maffai? Was sagst Du als alter Linker dazu, dass sich damit der Spruch ›deutsche Waffen, deutsches Geld morden mit in aller Welt‹ einmal mehr bewahrheitet?«

Ralf grinst nun über das ganze Gesicht:

»Den Tuareg ist gute deutsche Wertarbeit zu gönnen.«

Ich winke ab. »Mir ist das Witzemachen vergangen«, seufze ich, »mal sehn, was Du in drei Monaten sagst!«

Als ich mit dem Motorrad zum Einkaufen fahre, zeigen plötzlich kleine Jungs mit Holzstöcken auf mich, legen sie wie Gewehre an und machen lachend »bumm bumm«.

Ich ärgere mich schon genug, dass die Kinder überall mit den Fingern auf mich zeigen und »Towabu, Towabu!« rufen, was »weißer Mann, weißer Mann!« heißt, aber so etwas habe ich noch nie erlebt. Greift jetzt schon die Allrounderklärung, dass die Weißen an allem schuld sind?

Ich halte an und frage die Steppkes auf Bamanankan, warum sie das tun. Sie zucken verlegen mit den Achseln. »Bumm bumm ist schlecht«, sage ich mit erhobenem Zeigefinger, wie das hier üblich ist, und ahme das Zielen nach, »weiß, schwarz, bumm bumm ist immer schlecht!« Die Kleinen nicken eifrig zustimmend, einer sagt: »Pardon!« So ist es immer hier: Man muss nur mit den Leuten reden.

Monica ruft an und berichtet, dass Oumar Mariko eine Gegendemonstration zum geplanten Treffen Quattara/Sanogo organisiert hat: »Sie wollen die Landebahn besetzten, damit Quattara nicht landen kann!«

»Sieht Mariko seine Felle wegschwimmen?«, frage ich.

»Er hatte nie welche, er hat keine Chance«, antwortet sie, »aber er kann alles durcheinanderbringen und die Leute aufhetzen.«

»Das heißt, heute wird es ernst?«

»Ich fürchte!«

Im Radio hören wir, dass Kidal unter dem Beschuss der MNLA steht, der »Mouvement Nationale pour la Libération de l'Azawad«, welchletzteres offenbar der Name des neuen Staates sein soll, den die »Rebellen«, »Banditen« oder »Terroristen«, wie sie je nach politischem Standpunkt genannt werden, gründen wollen. Für mich sind es ganz normale Schwerverbrecher, die unter Ausnutzung des international funktionierenden Tuaregmythos die Kontrolle über den Drogenhandel und den von den Franzosen geplanten Uranabbau gewinnen wollen. Und so sehr ich Verschwörungstheorien ablehne: Vielleicht haben die Franzosen ja doch ihre Finger im Spiel, was in Mali viele politisch bewusste Menschen sagen, ganz gleich welcher Richtung sie angehören: Es gebe keinen Präsidenten in ganz Westafrika, der nicht von Gnaden der Franzosen regiere, was besonders am Schicksal von Thomas Sankara verdeutlicht werde, der von dem jetzt als »Vermittler« eingesetzten Blaise Compaoré im Auftrag von, wie behauptet wird, Francois Mitterand, welcher mehrfach vor der internaionalen Presse von Sankara düpiert wurde, beseitigt wurde.

Denn da stinkt doch langsam was zum Himmel:
Erst wird ein Putsch gemacht, weil es im Norden Unruhen gibt, denen nichts entgegengesetzt wird. Dann ist davon nicht mehr die Rede, sondern nur noch von dem korrupten ATT –

und die Unruhestifter rücken in Ruhe vor!

Inzwischen stellen sich immer mehr alteingessene gesellschaftliche Entwicklungs-, Frauen-, Soldaten- und Jugendorganisationen in groß aufgemachten Pressekonferenzen und Demonstrationen hinter die Putschisten. Ich komme aus dem Staunen nicht mehr heraus, wieviel Geld für die Anmietung von Hotels oder Sälen da ist, Catering, Verstärkeranlagen. Offenbar gibt es massenhaft Menschen wie die notorische Aminata Traoré, die jetzt auf einer von allen Medien verbreiteten eigenen Pressekonferenz in »ihrem« schicken Kulturzentrum gegen die »Einmischung der CEDEAO« wettert, man habe »keine Lektion in Sachen Demokratie nötig!« Beweis: ATT sei ja »schon gestürzt!«

Dazu passend erste Nachrichten vom Flughafen: Unkontrollierbare Massen, steinewerfende Jugendliche, Parolen wie »Wir brauchen keine CEDEAO«, bis am Nachmittag bestätigt wird, was wir erst kaum glauben wollen:

Die drei Präsidenten haben im Anflug auf den Flughafen Bamako Senou abgedreht und sind, ohne zu landen, wieder nach Abijan zurückgekehrt.

Das war keine Aktion der Putschisten, denn Sanogo war mit großem Aufgebot am Flughafen erschienen. Offenbar gerät die Sache außer Kontrolle. Wenn Mariko das mit seinem »MP 22« war, hat er aber bei Sanogo jetzt verschissen.

Im »Journal« auf ORTM wird berichtet, dass die Spitzen der Militärführung bereits ausgewechselt sind, die der Administration folgen, beginnend mit dem Gesundheitsministerium. Gerade im Gesundheitsministerium hatte es im letzten Jahr Unterschlagungen von internationalen Hilfsgeldern in Millionen-Dollarhöhe gegeben, der Minister hatte zurücktreten müssen. Werden die neuen das jetzt unterbinden oder wollen sie nur selbst an diese Töpfe?

Die gesprächsbereite Opposition kommt zu Wort, die einen Kompromisskandidaten zur Ablösung von ATT vorschlägt.

Diacounda Traoré, der Präsident der Nationalversammlung und einer der Präsidentschaftskandidaten der verhinderten Wahl, hatte sich am Tage des Putsches in Ouagadougou aufgehalten und war seitdem dort geblieben. Er erklärt sich bereit, wie von der Verfassung vorgesehen, das Amt des Übergangspräsidenten zu übernehmen, obwohl er sich dann nicht mehr zur Wahl stellen darf.

Nun bestätigt auch ORTM, dass Kidal, die strategisch zentrale Stadt im Norden, nach verschiedenen Quellen von den islamischen Tuareggruppen mit den Worten »dieu est grand« gegen 9 Uhr heute morgen eingenommen worden ist, die malische Flagge heruntergeholt und die

Flagge des neuen Landes im Norden gehisst wurde, also das eingetreten ist, was zu verhindern der Putsch als Rechtfertigung vorgab.

Bilder von Sanogo, der überrascht und verärgert blickend am Flughafen, wo er sich mit den CEDEAO-Führern treffen wollte, aus seinem Geländewagen aussteigt. Es ist an seiner Miene deutlich zu erkennen, dass diese Entwicklung so nicht geplant war. Plötzlich wirkt er wieder wie ein kleiner Junge, der ratlos um sich blickt.

Aber er muss einen Geländewagen der Marke »Hummer« fahren, das teuerste und protzigste, was es auf diesem Gebiet gibt.

Ich sah diese Autos zum ersten Mal, als Gadhafi nach einer stundenlangen, live im Fernsehen übertragenen Predigt zum Geburtstag des Propheten in Timbuktu, der sechs veritable Staatschefs der umliegenden Länder zuhören mussten und die immerhin Proteste von Seiten der Muslime nach sich zog, in einer Kolonne dieser Luxuspanzer durch die Wüste zurück zu seiner Zeltstadt fuhr. Dann machten mich Freunde aus Deutschland in den Straßen Bamakos darauf aufmerksam, da sie sich wunderten, derart teure Kisten hier zu sehen, die man selbst in München oder Düsseldorf nur vereinzelt findet. Seitdem fielen sie mir immer häufiger auf.

Um sich mit solch einem überflüssigen Dreckszeugs durch die Gegend bewegen zu können, machen diese Herrschaften also Putsche, führen Kriege, terrorisieren ganze Bevölkerungen mit Folter, Mord und Totschlag – was macht Macht aus Menschen?

Und bitter werde ich immer wieder auf Thomas Sankara gestoßen, der als eine der ersten Amtshandlungen als neuer Präsident von Obervolta, wie Burkina Faso damals noch hieß, sämtliche staatliche Luxuslimousinen abschaffte und durch Autos der Marke »R5« ersetzte. Um von A nach B zu kommen, brauche man keine derart teuren Fortbewegungsmittel – das damit verschleuderte Geld sei wichtiger für den Aufbau des Landes. In einer arte-Dokumentation über seine so beispielhafte wie tragische Politik sah ich einmal eine derartige Kolonne dieser kleinen schwarzen Autos, die gerade im Hof des Präsidentenpalais anhielten und aus dem ersten zwei Soldaten mit Maschinenpistolen sprangen, aus dem zweiten sich der Präsident im schlichten Baumwollanzug einheimischer Herstellung mehr oder weniger herauswand und lächelnd zur Arbeit schritt.

Und das in Afrika, wo angeblich Repräsentanz eine so große Rolle spielt, dass selbst Entwicklungshelfer ihre Verwendung von Luxuskarossen damit begründen.

Daran sollten sich lieber einmal deutsche Politiker, die ihre Glamour-Schlitten auch gerne von der Bundeswehr in den Urlaub transportieren lassen, ein Beispiel nehmen.

Stattdessen muss ein derart aus der Rolle fallendes Beispiel schleunigst aus der Welt geschafft werden. Das könnte ja Schule machen. Was würde dann aus unserer Wirtschaft!

Da loben wir uns doch Leute wie Sanogo. Sie fördern an erster Stelle die Rüstungsindustrie. Direkt und indirekt: Der Waffen-Nachschub der immer weiter in den Norden Malis eindringenden Islamisten komme aus Qatar, ist zu hören, diesem harmlosen Scheichtum, das Deutschland Öl verkauft und mit den damit erzielten Erlösen Waffen aus Deutschland einkauft. Wie weiland der gute alte Gadhafi, dieser offiziell zu Recht als Terrorist bezeichnete Gewaltherrscher, mit dem sich so gute Geschäfte machen ließen.

»Dieser Affront gegen die führenden Politiker Afrikas«, meint Monica am Telefon zum verhinderten Treffen, »wird einen sofortigen Wirtschaftsboykott zur Folge haben!«

Dann komme vielleicht Bewegung in die verfahrene Situation, finde ich, »das wäre doch vielleicht nicht schlecht!«

»Aber wir müssen daran denken auszureisen«, mahnt Monica.

»Das kommt für mich nicht in Frage«, erkläre ich.

Die deutsche Botschaft verschickt Listen mit Telefonnummern, Adressen und Flugzeiten aller Bamako anfliegenden Fluggesellschaften. Wer nicht unbedingt gebraucht werde, zum Beispiel Familienangehörige, solle so schnell wie möglich ausreisen. Seit der Flughafen wieder offen ist, sah man in den Nachrichten oder hörte davon, dass Weiße ausreisen.

Brigitte, die für einen deutschen Entwicklungsdienst arbeitet, stößt ins selbe Horn: »Noch können wir Zeitpunkt und Ziel selbst bestimmen«, sagt sie am Telefon. Und fügt lachend hinzu: »Wenn wir warten, bis uns die Botschaft evakuiert, müssen wir nehmen, was kommt, dann kann es passieren, dass wir in einem Flieger der Chinesen nach Peking transportiert werden und dort dann auf eigene Kosten schauen können, wie wir weiterkommen.«

Vor wenigen Wochen kamen Freunde mit einem LKW und brachten meine letzten Möbel und Bücher, nun bin ich neun Jahre hier und mein selbst gebautes Haus ist fertig eingerichtet – da lasse ich mich doch nicht von ein paar wild gewordenen Soldaten verjagen!

Spät am Abend kommt endlich mein Freund Sacko.

Er ist Taxifahrer und ich kenne ihn seit Beginn meiner Zeit in Mali, er war der erste, der mir das »wahre Leben« zeigte. Seine Wohnung in einem der Stadtviertel, die man als Weißer allein schon wegen der hohen Kriminalitätsrate normalerweise nicht zu Gesicht bekommt: Zwei Zimmerchen, in denen er mit Frau und fünf Kindern lebt, an einem Hof gelegen, um den herum acht weitere solcher Familien leben, deren Frauen das Wasser in zwanzig Liter Eimern bei der öffentlichen Wasserstelle kaufen und nach Hause tragen müssen, wo sie sich eine Koch- und Waschstelle teilen. Die Taxifahrerkooperative, deren Mitbegründer und stellvertretender Chef er ist: 43 Kollegen, die ihr Leben selbst in die Hand nehmen und mir – wie Bassy, aber als Angehöriger unteren Klassen – zeigten, dass es nicht nur die Abgreifer gibt, die die Hand aufhalten und auf die Weißen warten, sondern auch selbstinitiative Menschen, die Kredite aufnehmen, sie abstottern und etwas aufbauen. Ich kaufte ihm ein Taxi und er fuhr mich dafür jahrelang kostenlos herum. Er führte mich in die Wissenschaft der malischen Bürokratie ein, ließ wochenlang alles stehen und liegen, um ein Haus für mich zu suchen und organisierte dann auch noch den Umzug dorthin zu einem Spottpreis. Er ist Muslim, aber den Freuden des Lebens durchaus nicht abgeneigt, vor allem was die weibliche Seite davon betrifft. Auch in diese Wissenschaft, die in Mali auszuüben dem frauenbewegungserzogenen Europäer einiges Umdenken abverlangte – dafür aber auch einige neue Erkenntnisse bescherte! – hatte er mich eingeführt. Eines Tages – zum Beispiel – gingen wir zusammen durch das Zentrum Bamakos und suchten einen Laden, in dem ich ein Bamanankan-Französisch Lexikon kaufen wollte. Nun gibt es ja viele schöne Frauen in Bamako, aber in diesem Moment, auf der Hauptstraße hin zur alten Brücke, kurz hinter der katholischen Kirche, begegnete uns eine Frau, die wirklich jedem Mann nur noch den Atem stocken ließ. Und was macht Sacko? Kurz bevor die schöne Frau unseren Weg kreuzte, stolperte er – und zwar derart perfekt, dass ich als Schauspieler, der beurteilen kann, wie schwierig es ist, glaubhaft zu stolpern, nur den Hut ziehen konnte. Die schöne Frau blieb tatsächlich stehen, sah Sacko spöttisch an und sagte: »Wir sind hier in Bamako, da sind die Straßen uneben, da muss man den Blick auf dem Boden halten!« Und Sacko? Am Boden zerstört, am Ende seiner Kräfte, völlig verzweifelt, erwiderte: »Wie soll ich, wenn ich so einer schönen Frau begegne, noch in der Lage sein, den Blick auf dem Boden zu behalten?« Die schöne Frau sah ihn von oben bis unten an, öffnete dabei ihren Wickelrock, zurrte ihn zurecht und befestigte ihn aufs Neue – ein allgemein üblicher, aber gemeingefährlicher Vorgang, der schon zu Auffahrunfällen geführt hat, weil man(n) bei dieser Gelegenheit einen kurzen Blick auf die Beine erhaschen kann –, ging hocherhobenen Hauptes weiter, drehte sich noch einmal um und sagte: »Pass bloss auf, Du Bandit!« Das entspricht fast gleichwertig einem Kompliment und Sacko senkte glücklich beschämt sein Haupt. Bei meinen Versuchen, in seine Fußstapfen zu treten, geriet ich in mancherlei Verwicklungen, aus denen er mir dann wieder heraus half – also ein echter Freund und Vertrauter in jeder Hinsicht.

Ich war schon lange gespannt auf seine Sicht der Dinge, aber seit dem Putsch ist wirklich nichts mehr in Mali wie es zuvor gewesen war: Dieses spontane sich treffen und quatschen wie es sich aus der jeweiligen Situation heraus ergibt, was einer der Gründe dafür war, dass dieses Land eine so sympathische Magie ausübte, ist nicht mehr möglich, alle stehen seit neuestem unter Druck, man hat »echt Stress« – das ist neu. Und ich ahne, ja fürchte schon, dass er anders denken wird als ich.

Auch er kommt nicht hoch in meine Gemächer, wo wir auf dem Dach mit Blick auf Bamako schon so manche Stunde zusammen verbracht hatten, sondern bleibt unten im »offiziellen« Bereich unseres Hofs, bittet um ein Glas Wasser, zündet sich eine Zigarette an und kommt sofort zur Sache:

»Der Putsch ist richtig und längst überfällig gewesen!« Er nickt. »Eher viel zu spät!« Er schüttelt den Kopf und lächelt spöttisch, fast wütend: »Der Konflikt im Norden ist nicht der Grund – ATT hat sich zu sehr bereichert. Das konnte keinen Tag länger so weitergehen. Er hat den Bogen überspannt. Das konnte man nicht mehr mitansehen: Er hat nur noch abgeräumt und auf seine Verwandtschaft verteilt. Gott sei Dank hat endlich mal jemand die Initiative übernommen! Sanogo ist der Mann der Zukunft!«

So heftig hatte ich es nicht erwartet.

»Meinst Du denn wirklich«, gebe ich zu bedenken, »dass die neuen Leute an der Macht nicht den gleichen alten Versuchungen erliegen?«

Das wischt er mit einer Handbewegung weg: »Eine neue Zeit hat begonnen!«

Es gehe darum, dass der Reis nicht mehr als 15 000 Francs CFA pro Kilo kosten dürfe – er sei unter ATT inzwischen auf das Doppelte gestiegen –, Schulen endlich umsonst seien – er zahle jetzt schon 10 000 pro Monat für seine beiden ältesten Mädchen, die anderen könne er nicht mehr bezahlen – und dass die Gesundheitsversorgung umsonst oder mindestens massiv billiger sei.

»Das hat Sanogo vom ersten Moment an gesagt«, verkündet er mir mit erhobenem Zeigefinger, »und das wird er auch verwirklichen, Du wirst es sehen!«

Mir fällt dazu nichts mehr ein, aber Sacko sieht meinen Zweifel.

»Christof!«, setzt er aufs Neue geduldig, fast wie mit einem Kind sprechend, an. »Es geht darum, dass unsere Lebensbedingungen, die Grundlagen und elementarsten Voraussetzungen des Lebens – Nahrung, Schule und Gesundheit – gesichert sind und wir nicht täglich darum kämpfen müssen beziehungsweise sie täglich weiter nach unten gehen, wie es unter ATT der Fall war!«

Ich stimme ihm zu, was bleibt mir anderes übrig, aber Sacko weiß, was ich denke.

»Natürlich bereichern sich die Mächtigen!«, ruft er lachend. »Das tun sie immer und überall, diese Politiker und Allesverdreher, das ist bei Euch nicht anders!«

Nun kann ich mir ein Grinsen nicht vekneifen.

Da beugt Sacko sich vor, hebt den Zeigefinger und schwenkt ihn im Rhythmus seiner Worte:

»Aber wir, wir wollen unseren Anteil, wir wollen, was uns zusteht, wir wollen, was wir zum Überleben brauchen!«

Darauf lehnt er sich zurück und verschränkt die Arme: »Wenn wir das haben und bekommen, können sie sich von mir aus bereichern wie sie wollen. Das tun sie so oder so, daran kann man nichts ändern und das wird sich nie ändern.«

Nun frage ich noch, was er von Oumar Mariko halte, der doch dasselbe verkünde?

Er sieht zum Himmel und schwört bei Gott, dass dieser Räuber und Verbrecher niemals an die Macht kommen werde. Wenn doch, bedeute das Bürgerkrieg.

Bevor er geht, rät er mir, schleunigst das Land zu verlassen.

»Viele Leute halten Frankreich für den Verursacher der Krise«, erklärt er, »das sind einfache Leute, Primitivlinge, aber davon gibt es viele und die meinen dann, sie könnten sich an den Weißen rächen!«

Er legt den Arm auf meine Schulter und sagt:

»Ich will nicht, dass meinem Freund etwas passiert!«

30.3.:

Die Sanktionen der CEDEAO werden bekannt:

- Politisch: Suspendierung Malis von allen Organisationen der CEDEAO, Reiseverbot für Mitglieder der Putschisten
- Ökonomisch: Schließung aller Grenzen außer für humanitäre Transporte
- Finanziell: Kontensperrung Malis bei der westafrikanischen Zentralbank

Unsere Diskussionsrunde vor dem Haus ist inzwischen eine feste Institution geworden, an der auch uns nicht Nahestehende regelmäßig teilnehmen.

Ein Passant: »Wenn sie den Krieg im Norden beenden wollten, wieso haben sie dann nicht im Norden mobilisiert und die Angreifer zurückgeschlagen, sondern hier in Bamako eine zweite Front eröffnet?« Die den Angreifern im Norden, wie sich gezeigt hat, den Weg frei machte, die strategisch wichtigste Stadt Kidal und inzwischen auch noch mehr einzunehmen.

Ein Nachbar, Herr Koné, etwa in meinem Alter, spricht ein wenig Deutsch:

»Das Problem ist die CEDEAO! Mit unserem Konflikt im Norden haben sie uns alleine gelassen – jetzt mischen sie sich in unsere inneren Angelegenheiten ein und drohen, den Geldhahn abzudrehen – das dürfen wir uns nicht gefallen lassen!«

»Warum mischen sie sich gerade jetzt ein?«

»Sie wollen Soumaila Cisse als Präsidenten und benutzen die Krise, das gegen die Franzosen durchzudrücken, die Modibo Sidibe wollen.«

»So wie damals als ATT Präsident wurde, obwohl IBK die Mehrheit der Stimmen bekommen hatte?«

»Richtig, ATT war nicht mal dritter damals! Ist doch alles nur ein abgekartetes Spiel.«

Plötzlich fällt mir Hans Dietrich Genscher ein, der mit seiner FDP-Splitterpartei gegen Helmut Schmidt putschte und Helmut Kohl einsetzte.

»Wir lassen uns nicht einschüchtern. Wenn sie uns den Hahn abdrehen, essen wir die Vorräte auf und dann wird man sehen.«

Und auf deutsch fügt Koné hinzu: »So nicht!«

Die Putschisten nennt er nachsichtig lächelnd »Kinder«, die nicht wissen, was sie tun – und ich erinnere mich, dass ich es anfänglich auch so sah.

Ein anderer Passant: »Wenn Sanogo wirklich nicht an der Macht bleiben will« – was er immer wieder verkündet, gleichzeitig aber eine Regierung bildet –, »warum übergibt er die Macht dann nicht an die Nationalversammlung, wie es in unserer Verfassung vorgesehen ist, wenn der Präsident ausgefallen ist?«

Yattara kommt jetzt fast täglich, um über die Situation zu reden.

»Sanogo wird zurücktreten, die Sache ist gelaufen – mein Problem ist, dass ich hier nicht mehr leben kann –«

»– weil Du Targi bist?«

Er nickt, ratlos blickend.

»Ich will mein Moped verkaufen und von dem Geld meine Frau und die Kinder nach Timbuktu schicken« – das Telefon klingelt. Er redet lange auf Tamaschek, der Tuaregsprache.

»Das war mein älterer Bruder. Sie werden heute Gao einnehmen. Ich bin hier nicht mehr sicher.«

Er meint wohl die Islamisten, die sukzessive die von den Tuareg besetzten Städte erobern und die Tuareg vertreiben. Erst wurde die malische Fahne abgenommen und durch die der Tuareg ersetzt, nun deren abgenommen und durch die der »Ansar Dine«, der »Verteidiger des wahren Glaubens« ersetzt. Yattara ist Muslim, der oft betete, wenn er bei mir arbeitete, aber mit diesen Typen hat er nichts am Hut. Zudem wird im Gespräch mit ihm deutlich, dass die MNLA, die diesen ganzen Konflikt ausgelöst hat, nicht unbedingt mit »den Tuareg« gleichzusetzen ist. »Sie repräsentieren die kleine Minderheit der weißen Tuareg«, erklärt er mit traurigem Lächeln, »die uns, die schwarzen, schon immer unterdrückt haben. Das hatte mit der Unabhängigkeit ein Ende. Jetzt wollen sie den alten Zustand wiederherstellen.« Er schüttelt den Kopf. »Wir sollen für sie arbeiten.«

»Dann kannst Du jetzt nicht mehr in Mali leben?«, frage ich ihn.

Er zuckt genervt mit den Achseln. »Aber Sanogo wird zurücktreten« – als ob er mich trösten wolle.

Inzwischen bestätigt auch das staatliche Radio, dass die MNLA den Norden mit Hilfe militanter Islamisten komplett unter ihre Kontrolle gebracht und den separaten Staat Azawad ausgerufen haben. Als letzte wichtige Stadt fiel Kidal in ihre Hände.

Damit ist also genau das eingetreten, was nicht verhindert zu haben, ATT vorgeworfen wurde. Ein Widerspruch, über den keiner redet.

Der neue Machthaber im Norden – der sich diese Macht mit Kalaschnikows erobert hat – lehnt es ab, mit einer »nicht demokratisch gewählten Regierung« zu reden, nach dem Motto: Sanogo, wer ist das?

Diese völlige Entleerung sämtlicher Begriffe und Wertinhalte, die Tatsache, dass alle Beteiligten sich auf die gleichen Argumente berufen – Demokratie, Rechtssicherheit, Landeseinheit – und dabei das genaue Gegenteil tun, ist das Unfassbarste an diesem Wahnsinn.

Noch nie habe ich Logik derart ausgehebelt erlebt wie hier.

Die Ausgangssperre ist aufgehoben, trotzdem zögere ich, den früher gewohnten Abendspaziergang mit meiner Frau Batoma zu machen. Es patrouillieren Uniformierte, die vereinzelt Ausweiskontrollen machen, und es gibt Gerüchte von Misshandlungen von Leuten, die ohne Ausweis angetroffen wurden. Das kann seinen Grund darin haben, dass Kriminelle den rechtsfreien Raum auszunutzen versuchen, aber das macht es eher doppelt ungemütlich.

Ich habe ein ungutes Gefühl dabei, kontrollieren zu müssen, ob ich den Personalausweis bei mir habe – allein auf diese Idee bin ich in den letzten neun Jahren nie gekommen. Die Leichtigkeit des malischen Alltags, die mich hier trotz vieler Widrigkeiten festhielt, ist wie weggeblasen. Ich fühlte mich hier nachts alleine auf der Straße sicherer als nachts in der Frankfurter Bahnhofsgegend. Einmal fragte mich, den Weißen, der allerdings in malischer Kleidung unterwegs war, nachts um zwei, als ich in meinem Quartier nach Hause ging, ein Malier nach dem Weg zu einem benachbarten Quartier!

Heute würde ich um diese Zeit niemals durch die Straßen gehen, unvorstellbar.

Madou berichtet wieder von mit Mobiltelefonen gefilmten Videos, auf denen Plünderungen bei Reichen zu sehen sind.

31.3.:
Batoma erzählt, sie habe im Radio gehört, dass am Tag der Ankunft der Delegation der CEDEAO eine riesige schwarze Schlange auf den Flughafen gekrochen und die Soldaten panisch abgehauen seien, sie lacht fast Tränen: »Ohne Schuhe und ohne ihre Taschen sind sie weggelaufen!«, aber die Schlange sei tatsächlich riesig gewesen, so etwas gebe es sonst nur im Urwald und sie sei giftig – aber sie habe sich auf dem Klinkerfußboden des Flughafens nicht zurechtgefunden und sei wieder verschwunden.

Ein veritabler Uni-Professor ist nach dem Bericht eines befreundeten Journalisten fest davon überzeugt, dass ATT den Putsch selbst organisiert habe und damit auch erklärt sei, warum ATT frei ist und Interviews geben kann: Um demnächst als Retter zurückkehren zu können und die Wahlen zu verschieben.

Die Weißen hauen ab.

Der Druck von Freunden und Familie in Deutschland auf mich, auch auszureisen, wächst.

Auch Yattara und Sacko dringen auf Ausreise, nur Batoma schlägt vor, mit ihr aufs Dorf zu gehen, da seien wir bestimmt sicher, wessen ich mir nicht so sicher bin.

Die Hauptbegründung ist das Embargo – Benzin wird bereits eng und sobald die Lebensmittel knapp werden, seien unkontrollierbare Entwicklungen zu befürchten.

»Wir können doch den Leuten hier nicht das Wenige wegessen, was bleibt«, sagte Brigitte zum Abschied – sie ist nun schon in Deutschland.

Auch Monica hat bereits ein Ausreise-Ticket und beschwört mich, schnell eines zu besorgen, solange es noch gehe: »Du kannst doch wiederkommen, sobald sich die Lage beruhigt hat.« Sie ist seit Jahren eine wichtige Ratgeberin, aber alles sträubt sich in mir.

»Höre nicht auf dein Herz, sondern auf Deinen Verstand«, mahnt sie.

Fast jeden Tag erhalte ich SMS und E-Mails der Botschaften mit Warnungen. Auch vor geplanten Demos, »Innenstadt weiträumig umfahren«, schreibt zum Beispiel die deutsche Botschaft.

Batoma sagt auf die Frage, was sie so hört, wenn sie mit den Leuten auf der Straße darüber redet: »Der Krieg ist aus.« Sie besteht auch auf mehrfache Nachfrage hin darauf: »Die Leute sagen, der Krieg ist aus – ›abana‹ (Schluss).« Es klingt zwar wie »so gut wie aus«, hat aber etwas Unbedingtes, wenngleich Beschwörendes.

Langsam bekomme ich den Eindruck, die Malier wollen das Problem, wie man bei uns sagt, »einfach aussitzen«. Batoma scheint nach dem Motto damit umzugehen, »einfach ignorieren«. Dieses Wort, das ich so oft gehört habe: »Bei uns in Mali reden wir erst mal über die Probleme«, könnte man auch dahingehend interpretieren, den Gegner einfach auflaufen zu lassen.

Es gibt Berichterstattungen über Oumar Marikos Veranstaltung im riesigen Omnistade zur Unterstützung der Junta:

- Im Staatsfernsehen ORTM: Eng ausgeschnittene Bilder der Hauptakteure, im Hintergrund Publikum, knappe Ausschnitte, bei der Nahaufnahme der Sprecher freilich im Hintergrund ganz klein die komplett leere gegenüberliegende Seite des Stadions.
- Auf france inter, TV 5: Totale des fast leeren Stadions mit einem besetzten Rang in der Mitte, im Vordergrund der Reporter: »500 Personen im Stadion.«

Bei der Veranstaltung der vereinigten religiösen Gruppen sind »25 000 Männer und Frauen im Stadion«, berichtet der Reporter zu nicht endenwollenden Schwenks über Massen. Es lässt sich immer weniger ignorieren, wohin die Etwicklung geht.

Im Gespräch mit Jugendlichen aus dem Quartier, die auf der Straße Tee trinken und mich dazu eingeladen haben, kommt die Frage auf, ob es nun Ausschreitungen gegen Weiße geben werde: »Das soll mal einer wagen, Dich anzugreifen«, erklären sie unisono, »der bekommt es mit uns zu tun!«

1.4.:

Trotzdem fahre ich am nächsten Morgen mit Sacko zu Brussel Airlines. Ich muss einen Rückflugtermin nennen und frage Sacko: »Wann ist das Theater hier zu Ende?«

Sacko lacht nicht, erklärt aber ohne nachzudenken: »In zwei Monaten.« Und so buche ich auch.

Capitaine Sanogo reagiert sofort auf das Embargo und erklärt den Status quo ante wiederhergestellt, ohne dazu zu sagen, was das genau heißt. Offenbar verhandelt er rund um die Uhr mit Abgesandten der CEDEAO, deren schwarze Staatskarossen man in der Kaserne von Kati ein- und ausfahren sieht. Worüber verhandelt wird, erfährt kein Mensch.

In den ORTM-Nachrichten ist vom Frieden die Rede, der wieder eingekehrt sei, man gebe sich die Hand und Mali sei unteilbar, »la grande nation« ist zum ersten Mal zu hören.

TV 5 zeigt Bilder von der kompletten Machtübernahme im Norden und fragt den Sonderkorrespondenten in Bamako, wer denn jetzt den (Rest)-Staat leite: Dieser Platz sei frei.

Weder von ATT noch von Wahlen am 29. April ist die Rede.

Der Sprecher der »Front« gegen den Putsch spricht davon, dass Sanogo »eine große Tür offen« stehe, um zu gehen, er wird also offensichtlich nicht zur Rechenschaft gezogen.

Madous Kommentar: »Und ATT durfte durch die kleine gehen.«

Der einzige meiner Freunde – außer Madou Coulibaly –, der sich eindeutig gegen den Putsch ausspricht, ist Professor Souleyman Goro vom »Institut national des arts« der staatlichen Kunstakademie.

Er ist Spezialist für Zeichensymbolik und hatte meine Ausstellung 2005 im Museum Bamako eröffnet. Dabei hatte er in meinen Bildern 13 Zeichen gefunden, die konkrete Bedeutungen in der Zeichensprache der Dogon (er ist selbst Dogon), der Bambara und der Peul hatten, was wir als ein hoffnungsvolles Zeichen für den Dialog der Kulturen und die Einheit menschlicher Verständigung feierten.

Seitdem befreundet, hatten wir bald zusammen mit einem Arzt, einem Rechtsanwalt, einer Händlerin, einem Spediteur und Monica einen »Salon« eröffnet, in dem wir regelmäßig bei gutem Essen über politische, religiöse und weltanschauliche Fragen diskutierten. Zurzeit arbeiten wir an einer gemeinsamen 10 x 2 Meter großen Leinwand, auf der je 21 Zeichen von ihm und mir sich abwechseln, die Basis einer gemeinsamen Ausstellung werden soll.

Auf meine Frage, wann wir uns sehen, antwortet er:

»Wenn diese verrückten Militärs endlich weg sind!«

2.4.:

Alassanne Quattara, Vorsitzender der CEDEAO, findet Sanogos Wendelei überhaupt nicht komisch.

Er kann vor Wut kaum sprechen und presst seine Sätze nur zwischen den Lippen hervor. Die Auswirkungen des Embargos treten in Kraft: Strom wird von 7 Uhr morgens bis 18.30 Uhr abends gesperrt, weil die Elektrizitätswerke keinen Treibstoff für ihre Maschinen haben, die Banken zahlen kein Geld mehr aus, auch keine Gehälter, was sofort zu langen Schlangen vor den Banken und Menschenansammlungen auf den Straßen führt, die Nahrungsmittelpreise schnellen hoch.

Sanogo verhandelt seelenruhig mit der »Front« gegen ihn, veranstaltet eine Trauerzeremonie für die »Märtyrer« seines Putsches, die minutenlang im TV gezeigt wird, jeden Tag sprießen neue Komitees hervor und verlesen Erklärungen im Fernsehen, in denen von Frieden die Rede ist, Lösung der Krise und der Einheit Malis.

Inzwischen jagen sich die drei konkurrierenden Gadhafi-Erben-Terrorgruppen im Norden gegenseitig die eroberten Städte ab und hissen ihre Flaggen – die MNLA ist die säkulare Gruppe, die vorgestern in Kidal die malische Flagge mit der ihren ersetzte; heute machten die, sich nach der Organisation des Predigers Haidara nennenden »Ansar Dine« (Verteidiger des wahren Glaubens)-Islamisten, das gleiche mit der Fahne der MNLA.

Die MNLA-Tuareg sagen, es gehe ihnen nur um den Norden, die Islamisten behaupten, es werde schon auf Mopti zumarschiert, was auf halber Strecke zwischen Timbuktu und Bamako liegt. Der heilige Krieg kenne keine Grenzen.

»Diesen sogenannten ›Islamisten‹ geht es genausowenig um Allah«, schimpft Madou, »wie es dem Tuareg um ›nationale Souveränität‹ geht!«

Bassy windet sich inzwischen: »Die Putschisten sind unvorbereitet da reingerutscht, da muss man Verständnis haben!« Sein bester Freund Idrissa, auch Arzt, der tief im Landesinneren gerade eine Krankenstation aufbaut, eine rein malische Initiative, ist ohne wenn und aber gegen diesen Putsch: »Wir haben seit zwanzig Jahren Demokratie – es ist eine Schande für dieses Land«, ruft er und die beiden fetzen sich in unserer Vor-der-Tür-Talkrunde halb ernst, halb ironisch.

Man ist sich einig, was für Schweinereien ATT gemacht hat, der angeblich schon vor Wochen seine Familie ausgeflogen hat, weil er wohl wusste, was kommt, aber Idrissa lässt nicht zu, dass Bassy das als Rechtfertigung für den Putsch nimmt: »Das sind zwei Paar Stiefel«, wiederholt er immer wieder, erregt sich aber genauso über die Tatsache, dass ATT in den letzten Jahren 40 Generäle ernannt hat für diese winzige Armee, die alles Geld verfressen haben, während die Soldaten im Norden für die wenigen Waffen, die sie hatten, keine Munition hatten.

Yattara ist ziemlich geknickt. »Nein«, bestätigt er, die Krise ist nicht zu Ende, »jetzt geht es erst richtig los.«

Madou meint, dass wenn es zum Krieg gegen den Norden kommt, kein Targi in Bamako mehr seines Lebens sicher sein kann.

Die Politiker äußern sich immer optimistischer – ihre Gesichter sprechen eine andere Sprache.

Wer hat hier wirklich welche Interessen?

Inzwischen beginnen die Franzosen und Belgier, ihre Leute herauszuholen.

Batoma fragt mich, ob ich Angst habe: »Bleib hier, es wird dir keiner was tun.«

Plötzlich betonen alle, dass selbst die Nichtkandidatur ATTs nach seinem Staatsstreich gegen den Diktator 1991 ein abgekartetes Spiel gewesen sei. Bisher hatte ich das nur von Oumar Mariko gehört, hatte es aber als Ausdruck seiner Enttäuschung verstanden, nicht zum Zuge gekommen zu sein. Die vom Diktator Moussa Traoré vom Zugang zu den Töpfen ausgeschlossene alte herrschende Klasse hatte die Studentenproteste 1991 dazu benutzt, junge Soldaten und Politiker wie ATT und Mariko zu motivieren, Moussa Traoré zu stürzen und ihnen Beteiligung an der Macht versprochen. Danach freilich wurde Mariko komplett ausgeschlossen und ATT auf zwei Legislaturperioden später vertröstet, da die arme ausgehungerte politische Klasse sich erst mal selbst bedienen wollte: »Die Alten haben uns Junge benutzt und hinterher ausgehebelt«.

Deshalb musste, falls diese Informationen wirklich stimmen sollten, der wahre Wahlsieger 2002, IBK, vertröstet werden und ATT vorgelassen werden, wobei IBK ja mitgespielt hatte. Die beiden IBK-Fans Bakary, der Elektriker, und Sacko, der Taxifahrer, bestätigten diese Version.

Démocratie malienne.

Die Selbstlügen und Schönredereien der politischen Kaste widern nur noch an – dabei sind sie doch alle froh, dass diese Primitivlinge ihnen ATT vom Hals geschafft haben! Dann installiert man eben eine Übergangsregierung und alles ist gut.

Die einzigen und tatsächlichen Opfer dieses widerlichen Spektakels sind die Armen, diejenigen, die sowieso schon am wenigsten hatten –

und jetzt gar nichts mehr, denn vor allem die Grundnahrungsmittel werden unbezahlbar.

Madou und ich müssen noch schnell vor meiner Abreise aufs Bürgermeisteramt, die »Mairie«, um eine Vollmacht zu bekommen, damit Madou in meiner Abwesenheit alles regeln kann.

Der Polizist Maiga macht das für uns, aber wie mechanisch, denn er ist so verzweifelt, dass wir kaum wissen, wie wir uns verhalten sollen.

»Sie vergewaltigen die Frauen«, ruft er, tatsächlich den Tränen nahe, »ich bin selbst aus Gao, ich kann an nichts anderes mehr denken, wann kommen sie nach Mopti?«

»Die Tuareg wollen doch gar nicht bis Mopti«, entgegne ich, »sie haben immer wieder gesagt, sie wollen nur Azawad«.

»Ich will gar nicht daran denken«, wirft Madou ein, »dass sie bis Mopti oder weiter kommen, bitte schreib die Vollmacht!«

»Bist Du Targi?«, frage ich den Polizisten Maiga.

»Meine Mutter ist Targi«, antwortet er, »mein Vater Bambara – man kann dieses Land nicht auseinandernehmen, wir gehören alle zusammen!«

Er versucht, sich wieder auf die zu schreibende Vollmacht zu konzentrieren, schafft es aber ganz offensichtlich nicht.

»Die Tuareg sind nicht das Problem«, ruft er schließlich und knallt den Kugelschreiber auf den Tisch, »diese Islamisten wollen alles beherrschen, sie sind die Vergewaltiger, sie schänden nicht nur die Frauen, sie schänden ganz Mali – doch nicht die Tuareg.«

»Das findet Allah aber bestimmt nicht gut!«, wage ich zu mutmaßen.

»Allah?!«, faucht Maiga mich an. »Die haben doch nichts mit Allah zu tun! Das sind Entführer, Erpresser, Menschenhändler, sie wollen den Narkotikaverkehr in Kidal unter ihre Kontrolle bringen, das ist alles!«

»Schreib bitte die Vollmacht«, drängt Madou.

Maiga nimmt wieder den Kugelschreiber, dreht ihn in seinen Händen und runzelt die Stirn, starrt wütend ins Leere, seufzt: »Sie schänden den Namen Allahs«, sagt er resigniert.

Als er hört, dass ich abreise, sieht er mich so traurig wie vorwurfsvoll an: »Warum lässt Du uns allein, Du bist doch einer von uns?«

Auf der Fahrt zum Flughafen sind wir gespannt, wie die militärischen Kontrollen aussehen werden, vor denen alle warnen.

Aber da sind wir halt wieder in Mali: Freundliche, fast schüchterne, höfliche junge Soldaten, denen ich meinen Pass durch das Autofenster auf französisch mit den Worten reiche: »Das ist nur mein deutscher Pass«, und auf Bamanankan fortfahre, »ani Mali ne togo Madou Diarra« (in Mali heiße ich Madou Diarra). Diarra ist ein Name aus dem einfachen Volk, der ähnlich wie bei uns mit den Ostfriesenwitzen, zwangsläufig dazu führt, dass der Namensträger von seinem Gesprächspartner aufgezogen wird, zu 100 Prozent nur ironisch, eher ein Ritual zur prophylaktischen Aggressionsentladung. »Wie?«, antwortet der Soldat, während er mir den Ausweis, ohne überhaupt richtig hineingeschaut zu haben, aber mit Zornesfalten zwischen seinen Augenbrauen, wieder zurückreicht. »Das ist ja das Letzte!« Er hebt tadelnd den Zeigefinger: »Die Diarras sind schlecht!« »Die Diarras sind die besten überhaupt«, widerspreche ich, wie ich es seit neun Jahren immer tue, »ich esse Sho« (das traditionelle Bohnengericht), »deswegen bin ich stark« – ich zeige meine Muskeln – »und furze laut!« Der Soldat brüllt vor Lachen, schlägt sich auf die Schenkel und ruft seinen Kollegen: »Du, da sitzt ein Diarra!« Der andere Soldat kommt sofort, baut sich vor dem Autofenster auf, stemmt seine Fäuste in die Hüfte und sagt mit finsterer Miene: »Das geht ja gar nicht! Die Diarras sind wilde Tiere, Du kommst aus dem Urwald!« »Ja«, antworte ich knurrend, »ich könnte Euch fressen, aber das tue ich nicht, weil ich Mitleid mit Euch habe – ich fahre nur kurz nach Deutschland, und wenn ich zurückkomme, müsst Ihr aber aufpassen!«

Plötzlich ist alle Lustigkeit verflogen und der erste Soldat fragt bedauernd, vorwurfsvoll, ehrlich:

»Warum bleibst Du nicht bei uns?«

Beim Check-in und bei der Passkontrolle dasselbe: Wildfremde Zöllner und Soldaten fordern mich anklagend auf: »Bleib doch! Alles wird gut!« Dabei sehen sie mich so ernst und traurig an, dass mir selber fast die Tränen kommen.

Und das letzte Bild in der Schlange beim Boarding stehend:

Im Wartesaal zehn oder zwölf vollbärtige, vollständig weißgekleidete ältere Herren mit ernsten Mienen, vornehme Imame, die offenbar wichtige Themen diskutieren. Aber alle tragen sie Siegerlächeln auf den Lippen und mustern interessiert das Treiben um sich herum.

3. April bis 30. Mai, Deutschland

4.4.:
In der sauberen, satten Wagenburg Deutschland scheinen die Ereignisse in Mali nur ein böser Traum gewesen zu sein. Aus allen medialen Quellen sprudeln Informationen zu allem Möglichen oder solche, die so tun als seien sie welche – wer sich darin treiben lässt, droht zu ertrinken.

Von Mali ist allerdings nirgends die Rede. »Wo liegt das noch mal genau?«, ist die höfliche Reaktion, die zumindest Interesse heuchelt. Ein Putsch in Afrika – na und? Einmal mehr wird das Bild von den »demokratieunfähigen« Afrikanern bestätigt und unfähig bin vor allem ich bei dem Versuch, das Gegenteil zu beweisen.

Selbstverliebt und selbstgerecht baden die Deutschen wieder einmal in ihrem Lieblingstümpel, der unbewältigten Vergangenheit, die, als Mittel zur Ablenkung von den gegenwärtigen Problemen der Welt, damit eher einmal mehr vergewaltigt wird: Günter Grass hat sich mit einem Gedicht über Israel wieder mal wichtig gemacht, was vor allem seine Schriftstellerkollegen freudig aufgreifen, um sich selbst auch wieder einmal wichtig machen zu können; notorische Wiederkäuer wie H. M. Broder oder der ewige Stellvertreter Hochhuth haben endlich mal wieder eine Gelegenheit, ihre Textbausteine vervielfältigt zu sehen.

Wer gerade aus einem Land kommt, in dem die Mehrheit der Bevölkerung kein Trinkwasser hat, weil die Minderheit alle verfügbaren Ressourcen an sich reißt, beziehungsweise um den Zugriff darauf kämpft, dem erscheint das als peinliches Affentheater. Vor allem, wenn man bedenkt, dass wir uns dieses Trauerspiel nur leisten können, weil die Verhältnisse nicht nur in Mali uns diesen Luxus ermöglichen, indem wir uns von dort die materiellen Voraussetzungen dafür holen – um nicht zu sagen, von dort stehlen.

Doch es gibt daneben wenigstens ein internationales Thema, an dem sich die Kommentatoren aller Couleur abarbeiten: Syrien wurde über Nacht der Hauptfeind Nummer eins.

Warum der nach dem Tod seines Bruders und Thronfolgers zwangsverpflichtete junge Assad nun der Böse ist und nicht sein viel schlimmerer Vater, der schon in den Achtziger Jahren Homs und Hama bombardierte und Massaker anrichtete, was damals keinen interessierte, ist mir unklar.

Als ich zu Recherchen für eine Radiodokumentation über die Wasserräder in Hama öfter nach Syrien flog und teilweise in Damaszener Vorstädten lebte, riesige Betonburgen so weit das Auge reichte, ahnte ich den Grund, wenn ich nur in einen Aufzug trat: Siemens. Oder den Sicherungskasten öffnete: Siemens. Oder die bis in die letzten Winkel vordringenden Geheimdienstkutschen sah: schwarze Mercedes 600 Limousinen. Millionen, wenn nicht Milliardengeschäfte mit diesem Land, das schon eine zivilisatorische Hochkultur hatte, als wir noch in den Bäumen lebten und das auch heute noch geschickt die diplomatische Klaviatur beherrscht.

Welches globale Opportunitätsprinzip da mal wieder einen Hebel umgelegt hatte und warum, kann ich nicht erkennen.

Aber wenn ich im Fernsehen diese bärtigen vermummten Haudegen sehe, die unter gekreuzten Kalaschnikows Assad den Krieg erklären und deutschen Beifall, deutsche Waffen und deutsches Geld zugesagt bekommen, läuft es mir kalt den Rücken herunter: Zu ähnlich sind sie ihren Kollegen, die gerade den Norden Malis in die Steinzeit zurückzuschießen versuchen.

Allerdings war Mali im Gegensatz zu Syrien eine international anerkannte, viel versprechende und für Afrika beispielhafte Demokratie, während Syrien zwar eine Diktatur ist, aber als lukrativer Geschäftspartner zu Buche schlug.

Dieser Widerspruch interessiert freilich niemanden in Deutschland.

Es handelt sich eben um die typische deutsche Nabelschau: Ereignisse im Ausland sind nur in Bezug auf ihre Auswirkungen auf Deutschland interessant.

5.4.:
Selbst gute Freunde, die zum Teil sogar Mali besucht haben und interessiert sind, haben nichts mitbekommen.

Beispielhaft frappierend die Reaktion meines Freundes Longo, immerhin Redakteur in der Schweiz, also an ausreichender Informationsquelle sitzend, nachdem erste Notizen in den europäischen Medien erschienen, die von der Bildung des Tuaregstaates und der geplanten Übergangsregierung im Süden Malis sprechen: »Alles nicht so schlimm oder? Im Süden ist doch alles o.k.?«

Solange nicht von Leichenbergen berichtet wird, ist für Europäer alles o.k..

Die Dimension der Katastrophe, dass einer der hoffnungsvollsten Demokratieansätze in Afrika über den Haufen geschossen wurde, sieht kaum jemand. Genauso wenig wird erkannt, dass im Land alles ruhig bleibt, obwohl es so gut wie keine staatliche Autorität gibt! Das sollen andere Länder, nicht nur in Afrika, erst mal nachmachen!

In Mali verhandelt inzwischen der Unterhändler des Vermittlers Compaoré, Dijbril Bassole, mit Capitaine Sanogo über eine Übergangsregierung unter Diacounda Traoré, die die verhinderten Wahlen innerhalb von 40 Tagen nachholen soll, wenn der Norden zurückerobert sei. Wie das gehen soll, bleibt unerwähnt. Es ist von 3 000 westafrikanischen Soldaten die Rede, die der malischen Armee helfen sollen.

6.4.:
Was ist der historische Hintergrund der bestehenden Grenzen Afrikas? Sie wurden Ende des vorletzten Jahrhunderts auf europäischen Reißbrettern gezogen, nicht einmal willkürlich, sondern entsprechend der Interessen der Kolonialmächte. Sie sind nach dem Prinzip »divide et impera« klar definiert. Ein komplett von außen aufgesetzter Nationenbegriff, rein funktional.

Trotzdem war es einhelliger Beschluss der aus diesen Staaten hervorgegangenen unabhängigen Regierungen nach dem Ende der Kolonialzeit, an diesen Grenzen nicht zu rühren. Um genau den Mord und Totschlag zu verhindern, der jetzt im Norden Malis ausbricht, der in Ruanda ausbrach, der, ebenfalls mit europäischer Unterstützung, den Sudan spaltete und der ebenfalls die grauenhafte Selbstzerfleischung Darfurs ausgelöst hatte. Wer an diesen Grenzen rüttelt, gar noch von außen, trägt die Verantwortung für mögliche Massaker.

Dass viele europäische Intellektuelle dies ignorieren, ist traurig, da es die mentale Kontinuität des nach wie vor kolonialen Bewusstseins derjenigen zeigt: Als ob die Afrikaner immer noch unseren Rat, letztlich unser Diktat, bräuchten, um ihre Angelegenheiten zu regeln.

Bemerkenswert finde ich dabei die Verkehrung positiver Werte in ihr Gegenteil: Selbstbestimmung, kulturelle Identität, Unabhängigkeit halten dazu her, Interessen von Drogenhändlern und faschistoiden Machtaspiranten zu rechtfertigen.

Und ich frage mich immer häufiger: Wieso wird eigentlich immer von »den Tuareg« geredet, wenn die von Frankreich und Mauretanien aus geführte schwerbewaffnete Gruppe MNLA in Erscheinung tritt? Diese Herrschaften haben sich selbst zu »Befreiern« einer ansonsten nicht näher definierten Volksgruppe ernannt. Niemand hat sie je gerufen und sie wurde schon gar nicht von einer Mehrheit eben jener Volksgruppe gewählt. Ich kenne viele Tuareg, aber keinen, der sich von dieser Gruppe vertreten sieht. Im Gegenteil: Tausende von Tuareg fliehen vor ihnen! Die Presse berichtet bereits von 90 000 Flüchtlingen!

Und in Wirklichkeit hat die MNLA den Norden Malis noch nicht ganz besetzt, da beginnen schon Kämpfe zwischen ihr und der bis dahin mit ihr verbündeten »Al Qaida des Maghreb«, einem Ableger der pakistanisch-afghanischen Al Qaida. Der algerische Konsul und sechs weitere Personen werden in Gao von einer »bewaffneten Gruppe« entführt, der Konflikt eskaliert also auf allen Ebenen und hat nichts mit ethnischen Forderungen oder Unterdrückungen zu tun.

Trotzdem plappern in Deutchland viele munter weiter von »Selbstbestimmung«, ohne erst einmal zu untersuchen, wer da eigentlich wen und was bestimmen will. Eine Freundin wittert sogar Vorbereitungen imperialistischer Einmischung, militärischer Intervention: Als ob in Afrika nur von Frankreich und den USA ferngesteuerte Marionetten herumliefen, die keinerlei eigene Interesse hätten!

Denn niemand wartet in Afrika auf Anweisungen aus Europa: Nigeria fordert die Junta um Sanogo auf, von der Macht zurückzutreten und verspricht dafür Amnestie. De facto bedeutet das einmal mehr die politische Anerkennung dieser durchgeknallten Ballermänner. Wie schon der Gesprächsversuch Quattaras und der anderen Präsidenten mit Sanogo diesen zum de-facto-Präsidenten Malis machten.

In Wirklichkeit geht es weniger um ethnische oder religiöse Auseinandersetzungen, sondern um politische Vorherrschaftsansprüche, die religiös oder ethnisch verbrämt werden und auch hier das gleiche Ziel haben wie bei uns: Den Zugriff auf die Geldquellen zu bekommen.

Der von der CEDEAO zum Vermittler ernannte Diktator Burkina Fasos, Blaise Compaoré empfängt in seiner Vermittlerfunktion als erstes zwei religiöse Führer.

Und die Medien berichten, dass Timbuktu bereits völlig in den Händen der Salafisten sei. Also derselben von Qatar gesteuerten Gruppe, die in Deutschland kostenlos Korane verteilt, in Syrien die Scharia einführen will und vom Gazastreifen aus Israel angreift.

In Deutschland zu sitzen und die Diskrepanz zwischen den wahren Machtverhältnissen, Machtkämpfen und Interessensverteilungen in Afrika auf der einen Seite und der ignoranten und nur auf sich selbst bezogenen Rezeption in Deutschland auf der anderen Seite zu sehen, macht mich sprachlos. Es ist das Gegenteil von Einmischung und hilft nur den übelsten Kräften, Terrain zu gewinnen.

7.4.:

Es gibt die zwei großen Internetseiten www.malijet.com und www.maliweb.com. Auf beiden werden Artikel und Videos des »Journals« des jeweiligen letzten Abends wiedergegeben, Informationen aus malischen und internationalen Medien zusammengetragen, in denen Pro- und Contra-Positionen geschildert werden, genauso wie in Diskussionsforen beide Seiten zu Wort kommen, mal die einen, mal die anderen mehr. Daraus beziehe ich neben Telefongesprächen meine weiteren Informtionen.

Gerüchte kommen auf, dass ATT zu dem »exzentrischen Präsidenten« Gambias, Yaya Djamme geflohen sei.

Die Junta fordert die Bevölkerung im Norden dazu auf, Widerstand gegen die Besatzer zu leisten. Sie, die verantwortlich für diese Besatzung sind und als Militärs zuständig für die Vertreibung der Besatzer, lassen es sich solange gut gehen in Bamako, drehen Däumchen und besaufen sich, wie man über Sanago weiß, abends in den Bars. Mehr und mehr erweisen sie sich nur noch als Feiglinge mit großer Klappe. Die alles kaputt machen und denen dafür auch noch Amnestie versprochen wird. Die Sympathien für die Putschisten vor allem von Seiten der armen Bevölkerungsteile konnte ich ja noch nachvollziehen, nachdem ich die so scham- wie gnadenlose Bereicherung der politischen Kaste jahrelang selbst mit eigenen Augen miterleben konnte, auch wenn mir schleierhaft bleibt, woher das Vertrauen kommt, dass ausgerechnet diese Pistoleros, einmal an der Macht, sich anders verhalten sollten.

Aber dass die politischen Führer Westafrikas Sanogo derart ernst nehmen, ja, ihm überhaupt erst den politischen Ritterschlag verleihen, indem sie mit ihm von gleich zu gleich reden, macht mich nur noch ratlos. Zumal er mit dem Putsch genau das erreicht hat, was er angeblich verhindern wollte: die Unabhängigkeitserklärung des Staates Azawad.

Immerhin verweigern wenigstens die USA und Frankreich postwendend dessen Anerkennung. Und die Militärchefs der westafrikanischen Länder bekräftigen ihre Absicht, Truppen zu entsenden.

Gleichzeitig werden Benzin und Lebensmittel knapp, die Banken zahlen nur noch begrenzte Summen aus – was den Druck auf Sanogo erhöht! Die Gerüchte verdichten sich, dass Sanogo den Forderungen der CEDEAO nachgeben wird.

Modibo Sidibe, allgemein als der oberste Drogenbaron bekannt, ehemaliger Premierminister und aussichtsreichster Präsidentschaftskandidat, dessen Wahlsieg angeblich mit dem Putsch hatte verhindert werden sollen, der als Erster verhaftet worden war, aber auch als Erster wieder freigelassen wurde, meldet sich zu Wort und vergießt Krokodilstränen über die schwierige Lage Malis.

8.4.:

Der Vertrag zwischen der CEDEAO und der Junta ist am Abend des 6.4. unterschrieben worden. Sanogo und seine Leute sind amnestiert – er selbst bekommt den Status eines Ex-Präsidenten, was bedeutet: 5 Millionen Francs CFA pro Monat, eine Villa und zwei Autos. Diacounda Traoré soll als von der Verfassung vorgesehener Übergangspräsident innerhalb von 40 Tagen das Problem des Nordens lösen und neue Wahlen ausschreiben.

Sanogo gibt eine Erklärung im Fernsehen ab. Die Putschisten ziehen sich – angeblich – in ihre Kasernen zurück, die sie im Übrigen nie verlassen hatten. Alle Verhandlungspartner waren zu ihnen gefahren, jeden Tag konnte man die Bilder der schwarzen Sindelfinger Nobelkarossen sehen, die dem Herrn Putschführer ihre Aufwartung gemacht hatten.

Frankreich gratuliert zum »Ausgang der Krise«.

Diacounda Traoré, der verfassungsmäßige Interimspräsident, ist auf dem Weg zurück nach Bamako.

ATT soll frei sein und seinen Aufenthaltsort selbst wählen dürfen. Damit ist seine Absetzung von höchster westafrikanischer Stelle sanktioniert.

Es bleibt abzuwarten, wie die Wirklichkeit aussehen wird, das alles riecht zu sehr nach faulem Kompromiss.

Vor allem das Ansinnen, diese unglaublich verwickelte und historisch gewachsene Situation in 40 – in Worten: vierzig! – Tagen lösen zu wollen, ist geradezu lächerlich. Das verschiebt das Problem um 40 Tage, während derer die beteiligten Parteien Zeit haben, zu mauscheln. Je mehr von »militärischer Rückeroberung des Nordens« gesprochen wird, desto unglaubwürdiger klingt es. 3 000 westafrikanische Soldaten sollen dabei helfen, erwogen wird, auch westliche Länder um Hilfe zu bitten, aber keiner kann sagen, wann, wie und wo. Und es gibt sofort Pro- und Contra-Stimmen, mit wem auch immer man darüber redet: Von »Wir schaffen es nicht alleine«, über »Afrikaner ja, Europäer nein«, bis zu »Wir lassen überhaupt keine Einmischung von Ausländern zu«. Letzteres klingt grotesk, wenn man bedenkt, dass die Ethnie der Bambara, die in Mali den größten Anteil der Bevölkerung bildet, auch im Senegal und in Burkina Faso stark vertreten ist, und damit Menschen zu

Ausländern werden, die nicht nur derselben Ethnie angehören, sondern vielfach sogar dieselben Namen tragen wie Traoré, Diop oder Coulibaly, also geradezu Verwandte sind.

9.4.:
Der zukünftige Interimspräsident Traoré trifft als erstes nach seiner Rückkehr Putschistenchef Sanogo, nachdem ATT offiziell zurückgetreten ist, um den Weg für eine Übergangsregierung frei zu machen. In einem Haus eines ihm nahe stehenden Politikers wurde angeblich ein Brief von ATT an den Vermittler Compaoré übergeben.

Was für ein Spiel wird hier gespielt?

Glückwünsche aus aller Welt für die »Lösung« der Krise – wie bitte?! Demokratie ausgehebelt, der Norden abgespalten und zum Teil in den Händen von Islamisten, Wahlen auf den Sankt-Nimmerleins-Tag verschoben – und das soll alles o.k. sein?

So aber auch die Reaktion der Freunde in Deutschland, die dem Geschehen folgen. Ich merke immer deutlicher, wie schwierig es ist, das Geschehen in Mali zu vermitteln: Die Tatsache, dass es keinen Mord und Totschlag gibt, obwohl jegliche staatliche Führung und Gewalt ausgehebelt sind, wird von niemandem gesehen oder gewürdigt – dabei ist das ja gerade das außerordentliche an Mali! Offenbar hat die malische Bevölkerung vernünftigere und menschenfreundlichere Qualitäten als ihre durch und durch korrupten politischen Führer!

Aber auch für mich selbst schrumpft die Bedeutung der Ereignisse in Mali aus der deutschen Sicht – während die Gier nach Informationen wächst und ich permanent alle damit beschäftigten Internetseiten durchforste und fast besser informiert bin als in Mali selbst, wo ich mehr die Stimmen der Straße hörte, die mir hier in Deutschland fehlen und die auch durch Telefonate nicht ersetzt werden können.

10.4.:
Madou regt sich wahnsinnig über die Amnestie der Putschisten auf. »Nun kann also jeder kommen und alles durcheinander bringen ohne dafür bestraft zu werden! Die Politiker sind doch alle das gleiche Dreckspack!«

Aber es regt ihn genauso auf, dass dieser politische Sieg der Putschisten Zustimmung in großen Teilen der Bevölkerung findet. Gerade die, die jetzt auf Sanogo setzen, werden hinterher einmal mehr die Betrogenen sein.

In zwei Tagen soll die Amtseinführung von Traoré stattfinden. Nun melden sich wieder Politiker aus allen Richtungen und »mahnen«, es müsse eine kompetente, vertrauenswürdige und unbelastete Regierung gebildet werden. ATT wünscht ihm alles Gute und viel Erfolg, Modibo Sidibe erklärt als erster, weiterhin Präsidentschaftskandidat zu sein, sobald wieder Wahlen ausgeschrieben werden.

Die Zeitungen bringen täglich neue Enthüllungen der »Geheimnisse von Koulouba«, dem Regierungssitz. ATT habe 15 Millionen Dollar eingesetzt, um seinen Freund Gadhafi zu retten – während seine Soldaten im Norden keine Munition und teilweise nicht einmal etwas zu essen hatten. Modibo Sidibe sei sein Strohmann gewesen, mit dem ATT offiziell nichts zu tun hatte und den er dadurch stützte, dass er eine eigene Partei gründete, deren Mitglieder sich aber verpflichten mussten, nicht diese Partei, sondern Sidibe zu wählen – der ATT dafür auch nach Ende seiner Immunität Straffreiheit garantierte.

Irgendwas »dran« ist immer an solchen Gerüchten – ich fürchte sogar, sie sind nur die Spitze des Eisbergs. Denn von ATTs und Sidibes Verwicklungen in den internationalen Drogenhandel hört man nur unter der Hand. Dabei geht es dort um noch ganz andere Summen.

Das malische Verfassungsgericht stellt offiziell ein »Machtvakuum« fest. In jedem anderen Land der Welt bräche in solch einer Situation Mord und Totschlag aus. Nicht in Mali. Business as usual. Ich finde das sensationell, aber außer mir niemand.

Obwohl er abgesetzt ist, zurückgetreten und in der Politik nichts mehr zu suchen hat, gibt Sanogo eine Pressekonferenz und spricht, als ob er die CEDEAO bestimme und nicht sie ihn – und es sind nicht viele Anzeichen zu sehen, dass dies unwahr sein könnte.

Aber auch hier wieder das Gegenteil des gewohnten Bildes einer Militärdiktatur: »Capitaine Zorro« wird er spöttisch genannt, in Zeitungen wie in Chats, »Witzfigur«, »Abstauber«.

11.4.:
Eine der erstaunlichsten Nebenwirkungen dieser Umwälzung der politischen und gesellschaftlichen Verhältnisse ist die Tatsache, dass neue Begrifflichkeiten aus dem Nichts erscheinen und flugs sich durchsetzen als habe man nie anders gesprochen.

Zwar konnte ich schon seit Jahren beobachten, wie das Selbstbewusstsein, eine »grande nation« zu sein, gezielt vorbereitet wurde – indem die armen Schulkinder jeden Morgen vor Schulbeginn zusehen müssen, wie die malische Flagge gehisst wird und dazu die Nationalhymne schmettern –, aber dass plötzlich alle »Patrioten« sein wollen, ganz gleich ob sie pro oder contra ATT oder Sanogo oder wen auch immer sind, ist so neu wie verstörend.

Auch der Begriff der »classe politique«, mit dem die von den Putschisten aus dem Sattel gehobene politische Kaste ihren Führungsanspruch manifestiert, ist neu. Er suggeriert eine Naturgesetzlichkeit ihres Machtanspruchs.

Studenten demonstrieren »für die Befreiung des Nordens« und eben jene »classe politique« applaudiert aus ihrer Deckung. Sie, die mit ihrer korrupten Politik mitverantwortlich für das Desaster ist, lobt sie wohlwollend. Jugendgruppen bilden sich zur Befreiung des Nordes. Die Jungen sollen ausbaden, was die Alten eingebrockt haben.

Jede Tag bilden sich neue Allianzen. Heute: die COPAM – die »Coordination des organiations patriotique du Mali«. Einmal mehr sitzen wohlgenährte, gut gekleidete Herrschaften an großen Tischen und geben langatmige Erklärungen ab – während die Bevölkerung keinen Strom und kein Wasser hat. Die COPAM ist die Vereinigung aller Pro-Putsch-Parteien und -Organisationen. Geführt wird sie vom Gewerkschaftschef Hamadoun Guindo, dabei sind alle möglichen »Demokraten« und »Patrioten«, vor allem aber auch Oumar Marikos »Volksbewegung des 22. März«, weswegen die Pressekonferenz zur Vorstellung der COPAM bei Radio Kayira stattfindet, das sich jetzt »Platz des demokratischen Ausdrucks« nennt, seit es zur Stimme von Sanogos Ballermännern geworden ist. Sie erinnern vor allem daran, dass die Macht des Interimspräsidenten limitiert sei und auf 40 Tage begrenzt.

Ein Studentenführer, der gegen die Putschisten ist, wird krankenhausreif geschlagen – und zum Märtyrer. Nationalismus und Patriotismus feiern fröhliche Urständ. So wie die Weimarer Republik und ihre Parteienstreitereien mitverantwortlich für den Aufstieg Hitlers waren, ist hier genau diese »politische Klasse« mitverantwortlich für eine Situation, in der die vor allem arme Bevölkerung so desillusioniert von ihrer »politischen Klasse« ist, dass sie einem in den USA ausgebildeten Pistolero hinterherläuft und sich von ihm niedrige Reispreise verspricht.

Ein Pistolero, der amnestiert ist und nach wie vor ehemalige Minister gefangen hält, einige davon an unbekanntem Ort und ohne anwaltliche Verteidigung.

12.4.:
Der neue Interimspräsident Traoré ist im Amt und tritt als erstes mit Sanogo, dem Putschführer im angeblichen Ruhestand, vor die Presse. Sie warnen gemeinsam die Besatzer des Nordens vor dem »totalen Krieg«. Es klingt schwer nach Pfeifen im Walde. Und was hat Herr Sanogo neben dem Präsidenten zu suchen?

Erste Politiker melden sich und verlangen Teilhabe am neuen Kabinett. Wer wird Premierminister? Von Oumar Mariko, der sich seit dem ersten Tag nach dem Putsch dazu andiente, ist zum Glück keine Rede mehr. Dr. Cheick Modibo Diarra, Soumana Sako, Michel Sidibé, General Chiaka Sangaré werden genannt – alles bisher unbekannte Namen.

Modibo Sidibe soll für seine Freilassung 500 Millionen Francs CFA gezahlt haben – 8 Millionen Euro. Sowas hat dieser Privatmann eben so nebenbei. Und wohl noch mehr – das lässt ahnen, um welche Summen es beim Drogentransfer in Kidal geht.

Die COPAM organisiert als erstes eine Demonstration vom Platz der Unabhängigkeit aus. Interessant ist, dass die Forderungen »nationale Integrität«, »Unteilbarkeit«, »Laizismus«, »soziale Cohäsion«, »nationale

Einheit«, »Wiederherstellung des Friedens« und »Sicherheit der Bevölkerung« identisch sind mit denen aller anderen Parteien, Gruppen und Beteiligten. Für die COPAM unter Führung Marikos gehört nur noch dazu: »keine Übergangsregierung ohne den CNRDRE«.

Gleichzeitig veranstaltet der COREN – die Vereinigung der religiösen Gruppen zur Befreiung des Nordens – eine Großveranstaltung im Stadion Modibo Keita, zu der zig Tausende kommen – während bei der COPAM nur Hunderte waren –, bei der IBK auftritt und sich anschleimt. Er ist der Weltmeister im Taktieren nach allen Richtungen. Er vertritt inhaltlich überhaupt keine Position außer der, dass er die Situation ausnutzen will, doch noch Präsident zu werden, was ohne Putsch nicht möglich gewesen wäre.

13.4.:
Und es wiederholt sich auch hier in Deutschland die Erfahrung, die ich schon in Mali machte: Der Zerfall der gesellschaftlichen Ordnung spiegelt sich im Privaten wider.

Freunde oder gute Bekannte zeigen plötzlich völlig unerwartete Seiten, Freundschaften geraten ins Wanken oder zerbrechen.

Plötzlich war Mali noch nie eine Demokratie. Dieselben Leute, die ATT und seine Regierung hofierten und – soweit es sich um staatliche Organisationen wie die GIZ handelte – mit Millionen deutscher Steuergelder fütterten, erklären jetzt, dass sie schon immer wussten, dass es sich in Mali nur um eine »Fassadendemokratie« handelte. Solange sie dafür nicht vom Bundesrechnungshof zur Rechenschaft gezogen werden, stellt sich die Frage, ob vielleicht die Bundesrepublik Deutschland selbst eine Fassadendemokratie ist.

17.4.:
ATT darf ausreisen. Am Flughafen versuchen Gruppen, seine Ausreise in einem Privatflugzeug zu verhindern, er wird bespuckt. Sanogo selbst sorgt dafür, dass die Maschine abheben kann. ATT kommt in Dakar an und wird solange in einer Präsidentensuite im Luxushotel wohnen, bis seine Villa mit Meerblick fertig gebaut ist.

Cheick Modibo Diarra wird als Premierminister eingesetzt.

Alle Berichte betonen, dass die Putschisten sich zurückgezogen hätten – aber Politiker und Militärs, die dem alten Regime nahestanden, werden »von Militärs« verhaftet und ins Lager der Putschisten nach Kati gebracht. Kleine Panzer patrouillieren im Reichenviertel.

Und was ist widerlicher: Der Opportunismus eines Großteils der malischen Bevölkerung, die von einem Tag auf den anderen ihren Präsidenten bespuckt, nachdem sie ihm vorher ein Jahrzehnt lang in den Arsch gekrochen ist, oder der Opportunismus der europäischen Afrika-Interessierten oder »helfenden« Intellektuellen, die sicher in ihren europäischen Luxuswohnungen sitzen und bei einem Glas Rotwein schick mit dem Juntachef sympathisieren, die Vergewaltigung der Demokratie zur »Revolution« hypostasieren und ganz plötzlich die Mängel eines Systems entdecken, dessen korrupter Charakter vorher mit ihrer Hilfe zementiert und perpetuiert wurde. Bürger demokratischer Staaten sympathisieren mit dem Putsch. Menschen, die ich als sorgfältige Wissenschaftler kannte, die normalerweise jede Quelle überprüfen, sind plötzlich in der Lage, als Rechtfertigung für den Putsch das Märchen von bereits für Modibo Sidibe ausgefüllten Wahlzetteln, die angeblich in ATTs Palast gefunden wurden, nachzuplappern, obwohl es zu diesem Zeitpunkt noch keine Wahlzettel gab. Wie kommt es, dass sie ihren bis dahin durchaus funktioniert habenden Verstand so mir nichts dir nichts ausschalten? Die Gründe dafür herauszufinden, wäre eine eigene Untersuchung wert.

Die Dummen sind wie immer die Armen, die weiter verarmen.

21.4.:
Was richtet so ein Putsch in den Köpfen an?

Zersplitterung, Vereinzelung auch unter denen, die den Putsch ablehnen: Jeder hat eine andere Einschätzung, jeder andere Ideen, wie der Schlamassel aufgehoben werden könnte, jeder andere Interessen und von daher eine andere Haltung zum Putsch im Besonderen und, wie sich überraschenderweise herausstellt, zur Frage der Demokratie im Allgemeinen. In der Argumentation der im Moment außer Gefecht gesetzten politischen herrschenden Klasse kommt die Tendenz auf: Wer uns kritisiert, ist gegen die Demokratie und für den Putsch. Und das, obwohl gerade sie es war, die durch ihre schrankenlose Bereicherungswut und ihre schamlose Raffgier die Enttäuschung und Wut der Bevölkerung schürte und damit das Klima schuf, das letztlich die Massenbasis der Putschisten begründete.

Diacounda Traoré, der Übergangspräsident, ist nun schon zehn Tage im Amt. Das heißt, es bleiben von den 40, in denen er den Norden befreien und Wahlen ausschreiben soll, nur noch 30. Was passiert eigentlich, wenn er das, wie anzunehmen ist, in diesen 30 Tagen nicht schafft? Kommt dann wieder Sanogo dran? Er hat ja in dem Abkommen, das die CEDEAO mit ihm vereinbarte, nur diesen 40 Tagen zugestimmt!

Wer im Norden wirklich die Macht hat, weiß keiner genau. Sicher ist nur, dass die malische Administration und die malische Armee nichts mehr zu sagen haben. Auch die MNLA scheint zunehmend ausgeschaltet – die Macht über das abgespaltene Gebiet Azawad haben drei sich islamistisch nennende Gruppen übernommen: die »Ansar Dine«, die »Al Qaida des Maghreb« und die »Mujao«. Sie wollen die Scharia einführen und es gibt bereits erste Berichte von abgehackten Händen bei angeblichen Dieben und von der Auspeitschung eines unverheirateten Paares, das ein Kind bekommen hat.

Nun ist Mali plötzlich doch kurz ein großes Thema in den europäischen Medien. Aber nicht wegen der Menschenrechtsverletzungen, sondern wegen der Zerstörung islamischer Heiligtümer, die zum Weltkulturerbe der Menschheit gehören, aber den »Wächtern des richtigen Glaubens« ein Dorn im Auge sind, weil sie angeblich – im Islam verbotene – Gottesdarstellungen bedeuten.

1.5.:

Madou berichtet bei einem Telefonat aus Bamako von neuen Unruhen:

- Die alte Brücke sei von den ATT-treuen Soldaten, den »berets rouges«, besetzt
- Es gibt Kämpfe um ORTM
- Auch der Flughafen sei von »berets rouges« besetzt
- Es gäbe einige Tote, die Lage sei unklar

Ist das der lang erwartete Gegenputsch? Schlagen die ATT-treuen endlich zurück? Ist doch alles nur ein Spuk gewesen, ein kurzer böser Albtraum – ATT wird zurückkehren und die Wahlen finden statt, alles wird wieder normal?

Nun berichten auch deutsche Medien, zumindest online: Auslöser sei der Versuch von Sanogo-Leuten gewesen, den ehemaligen Stabschef ATTs und Verantwortlichen für die Präsidentengarde, Abidine Guindo, festzunehmen.

Aber die Nachrichten beginnen schnell, sich zu widersprechen: Sprecher der Junta – die »Ex Junta« genannt wird – behaupten, »die Sicherheit« sei »wiederhergestellt, Personen mit ›schlechten Absichten‹« hätten die Kaserne in Kati, das »Hauptquartier«, besetzt, »um den Prozess der Rückkehr zur verfassungsmäßigen Ordnung zu destabilisieren« wie sie ihre Aushebelung derselben immer noch nennen.

2.5.:

Offenbar waren die Kämpfe gestern nur ein verzweifeltes Aufbäumen. Der kurze Traum ist schon wieder vorbei. Der Albtraum bleibt Realität.

5.5.:

Meine in Briefwechseln geäußerte Kritik an der herrschenden Klasse beziehungsweise die ihr zugewiesene Mitverantwortlichkeit für den Putsch wird mir als Sympathie oder Rechtfertigung des Putsches vorgeworfen. Meine Antwort:

»Um das noch mal ganz in Ruhe zu sagen beziehungsweise zu wiederholen: Ab dem Moment, in dem die politische Klasse Malis, von Herrn IBK bis zu Herrn Tapo mit Herrn Sanogo ›verhandelt‹ hat – etwa ab dem zweiten oder dritten Tag des Putsches – anstatt ihn auszuschalten, habe ich das als Unterstützung gesehen, als Anerkennung, als Inthronisierung, sie sind politisch de facto seine Komplizen, auch wenn sie noch so laut das Gegenteil behaupten oder sich vielleicht sogar einbilden, sie seien taktisch besonders schlau. Auch, dass die CEDEAO verhandelte anstatt zu schießen, war nur seine Anerkennung als gleichberechtigter Partner. Und was diese reaktionäre Massenmobilisierung des Nationalismus produziert, zeigt sich jetzt, wo die gefangenen Fallschirmjäger als ›Ausländer‹ vorgeführt werden. Ich verstehe wirklich nicht, wieso Du diese Junta immer noch als 25 – letztlich zu vernachlässigende oder was? – Meuterer bezeichnest, nachdem sie immer noch den Gang der Dinge bestimmen und wenn die CEDEAO nach Bamako kommt, die Mercedesse nach Kati einfahren und nicht zu Herrn Traoré!

Da werden wir beide nie auf einen Nenner kommen, müssen wir aber auch nicht, weil wir beide darin keine Rolle spielen.

Und wenn Du meine Kritik an den Politikern als Rechtfertigung des Putsches interpretierst, verstehe ich das halt als Versuch, sie von Dir abzuwehren. Vielleicht hat das auch etwas mit Klassenstandpunkt zu tun. Das kann ich durchaus nachvollziehen, aber die Dinge mit dem Wunsch als Vater des Gedankens zu optimistisch zu sehen, ist nicht besser als sie zu pessimistisch zu sehen, wobei man bei Letzterem wenigstens noch positiv überrascht werden kann.

Und mit Begriffen wie ›malischem Stolz‹ kannst Du mich jagen – dieses Denken und seine praktische tödliche Umsetzung finde ich nur furchtbar. Und es ist deprimierend, dass man unter aufgeklärten Menschen über so etwas überhaupt noch redet.

Wieso sollen Studenten aus Bamako ihre Köpfe hinhalten und nicht wenigstens Soldaten der CEDEAO, die das zu ihrem Beruf gemacht haben? Bloß weil sie keine Malier sind? Das kann doch nicht Dein Ernst sein!

Aber wie gesagt: Das interessiert weder Sanogo noch die Toten, die jetzt erschossen werden, weil der Herr nicht von Anfang an verhindert wurde, jetzt haben wir ein Schrecken ohne absehbares Ende, anstatt gleich ein Ende mit Schrecken, aber es ist sinnlos, im Nachhinein darüber zu streiten, ich betone das nur, weil Du meine Kritik als Rechtfertigung verstanden hast, was ich natürlich so nicht stehen lasse.

Aber lass uns doch bitte um Himmels willen deswegen nicht streiten: Wie Du oder ich etwas einschätzen, ändert nichts an der Situation, die auch andere nur sehr schwer einschätzen können! Diese Einschätzung hätte nur Relevanz, wenn wir zu den Handelnden gehörten. Ob Du es als Bürgerkrieg bezeichnest oder nicht, wenn sich verschiedene bewaffnete Soldatenfraktionen in Bamako bekämpfen, ändert nichts daran, dass geschossen wird und interessiert vor allem diejenigen am wenigsten, die dabei ihr Leben lassen. Genausowenig wie dass ich die politische Klasse und ihre Nicht- beziehungsweise falsche Reaktion auf Sanogo dafür mitverantwortlich mache und schon gar nicht, wenn Du diese Beschuldigung als Befürwortung des Putsches bezeichnest – davon steht keiner mehr auf.

Ich fürchte, wir können beide nichts tun oder auch nur ansatzweise helfen, wir können nur ohnmächtig zusehen und hoffen, dass es möglichst bald wieder zu einer einigermaßen stabilen Situation kommt, die irgendwann zu Wahlen führt.«

13.5.:

Zur Erläuterung der Ignoranz und Arroganz europäischer Intellektueller gegenüber den Verhältnissen in Mali, ihrer Verachtung der Bevölkerung hier ein Auszug aus einem anonymen Brief von Mitgliedern der sogenannten »Entwicklungszusammenarbeit«, also Menschen, die in unserem Auftrag, in unserem Namen und auf unsere Kosten in Mali Politik machen. Der Text wurde über Internet-Verteiler breit an Interessierte gestreut:

»....wir möchten kurz ein Update zur Lage der Nation ... geben und damit Antworten auf vielfältige Fragen:

...

Der Gegenputsch in jüngster Vergangenheit war wohl eine zu erwartende Reaktion der Opposition beziehungsweise des alten Regimes, das doch stark seine Felle schwimmen sieht und davon ausgehen muss, dass es für jahrelangen Diebstahl aus Gewohnheit jetzt doch gerichtliche Konsequenzen hagelt. Die Putschisten, unter Sanogo, scheinen immer noch entschlossen, hart durchzugreifen. Das stößt auf wenig Verständnis, vor allem bei der CEDEAO, die ihre Truppen lieber in Bamako als im ungemütlichen Norden stationiert hätte, schon alleine, um Sanogo und der Interimsregierung besser auf die Finger sehen zu können. Der Club der Potentaten sieht es nicht gerne, wenn jetzt jemand versucht, aus dem Verband auszuscheren. Es könnte Konsequenzen in anderen Ländern haben, wenn die *neue Demokratisierung* [Hervorhebung von mir] in Mali Schule macht.

...

Die Putschisten werden als ungebildete Querulanten hingestellt, denen die Macht zu Kopf gestiegen ist, die konzeptlos und uneffektiv sind.

Davon kann aber keine Rede sein. Man kann Sanogo wohl einen gehörigen Idealismus (oder vielleicht auch nur Konsequenz für jemanden, der das Wort Demokratie noch ernst meint) unterstellen, aber er steht zu den Ideen der Demokratisierung, wenn der Weg dahin auch sehr weit sein dürfte. [Hervorhebung von mir]

…

Derweil haben wir über Wochen das Gewähle der Franzosen mit angesehen und wissen nicht, was ein Hollande jetzt mit der malischen Krise anfangen wird. Uns wäre die ruppige Hand eines Sarkozy fast lieber gewesen.

…

Im Norden zanken sich die Tuareg-Vertreter (von denen sich immer mehr von mehr absetzen) um eine ideologische Richtung, von der eine gemeinsame nicht mehr zu erwarten ist. Die Zivilbevölkerung hat zum Großteil das Gebiet verlassen, der Rückhalt in der Bevölkerung geht gen Null. Seit die Pilgerstätten demoliert und die Bibliotheken in Timbuktu bedroht wurden, dürfte auch dem letzten Sympathisanten die Lust auf Separatismus vergangen sein.«

Dieselben Leute, die bisher im Namen der »Entwicklungszuammenarbeit« oder als »NGO«s ATT und seiner Profitgesellschaft in den Arsch gekrochen sind und ihm anschließend Millionen von unseren Steuergeldern in denselben gesteckt haben, biedern sich jetzt den neuen Machthabern an, indem sie von den »Machenschaften des alten Regimes« salbadern, als hätten sie diese nie gestützt und gefördert.

In Mali werden Menschen erschossen, massenhaft Oppositionelle verhaftet, Telefone abgehört, die gesamte Administration mit Anhängern des Terrorregimes von Herrn Sanogo besetzt, die Menschen haben Angst – und die von unseren Steuergeldern schmarotzenden Berufseinmischer schreiben und verbreiten: *»Man kann Sanogo wohl einen gehörigen Idealismus … unterstellen … er steht zu den Ideen der Demokratisierung.«*

Und diese Leute werden nicht sofort entlassen!

Was ist das für eine Haltung: *»uns wäre die ruppige Hand eines Sarkozy lieber gewesen«* – anmaßender Größenwahn von gottähnlichen Menschen, die für die ganze Welt zuständig sind, also über Afrika und Europa stehen. In Afrika mischen sie sich unter dem Deckmantel der »Hilfe« ein, weil sie das lahme demokratische System Europas langweilt – »*Wählerei*« – und sie ihre Allwissenheit in Afrika unkontrolliert entfalten können.

Die Formulierung »*uns*« drückt genau die pluralis-majestatis-Haltung aus, mit der diese Herrschaften in Afrika einfallen, wie die biblische Heuschreckenplage, um auf Kosten der eigenständigen Entwicklung Afrikas ihre Überheblichkeit zu füttern.

14.5.:

Aber es gibt genug Europäer in Mali, die anders denken, sodass die Diskussion bezüglich dieses skandalösen Rundbriefs tobt; da die meisten von ihnen noch dort arbeiten, können sie hier nicht namentlich zitiert werden:

»Bitte verbreitet keine Pro-Putschisten-Mails! Wir sind am 3. April aus Bamako geflüchtet, ich versuchte, Anfang Mai wieder hinzufliegen, aber an dem Tag brach das Chaos erneut aus. Es werden Hunderte von Leuten verhaftet, zum Teil ins Gefängnis gesteckt, ohne Anklage, von anderen ist der Aufenthaltsort nicht klar, Telefone werden abgehört, die Leute werden terrorisiert.«

Oder ein anderer:

»Politiker und Geschäftsleute verlassen das Land, sie werden verfolgt, die Häuser der Politiker ausgeräumt (ich habe selbst jemanden beherbergt, die außer ihren Kleidern, die sie am Leib trug, nichts mehr hatte). Die Leute wagen es nicht mehr, offen zu reden, weil jeder befürchtet, dass der andere zum Feindeslager gehört, am Telefon redet man nicht mehr konkret, weil Leute abgehört werden.«

Oder:

»Wir haben Tage erlebt, da wurde überall geschossen, Sniper auf den Dächern in ACI 2000, Maschinenpistolen vor dem ORTM-Fernsehen.«

Oder:

»Sanogo, das große hirnlose Arschloch, hält sich an der Macht, weil er die Leute mit seiner Meute und Waffen bedroht. Er putschte sich an die Macht unter dem Vorwand, er wolle den Norden retten, ATT tue nichts gegen die Rebellen. Aber was tut er? Sitzt in Bamako, seine Leute verballern all ihre Munition in Bamako.«

Oder:

»Der Premierminister ist (ganz zufälligerweise) Schwiegersohn des Ex-Diktators, und holte auch wieder Minister dieser Zeit ins Boot, der Geheimdienst ist aktiver als je.

Sanogo kam an die Macht, da der Präsident zu schwach sei und den Norden nicht retten wolle, in den ersten zehn Tagen, in denen Sanogo an der Macht war, fielen die drei größten Städte Gao, Kidal und Timbuktu! Sanogo will sich später um den Norden kümmern, er sitzt lieber in Bamako und empfängt Leute, während die Bevölkerung im Norden terrorisiert wird und verhungert.

Jetzt hat er auch sein Ziel geändert – Kampf gegen die Korruption, ALLE Ex-Minister werden verfolgt, Präsidentschaftskandidaten, der Bürgermeister von Bamako. In der ersten Nacht verhafteten sie 18 Politiker und hielten sie in einem Zimmer fest (6 Matratzen), kein Zugang für Amnesty International oder andere Menschenrechtsgruppen.«

Oder von jemandem, der seit 20 Jahren in Mali lebt und die Briefschreiber offenbar kennt, die deutlichste Antwort darauf:

»Für mich sind Weiße, die in Mali wohnen und diesen khmer rouge applaudieren, absolut naiv und verdienten es, selbst verhaftet zu werden ohne rechtliche Grundlage; zu glauben, dass dieser nette junge Mann jetzt mit der Korruption aufräume und saubere Politiker an die Macht bringe, die ganz anders sind, ist bestenfalls blauäugig, wenn nicht kriminell.

Von wegen Sanogo ein Idealist:

Vor ein paar Monaten wurden bei einer Übung in der Militärschule in Koulikoro vier junge Soldaten in Ausbildung von ihren Klassenkameraden gelyncht (sozusagen aus Spaß, was man bei uns »Über die Schnur hauen« nennt), ganz Mali, damals noch ein demokratisches Land, war schockiert, die ganze Klasse wurde aus der Schule rausgeworfen, und der Instrukteur SANOGO (ja er) deswegen von dieser Militärschule in Koulikoro nach Kati versetzt (das kann man im Internet nachlesen), ein ganz toller Typ. Abends sitzt er mit seinen Kameraden im Militärcamp von Kati und säuft. Halleluja!

Alle intelligenten Malier, die ich kenne, schämen sich zu Tode für Sanogo und seine Bande. Ich kann es nicht verstehen, wie Europäer/Innen, diese Leute unterstützen!«

18.5.:

Sanogo wollte wohl selbst Präsident werden, hat aber begriffen, dass, wenn er das macht, sämtliche Geldgeber abziehen und die Staatskasse sich leert. Deshalb sagt er, der Präsident werde kein Militär sein – aber wird sicher jemanden platzieren. Diacounda Traoré möchte abtreten, da er am 23. nicht umgebracht werden möchte, nachdem die 40 Tage Übergangsregierung abgelaufen sind. Aber die CEDEAO und seine Leute machen Druck auf ihn, zu bleiben. Vor dem 23. Mai ist es nicht möglich, etwas zu sagen, die Spannung steigt mal wieder. Immer wartet man auf etwas: Die nächste außerordentliche Sitzung der CEDEAO, nach der klare Ansagen kommen, die nächste Kabinettssitzung der Übergangsregierung, die klare Verhältnisse darstellt, was jeweils nicht eintritt – und jetzt das Warten auf den 23.5., nach dem wahrscheinlich auch alles Weitere im Unklaren bleibt.

22.5.

Zunächst durch private Kommunikation erfahre ich von neuen Ereignissen, die schnell von den Medien bestätigt werden:

Übergangspräsident Diacounda Traoré wurde gestern in seinem Büro im Präsidentenpalast angegriffen und verletzt. Demonstranten drangen ein, schlugen ihn und er musste ins Krankenhaus gebracht werden. Angeblich wurde er in der Nähe des Auges verletzt, habe das Spital inzwischen aber wieder verlassen.

Auch auf Seiten der Demonstranten soll es drei Tote gegeben haben, die von der Präsidentengarde getötet worden sind.

Oumar Mariko, und jetzt auch ganz offen IBK, hetzen die Massen auf.

23.5.:

Übergangspräsident Traoré ist nach Frankreich zur Behandlung ausgereist – Rückkehrtermin unbestimmt. De facto fürchtet er um sein Leben und wird deshalb wohl nicht so schnell zurückkehren. Die Macht ist also jetzt, soweit sie nicht sowieso letztlich bei Sanogo liegt, ganz in den Händen des undurchsichtigen Premierministers Modibo Diarra, der sowohl die Anhänger des gestürzten Diktators Moussa Traoré in sein Kabinett geholt hat, wie auch die Schlüsselministerien der Territorialverwaltung, der Verteidigung und der Sicherheit in die Hände der Anhänger Sanogos gegeben hat.

Im Internet kann man bereits ein Video von dem Überfall auf Diacounda Traoré sehen, vor allem, wie die grün bemützten Wachsoldaten dem anstürmenden Lynchkommando keine Gegenwehr entgegensetzen, sondern teilweise sogar lachen. Kurz ist sogar zu sehen, wie jemand auf Diacoundas Kopf schlägt.

24.5.:
Die CEDEAO droht mit Truppen, aber es passiert nichts. Die 40 Tage sind um, aber es passiert nichts. Alles geht irgendwie weiter.

31. Mai bis 10. Juni, Mali

31.5.:
Am Flughafen sichtbare Militärpräsenz, grünbemützt, also von der Putschfraktion. Auf dem Weg vom Flughafenbus zum Eingang der Ankunftshalle grüße ich einen solchen Grün-Bemützten und tippe mir sogar mit Zeige- und Mittelfinger militärisch an die Stirn. »Na?«, antwortet er. »Bist Du ein Traoré?« Empört weise ich diese Zumutung zurück: »Ich bin ein Diarra, das Beste, was es gibt!« »Was?!«, ruft er entsetzt. »Ein Diarra?!« Ich nicke stolz und stemme meine Fäuste in die Hüfte. Er zeigt mir den Vogel: »Die Diarras sind Löwen aus dem Urwald – die haben in der Großstadt nichts zu suchen!« »Die Löwen sind die Könige des Urwalds!«, belehre ich ihn. »So wie die Diarras früher die Könige von Segou waren« – im Mittelalter, vor der Kolonialzeit – »und wenn wir in die Großstadt kommen, fressen wir vor allem Flughafenbeamte!« Er schlägt sich auf die Schenkel vor Lachen und schüttelt immer noch lachend den Kopf, als ich an der Eingangstür zu ihm zurücksehe.

Zollkontrolle wie immer, vor allem lasch wie immer. Die Malier, denke ich, kann auch ein Sanogo nicht so schnell ins Boxhorn jagen. »Leben und leben lassen« haben wahrscheinlich die Malier erfunden, das wusste bisher nur noch keiner.

Auch der Verkehr wie gewohnt – da sagten allerdings die Freunde in den Telefonaten der letzten Zeit, dass dies erst seit ein paar Tagen wieder so sei.

Der Reis sei teurer geworden, berichtet mein Freund Sacko, der Taxifahrer, der den Putsch unter anderem deshalb befürwortete, weil er sich davon erhoffte, dass der Reispreis niedrig bleibe. Trotzdem steht er weiter zu Sanogo und dem Putsch, erhofft sich in erster Linie Eindämmung der Korruption. Darauf angesprochen, dass Sanogo, der mit dem Putsch die »Demokratie wiederherstellen« wollte, diese nun vergessen habe, nachdem die CEDEAO ihn mit dem Status eines Expräsidenten und den entsprechenden Privilegien stillgelegt hat, lächelt Sacko nur und geht nicht darauf ein: »Er ist nach wie vor da und beobachtet alles«, erklärt er. »Wenn etwas schief läuft, wird Sanogo eingreifen.« Woher er das Vertrauen in diese zwielichtige Figur nimmt, ist mir ein Rätsel. Ich kann es mir nur mit derart massiv angestautem Hass auf die herrschende Klasse erklären, dass er alle Widersprüche verdrängt. Ich habe fast den Eindruck, dass die Anerkennung des Juntachefs als Ex-Präsident durch die CEDEAO – dieser faule Deal, mit dem der großmäulig Demokratie versprochen habende Demagoge stillgestellt wurde, eingekauft wurde, auf deutsch: korrumpiert – dass das Sacko in gewisser Weise stolz macht, er sagt es zwar nicht, aber denkt vielleicht: »Einer von uns hat es nach ganz oben geschafft und wird es denen zeigen!« Das klassische Muster der Mobilisierung unterer Gesellschaftsschichten. Deshalb ist es ihm nur recht, dass Sanogo nach wie vor sozusagen informell selbst über dem Präsidenten stehender Staatschef ist.

1.6.:

Sanogo über allen – dieser Eindruck bestätigt sich auch in weiteren Gesprächen: Der »Präsident des Präsidenten«, wie Madou ihn nennt, ist und bleibt Sanogo, bei dem der Interimspräsident Diacounda Traoré, der Ministerpräsident Modibo Diarra, die Minister und die Unterhändler der CEDEAO in ihren dicken Mercedessen vorfahren und Rapport erstatten. Er hat Flughafen und Staatsfernsehen unter Kontrolle, außerdem die drei wichtigsten Ministerien – Verteidigung, Inneres, Sicherheit. Wer welche Macht hat, bleibt undurchsichtig. Es ist von einem Technokratenkabinett die Rede, das den Staat irgendwie verwaltet. Der Ministerpräsident ist ein Schwiegersohn des 1991 abgesetzten Diktators Moussa Traoré, was man ihm nicht vorwerfen kann. Dass freilich sein Kabinett mehrheitlich aus Moussa Traorés Gefolgsleuten besteht, gibt zu denken. Moussa Traoré selbst ist zur Zeit in Russland und China unterwegs, um Waffen zu besorgen, was aber wohl nicht so ganz klappt und in Mali nicht sonderlich ernst genommen wird.

Eine grundsätzliche Änderung scheint allerdings mit der Attacke auf den Präsidenten Diacounda Traoré eingetreten zu sein – seitdem ist er in Frankreich und weigert sich, zurückzukehren, solange er nicht von der CEDEAO militärisch gesichert wird. Dieser offensichtliche Lynchversuch, von dem Videos existieren, die deutlich zeigen, dass die Wachsoldaten den aufgehetzten und offenbar mit diesem konkreten Auftrag versehenen Schlägern keinen Widerstand entgegensetzten, war offenbar zuviel, der Präsident muss unangetastet bleiben, selbst wenn er unbeliebt ist. Auch Scham ist festzustellen, vor allem gegenüber dem Ausland, von dem der Vorwurf der Unzivilisiertheit zu erwarten ist.

Obwohl es keine klare Regierungsgewalt gibt, wurden einige der Beteiligten verhaftet, die Verantwortlichen werden öffentlich kritisiert. Einer von ihnen, Oumar Mariko ist nach Marokko geflüchtet, da seine Parlamentsimmunität aufgehoben werden soll, damit er für die Demonstration und deren Ausschreitungen zur Verantwortung gezogen werden kann. Selbst auf der eher putschfreundlichen Website »malijet« wird er als »Demokratiekiller« bezeichnet. Im privaten Fernsehen »africable« lief eine scharfe Diskussion zwischen Putschbefürwortern und Putschgegnern.

2.6.:

Auffällig ist, dass jeder, mit dem ich rede, eine andere Einschätzung hat und mir diese Einschätzung als die aller Malier vorstellt: Alle seien gegen/für den Präsidenten, weil er von der CEDEAO eingesetzt sei/weil er verfassungsgemäß sei, das gleiche gilt für den Ministerpräsidenten, die Minister etc. – mehrheitlich ist zu hören, dass »die Politiker« doch sowieso alle nur ihre eigenen Interessen vertreten und nicht die des Volkes.

Was allerdings auch schon vorher bekannt war, aber von denselben Personen nicht angeklagt wurde, obwohl die demokratischen Mittel dazu vorhanden waren, sogar Wahlen bevorstanden, bei denen man ja eine Alternative hätte stellen oder wählen können.

Überhaupt nicht den geringsten Widerspruch gibt es gegen die überall massiv verkündete Bereitschaft, den Norden militärisch zurückzuerobern. Jeder weiß und bestätigt, dass das ein unsagbares Gemetzel werden kann, weil die sich auf den Islam berufenden Terror- und Drogengruppen um ein Vielfaches besser bewaffnet sind. Die Tuareg sind längst aus dem Rennen. Qatar schickt Jumbos voller Waffen. Der Ministerpräsident spricht vom »totalen Krieg«, den es geben werde. Was hinter den Kulissen läuft, weiß keiner, aber es soll bereits Truppenbewegungen in Richtung Norden geben, sowohl Franzosen als auch Amerikaner sind militärisch präsent, keiner weiß genau, in welchem Ausmaß.

Madou und andere berichten, dass die Demo, bei der Diacounda Traoré gelyncht werden sollte, 250 Millionen Francs CFA gekostet hat, Oumar Mariko Leute aus seiner Heimatstadt Koutialla busweise nach Bamako gebracht und für Prügeln und Randalemachen bezahlt hat. Andere Quellen sagen, dass das Geld aus der Staatskasse stammt.

Auf dem Markt brummt es »wie im tiefsten Frieden« – aber die Atmosphäre hat sich entscheidend geändert, man sieht kaum ein Lachen, man vermisst die Gelassenheit – dafür ernste Gesichter, Nachdenklichkeit, Stress.

3.6.:

Batoma ist im siebten Monat schwanger, ignoriert das aber total, putzt, kocht, arbeitet als sei alles normal. Vorsorge lehnt sie ab, Kinder bekomme man im Bad, wenn es soweit sei, danach arbeite man weiter. Zum Ultraschall kann ich sie überreden, weil sie neugierig ist, ob es ein Junge oder ein Mädchen wird.

Während ich in Deutschland war, hat sie sich mit ihrem Vermieter verkracht. Dieser, ein frommer Monsieur Haidara, ist neben vielem Anderen auch Hexer, Fetischeur. Dies stellt in Mali keinen Widerspruch zum Islam dar, beziehungsweise hätte der Islam keine Chance, wenn er dies verböte oder müsste daherkommen, wie jetzt die Salafisten im Norden. In Mehrfamilienhäusern in Bamako gibt es im Hof gekachelte, von einem niedrigen Mäuerchen umgebene Becken mit Abwasserabfluss, in denen die Frauen Kleider oder Kinder waschen, abspülen oder, wenn kein Mann in der Nähe ist, sich selbst waschen. An diesem Ort schlachtete der fromme Monsieur Haidara im Rahmen seiner Hexerei bisweilen Hühner, Schafe und hin und wieder sogar Hunde oder Katzen.

Nachdem Batoma das mitbekommen hatte, weigerte sie sich, an diesem Ort weiter ihren Sohn zu waschen, zu kochen oder abzuspülen und tat dies fürderhin unter dem großen Mangobaum in der Mitte des Hofes, wobei sie das Abwasser eben in den Hof goss, wie das an sich überall üblich ist. Sie will mit Hexerei nichts zu tun haben – fürchtet sich aber davor. Leute wie Haidara sind für sie »schlechte Menschen« und wenn sie ihren Sohn an dem Platz wüsche, wo er zuvor einen Hund getötet hatte, um jemand anderem womöglich eine Krankheit anzuhexen, verdürbe das auch ihren Sohn, kochte sie dort, bekäme sie eine Krankheit.

Haidara sah das wiederum überhaupt nicht ein. Er sei der Herr im Haus und sie habe zu gehorchen. Sie verdrecke den Hof mit dem Abwasser, dafür seien die Becken da. Außerdem sei er ein Mann und sie nur eine Frau.

Damit war er bei Batoma bei der Richtigen gelandet.

Ohne Rücksicht auf Verluste erklärte sie ihm, dass sie sich von ihm nichts vorschreiben lasse und »ali sini!« (auch morgen noch!) im Hof waschen und kochen werde. Dass er ein Mann sei, heiße nur, dass er keine Ahnung von überhaupt irgendetwas habe. Mühsam beherrscht erklärte er ihr, dass er sie rausschmeißen werde, wenn sie ihm nicht gehorche. Darauf folgte ein heftiges Wortgefecht, in dem Batoma Haidara schwer beleidigte, wodurch sich dieser berechtigt fühlte, Batoma zu schlagen. Er handelte sich dabei freilich einen schmerzhaften Biss in seine Hand von Seiten Batomas ein.

Mitten in der Nacht rief er mich in Deutschland an und forderte, ich solle meine Frau zur Raison bringen: »In Mali sind Frauen dem Mann untertan und haben zu gehorchen. Diese Frau ist schlecht erzogen und unerträglich. Wenn sie sich nicht fügt, stelle ich ihr den Strom ab.«

Das wäre in der heißesten Jahreszeit für eine Hochschwangere, die dann nicht einmal mehr einen Ventilator benutzen könnte, eine ziemliche Katastrophe, weswegen ich ihm versprach, mein Bestes zu tun, obwohl ich heimlich stolz auf meine unbeugsame Batoma war, die so gar nicht bereit war, das übliche malische Frauenverhalten mitzuspielen. Mein Vermittlungsversuch führte aber nur zu Wutausbrüchen Batomas, ich konspirierte mit meinem »Freund Haidara«. Sie werde »ali sini!«, auch morgen, sich nicht den Befehlen dieses schlechten Menschen beugen.

So stellte er den Strom ab, sie ging zur Polizei, ich rief Bassy als Vermittler zu Hilfe, was nur dazu führte, dass sie ihn als männersolidarischen Komplizen Haidaras beschimpfte, Haidara die Möbel auf die Straße stellte und sie ein neues Zimmer bezog.

»Haidara hat die Kaution gestohlen«, sagt Batoma, als ich wieder in Bamako bin. Immerhin drei Monatsmieten, 60 000 Francs CFA, fast 100 Euro, die er bei ihrem Auszug hätte zurückgeben müssen. Ich gehe zu ihm, er berichtet ausführlich von Batomas unziemlichem Verhalten und zählt eine lange Liste von Reparaturen auf, neues Schloss, Fensterscheibe, Mauerschäden. 60 000 konnte das allerdings niemals gekostet haben.

Wieder rufe ich den geduldigen Arzt Bassy Konaté zu Hilfe, unsere Freundschaft hat trotz der politischen Divergenzen in Sache Sanogo zum Glück keinen bleibenden Schaden erlitten, außerdem sieht er Sanogo inzwischen auch differenzierter. Er spricht lange mit Haidara, mit dem er sich einig ist, dass Batomas widerspenstiges Verhalten nicht akzeptabel sei, meinetwegen aber, der als Europäer die malischen Regeln nicht mittragen könne, weil Frauen in Europa eine andere Rolle spielten, aber seit Jahren sein Bestes tue, sie zu verstehen und nach ihnen zu leben, ein Kompromiss gefunden werden müsse.

Und so wird ein letztes, abschließendes Treffen organisiert, bei dem das Problem gelöst werden soll. Es findet an einem Werktag statt, Bassy hat Dienst im CSCOM, dem Krankenhaus der Commune I, aber er lässt sogar seine Kranken warten, um in diesem Konflikt eine friedliche Lösung zu finden. Und er nimmt noch meinen Freund und Namensvetter, den Arzt Amadou Diarra als Zeugen mit. Er hatte den Kontakt zwischen mir und der »action santé« hergestellt, ist sozusagen mein ältester Arztfreund, hatte mir noch im Januar, als ich Typhus hatte, das Leben gerettet, indem er mehrere Nächte Infusionen gebender Weise an meinem Bett verbracht hat. Auch er lässt seine Kranken warten, damit dieser Konflikt aus der Welt geschafft wird.

Wir versammeln uns in Haidaras Wohnzimmer und Haidara, der vor der gegenüberliegenden Couch auf dem Boden sitzt, holt erst mal weit aus, erzählt die ganze Geschichte von Anfang an. Wie es zur Vermietung kam, wie er und ich durch viele Gespräche über Gott und die Welt Freunde wurden, wie er uns auf dem Dach des Hauses schlafen ließ, weil ich das unbedingt brauchte, auch aus diesem Grund hauptsächlich in Afrika lebte, was er gut finde und ihn freue, und wie er sogar selbst darauf verzichtete, auf dem Dach zu schlafen, damit Batoma und ich unsere Ruhe hatten, wie ich ihn noch vor meiner Abreise nach Deutschland gebeten hatte, auf Batoma aufzupassen, da sie ja von Natur aus nicht einfach gestrickt sei und jetzt auch noch schwanger, wie er mir versprochen hatte, dass er das alles regeln wolle und werde – alle Ausführungen werden von dem Vermittler Bassy und Zeugen Amadou mit verständnisvollem Nicken bedacht –, wie Batoma alles dieses systematisch durch ein Verhalten kaputt gemacht habe, das jeglicher Tradition, Anstand und Sitte Hohn spreche, wie Batoma und seine Frau sich bis zu Handgreiflichkeiten zerstritten hätten, nachdem sie zuvor ein Herz und eine Seele gewesen seien und sich gegenseitig die Haare frisiert hätten, wie er ihr den Strom abgestellt habe, um sie zur Besinnung zu bringen, wie sie ihm eine Vorladung zur Polizei präsentiert habe und ihn dadurch gedemütigt – was alles genauso von verständnisvollem Nicken seitens Bassy und Amadou bedacht wird –, bis er schließlich zum Punkt des Tages kommt: Wie sie am Ende eine verwüstete Wohnung hinterlassen hatte.

Er zieht einen Zettel aus der Tasche und verliest eine Liste von Schäden.

Bassy und Amadou sehen mich an, völlig neutral fragend, interessiert. Tatsächlich: unparteiischer geht's nicht.

Mir tue das alles unglaublich leid, erkläre ich, nun lebte ich schon so lange in Mali und habe immer noch nicht die malische Kultur verstanden, aber es sei nun auch mal kompliziert, weil verschiedene Welten aufeinanderträfen und es sei manchmal schwierig, die verschiedenen Wertvorstellungen in Übereinstimmung zu bringen. Aber ich bitte zu bedenken, dass Batoma doch schwanger und Frauen manchmal in diesem Zustand rationalen Argumenten nicht zugänglich seien, es nicht persönlich gemeint sei, wenn sie beleidige, sie eine schwere Jugend gehabt habe und wir versuchen sollten, das Alte zu vergessen und in die Zukunft zu sehen.

Auch meine Bemerkungen werden von Bassy und Amadou mit demselben verständnisvollen Nicken gewürdigt wie die von Haidara.

Nun räuspert sich Bassy.

»Wir haben jetzt alles gehört«, sagt er, »und nun geht es darum, dass alle Beteiligten in diesem Konflikt zu ihrem Recht kommen. Wenn wir uns nachher voneinander trennen, wollen wir das in dem Wissen tun, dass, wenn wir uns eines Tages auf der Straße wiedertreffen, wir kein Problem miteinander haben, sondern uns freuen, uns zu sehen und uns Neuigkeiten mitteilen zu können«.

Wir alle nicken zustimmend.

Bassy sieht Amadou an.

»Was meinst Du?«, fragt er, »Haidara gibt Batoma 10 000 und die Sache ist erledigt?«

Amadou nickt: »10 000 ist eine klare Sache!«

Haidara nickt geradezu heftig und beteuert: »Kein Problem!«

Ich kann es kaum glauben. Es geht nicht um das Geld, auch wenn 10 000 mehr sind als eine Bonne im Monat verdient und immerhin der größte Geldschein, den es gibt –

es geht um die Anerkennung. Die Anerkennung meiner, selbst Batomas Sicht der Dinge. Die Zahlung der Summe bestätigt materiell, dass es nicht nur ein hohles Wort ist.

Diese Anerkennung, dieser Respekt ist mehr wert als jedes Geld (auch wenn er dadurch verifiziert wird).

Ich danke Bassy und Amadou: »Ihr seid wahre Freunde!«

Bassy schüttelt den Kopf.

»Nein, nein«, sagt er, »bei uns ist das selbstverständlich. Wir in Mali, wir reden miteinander, wenn es ein Problem gibt.«

Nun lächelt er und nickt, sieht mich an und fühlt sich bestätigt:

»Wir haben hier die Kultur des Dialogs«,

sagt er und sieht mich befriedigt darüber an, dass er mir mit etwas aus der Patsche helfen konnte, das eine besondere Qualität seiner Kultur darstellt.

In der Tat. Das ist es, was die Malier, so pauschal es klingen mag, auszeichnet. Die Kultur des Dialogs. Und so wie mit mir im Kleinen, haben sie es auch mit Sanogo im Großen gemacht, wird mir in diesem Moment klar.

Ob das richtig oder falsch ist, interessiert nicht, das erfährt man immer erst hinterher. Dass es die einzige Möglichkeit ist, die überhaupt einen Versuch wert ist, probiert zu werden – das sehe ich an diesem Beispiel bestätigt –, ist entscheidend.

Haidara hat keine 10 000 flüsig, was noch mal darauf hindeutet, dass es eine bedeutende Summe ist. Wir verabreden uns erneut für morgen.

4.6.:

Zu dem Treffen mit Haidara kommt sogar Batoma mit. Wir sitzen alle auf unseren Mopeds, vor Haidaras Haus. Da kommt er, stellt sein Gefährt ab und begrüßt uns alle freundlich, auch Batoma. Anschließend geht er mit Bassy in sein Haus – und kurz darauf kommen beide wieder heraus, Haidara verabschiedet sich freundlich von uns allen und nachdem er gefahren ist, gibt Bassy mir die 10 000, die ich Batoma weiterreichen will – und die sie ablehnt: »Das ist Dein Geld, Du hast die Kaution bezahlt.«

Es ist wirklich so: Wenn ich Haidara irgendwann einmal wieder auf der Straße treffen sollte, wird es nicht peinlich werden, unangenehm oder aggressiv, sondern wir werden uns freuen, uns mal wieder zu sehen und das Neueste austauschen.

Die Kultur des Dialogs wirkt wie ein Nachhall des Matriarchats, als die Frauen noch das Sagen hatten, sie ragt aus ihm bis zu uns heute hinein, wohl speziell malisch, aber wenn vom Matriarchat ausgehend, doch auch für Afrika geltend. Eine Tugend der Vergangenheit, die uns in der Zukunft helfen könnte.

6.6.:

Batomas neue Wohnung ist ein Zimmer auf dem Dach eines dreistöckigen Hauses mit kleinem Vorplatz und schöner Aussicht. Drei bis vier Mal am Tag trägt sie trotz ihres dicken Bauches 20-Liter-Kanister auf dem Kopf die drei Stockwerke hoch. Schweißbedeckt, schwer atmend, aber lächelnd kommt sie oben an. Warum lässt sie das nicht die »dschitigis«, die Wasserträger machen? »Zu teuer«, sagt sie, obwohl ich es ja zahlen würde. Außerdem mache ihr das nichts aus, sie sei das gewöhnt.

Das sind die Lebensbedingungen des größten Teils der Bevölkerung und ist die Moral der Menschen, mit der sie diese Umstände meistern.

Nichts, aber auch gar nichts hat sich durch die ganze Putscherei und das damit einhergehende, aufgeblasene, Unsummen von Geld verschlingende Politik-Theater daran geändert – außer, dass der Reis teurer geworden ist, der Strom immer länger ausfällt und auch das überlebensnotwendige Trinkwasser immer öfter abgestellt wird, was den Preis der 20-Liter-Kanister in die Höhe schnellen lässt.

Ich sehe Batoma dabei zu, wie sie süße Säfte kocht, die sie gefroren vor den Schulen verkauft, um selbst auch etwas zu verdienen, und mir fallen diese völlig weltfremden, von der wahren Realität Malis nicht einen Funken Ahnung habenden deutschen GIZ-Entwickler ein, die von dem starken Mann Sanogo schwärmen, der »hart durchgreift« und diese Lebensbedingungen damit auch noch verschlechtert.

10.6.:

Aus beruflichen Gründen muss ich zurück nach Deutschland. Bei der Abfahrt ist mein Eindruck gemischt. Die Menschen, die Malier, haben meines Erachtens die Nase voll von dem Putschgedöns, wollen ihre Ruhe haben, ihr Zeug auf dem Markt kaufen und arbeiten – sind aber machtlos gegen »die Politiker«. Radikalislamisten haben in der malischen Bevölkerung mehrheitlich keine Chance: »Wir sind ein laizistisches Land, hier darf jeder glauben, was er will, Punkt«, sagt mein Freund Sacko, selbst Moslem.

Eine eventuelle gewaltsame Oktroyierung zu verhindern, fehlen ihnen freilich die Mittel. Dass der Norden zurückerobert werden »muss« – viel Land, meist Wüste, aber kaum Bevölkerung, praktisch nur drei Städte – ist derart fraglos, dass darüber nicht einmal diskutiert wird. Auf den Einwand der vielen Opfer wird mit einem Achselzucken reagiert. Dem Einwand, dass dadurch den »Aqmis« (maghrebinische Al Qadia) ein Vorwand geliefert werden könnte, im Gegenzug auch den Süden sich untertan zu machen, wird nicht widersprochen, das kann sich aber kein Mensch vorstellen.

Je mehr sich die Lage in Bamako stabilisiert, desto näher rückt der Krieg.

11. Juni bis 4. August, Deutschland

11.6.:

Erste Nachricht aus Bamako nach der Rückkehr nach Deutschland: Inzwischen ist die Vereinbarung zwischen der CEDEAO und Sanogo geplatzt, weil seine Leute auf dem Markt den Gefängnisdirektor entführt haben, um ihre wegen des Mordversuchs am Präsidenten verhafteten Leute freizupressen, was nicht geklappt hat. Nun hat er seine Privilegien wieder verloren und es herrscht die – bange – Frage, ob er das hinnimmt oder neuen Ärger macht. So oder so wird es in Bamako und ganz Mali nach Einschätzung der dort verbliebenen Freunde »ungemütlich« werden beziehungsweise bleiben.

15.6.:

Der Premierminister Modibo Diarra begann bei einem Interview mit dem Sender RFI zu weinen (er traf 50 Malier der sogenannten Diaspora in Paris), die Sache musste abgebrochen werden. Er weinte, als er vom Interimspräsidenten sprach, der ihm beim Besuch in Paris gesagt habe, dass er bereit sei für Mali zu sterben – was keine leeren Worte sind, da er ja fast gelyncht wurde –, er zurück nach Bamako kommen wolle, aber seine Sicherheit ein großes Fragezeichen sei. Der Premierminister sagte: Wenn es nur zwei wie den Interimspräsidenten in Mali gäbe, wäre Mali gerettet, und begann zu weinen. Immerhin ein Affront gegenüber Sanogo, der den Interimspräsidenten umbringen lassen wollte und der den Premier in der Hand hat.

Die USA und andere Länder verwandeln jetzt die Jobs ihrer Botschafts- und Hilfsorganisationsangestellten in »postes non accompagnés«, das heißt, die Leute dürfen in Mali weiterarbeiten, aber ihre Familien nicht mehr dabei haben, deshalb verlassen jetzt viele Leute diese Jobs. Ich hatte das auch von einem deutschen Botschaftsangestellten gehört, der zudem noch berichtete, dass er seine Wohnung nur mit Personenschutz und nur zur Fahrt in die Botschaft und zuürck verlassen dürfe. Auch wenn er sicherlich eine feine Villa mit Pool hat, sind das keine beneidenswerten Arbeitsbedingungen.

19.6.:

Jugendliche haben in Timbuktu die malische Fahne gehisst, ein Foto davon gemacht und ins Netz gesetzt – nun geht das durch alle Medien und der Jubel ist groß. »Wir können stolz auf unsere Jugend sein« – sagen die Alten, die den Schlamassel angerichtet haben.

Gleichzeitig gibt es schon weitere Videos von Auspeitschungen und in den Gefängnissen von Timbuktu, Gao und Kidal sollen bis zu 30 Verdächtige sitzen, denen demnächst – im Namen Gottes – die Hände abgehackt werden sollen. In den Berichten darüber wird das immer öfter »amputieren« genannt, was ich eine sträfliche Verharmlosung finde: Amputieren ist eine unumgängliche lebensrettende Maßnahme – Abhacken reiner Terror, irreversible Verstümmelung.

28.6.:

Auf der Straße in München ist alles voller Polizei – tausende Leute gucken Fußball, alle Kneipen voll mit TV-Schirmen, nun haben die Deutschen verloren und jetzt ist der Teufel los, Sirenen, Tröten, der reine Irrsinn. Aber wahrscheinlich immer noch besser als in Mali, auch wenn es dort ruhig zu sein scheint.

Neueste Nachricht aus Timbuktu: Die letzten MNLA-Leute haben Timbuktu verlassen oder wurden vertrieben, das heißt der von ihnen ausgerufene Staat ist nun komplett in den Händen der sogenannten Islamisten (sogenannt, weil das alles mit der gleichnamigen Religion herzlich wenig zu tun hat). Sie dienten allein als Türöffner. Festzuhalten bleibt, dass dieser Türöffner ohne das internationale Wohlwollen westlicher, zum Teil intellektueller Kreise nicht funktioniert hätte. So trug das selbstgefällige Ergötzen an den »Indianern der Wüste« dazu bei, blind gegenüber dem von ihnen in die Wege geleiteten Rückfall in die Steinzeit zu werden.

30.6.:

Ohnmächtig in Deutschland zuzusehen, wie es in Mali den Bach runter geht, treibt mich zu folgendem Verzweiflungsakt – der auch von dem überraschenden Ausgang der Volksabstimmung über den Münchener Flughafen stimuliert wurde – und den ich (auf französisch) über malijct.com, die Informations- und Diskussionswebseite in Mali, verbreiten möchte:

»Die Demokratie – was ist das?
Um uns zu Beginn vorzustellen: Wir sind Malier und Deutsche und für uns sind diese beiden Länder gleich, das soll heißen, wir betrachten sie unter denselben Kriterien. Wir haben verschiedene Traditionen, aber heute ist die Welt eine geworden: Wir haben die gleichen Bedingungen, die gleichen Möglichkeiten, die gleichen Kapazitäten. Mali ist ein reiches Land, reich an Intelligenz und Geld – es gibt unermesslich viel Geld in Mali, aber die Reichen behalten es für sich, zahlen keine Steuern und deponieren ihr Geld auf ausländischem Banken.

Das soll heißen: Mali kann seine Angelegenheiten selbst regeln.

Jedermann redet heute in Mali über die Demokratie. »Die politische Klasse« (wer ist das?), das Militär, die CEDEAO, alle agieren sie im Namen der Demokratie, aber: Mit welchem Recht regieren sie dieses Land ?

Das Wort Demokratie stammt aus dem Altgriechischen:
»Demos« = Volk, Bevölkerung
»kratein« = regieren

Das heißt:
Demokratie bedeutet, dass die Macht in den Händen des Volkes liegt, die Politiker sind die Angestellten der Bevölkerung, ihre Arbeit ist die Realisierung des Willens der Bevölkerung.

Das Volk erteilt die Aufträge – die Politiker müssen sie realisieren.

So habe ich den Begriff »Demokratie« in der Schule gelernt, und danach kritisiere ich die Politiker in Deutschland oder Mali, wenn sie versuchen, dieses Gesetz zu missachten.

Zwei Beispiele für Demokratie in Deutschland:

1. Die Regierung des Bundeslandes Baden-Württemberg hat den Plan, einen unterirdischen Bahnhof zu bauen, der 40 Milliarden Euro

kosten, die Innenstadt Stuttgarts zerstören und zudem massive Umweltschäden anrichten würde. Ein großer Teil der Bevölkerung protestierte und bei der nächten Wahl gewann die Partei der Grünen, die gegen den Bau war. Aber der neue Ministerpräsident ist ein wahrer Demokrat: Er organisierte eine Volksabstimmung.

Das Resultat? 52 % ja – 48 % nein.

Obwohl der Ministerpräsident gewählt wurde, um den Bau zu verhindern, ist er nun gezwungen, ihn zu realisieren, weil die Mehrheit der Bevölkerung ihn will. Ein Sieg der Bevölkerung: Es ist das Volk, das seinen Willen den Politikern diktiert, nicht umgekehrt.

Dabei ist nicht die Frage, ob es richtig oder falsch ist: Es ist der Wille des Volkes.

2. Die Regierung von Bayern (wo der in Mali sehr bekannte Fußballverein »Bayern München« herkommt) will den Flughafen um eine dritte Landebahn vergrößern, um die Wirtschaft des Bundeslandes zu fördern, aber das würde viel Lärm verursachen und ebenfalls die Umwelt weiter verseuchen. Es gab viele Diskussionen, bis man die Bevölkerung entscheiden ließ und ebenfalls eine Volksabstimmung machte. Die Regierung machte eine unglaublich große Kampagne, an jeder Straße sah man alle paar hundert Meter Schilder: »Stimmen Sie für die dritte Piste« etc..

Und das Resultat?

Nein.

52 % nein – 48 % ja.

Eine Katastrophe für die Regierung – ein Sieg der Bevölkerung. Die Bevölkerung bestimmt die Politik und nicht die Politik die Bevölkerung. Man feierte, grillte und tanzte an der Isar.

Dabei ist nicht die Frage, ob es richtig oder falsch ist: Es ist der Wille des Volkes.

Und Mali?

Im Moment herrscht ein großes Durcheinander. Jeder hat andere Vorstellungen. Der Premierminister ist von der CEDEAO installiert – die wahre Macht sitzt in Kati und trägt grüne Barrets. Die »politische Klasse« (wer ist das?) verlangt auch Macht – die Bevölkerung hat niemanden von ihnen legitimiert.

Mein Vorschlag:

Da man im Moment im Norden nicht wählen kann, sollte die Übergangsregierung unter der Kontrolle der internationalen Öffentlichkeit ein Referendum mit folgenden Fragen veranstalten:

- Man wählt vorläufig nur im Süden (wo sowieso die Mehrheit der Bevölkerung sitzt) einen neuen Präsidenten – nach der Rückeroberung des Nordens gibt es neue Wahlen: ja oder nein?
- Soll man den Krieg gegen die derzeitigen Machthaber im Norden ohne vorherige Verhandlungen führen: ja oder nein?
- Wenn man sich für einen Krieg gegen den Norden entscheidet: Mit ausländischer Hilfe oder nicht? Und wenn ja:
  - Hilfe nur der Mitglieder der CEDEAO: ja oder nein?
  - Hilfe auch der Mitglieder der NATO: ja oder nein?

Es ist die malische Bevölkerung, die ja oder nein zu solchen Entscheidungen sagen muss – nicht der Premierminister, nicht die »politische Klasse«, nicht die CEDEAO.

Es ist die malische Bevölkerung, die ihre Bedürfnisse kennt –

nicht der Premierminister, nicht die »politische Klasse«, nicht die CEDEAO.

Es ist die malische Bevölkerung, die die Konsequenzen dieser Entscheidungen zu tragen hat –

nicht der Premierminister, nicht die »politische Klasse«, nicht die CEDEAO.

Es lebe die Demokratie!

Christof Wackernagel, genannt Madou Diarra – Bamako/Munich
mit: Djeneba Touré«

1.7.:

Für mich – einmal mehr – überraschend ist die Reaktion der Menschen auf meinen Vorschlag, die, selbst aus demokratischen Ländern kommend, sich als Demokraten verstehen. Aber all diese Kriterien gelten nicht mehr, wenn es um Afrika geht. Auch hier können die Zitierten nicht genannt werden, weil sie noch in Mali arbeiten und keine Probleme bekommen sollen.

1. Beispiel:

»Ich finde es verrückt, wenn Leute in Europa sagen, dass die ganze politische Klasse Malis korrupt war, und nun endlich mal das Volk das Sagen haben soll.

Wer ist das Volk? Sind es die Jungen? Sind es die ungebildeten Leute, weil es von ihnen mehr gibt?«

Das Volk sind die Wahlberechtigten, wer denn sonst? Gibt es in Deutschland oder sonst wo auf der Welt keine ungebildeten Leute? Wer ist, immer wieder gefragt, die »politische Klasse«? Und wenn nicht »die ganze politische Klasse Malis« korrupt war: Wer sind und wo finden sich die nicht korrupten Mitglieder dieser ominösen Klasse? Woher nehmen sie die Legitimation, das Land regieren zu können und zu dürfen? Womit ist bewiesen, dass nur sie wissen, was für das Land das beste ist?

2. Beispiel:

»Ich bin überzeugt, dass sich Mali nicht allein aus dem Schlamassel helfen kann, mit Entsetzen stellen die Leute jetzt fest, wie wenig sie sich aufeinander verlassen können.«

Können sich die Leute bei uns mehr aufeinander verlassen und sind deswegen demokratiefähig? Ist diese »Überzeugung« vielleicht berufsbedingt, weil sie die eigene Anwesenheit und Hilfsfunktion legitimiert?

Ähnlich das 3. Beispiel:

»... offensichtlich muss man Mali helfen, das wie ein halbtoter Hund hilflos herumliegt.

Es rächt sich jetzt, dass die Malier sich immer mit allem arrangieren wollten, es keine richtige Opposition gab und das Bildungsniveau der Jungen erbärmlich tief ist.«

Die Kultur des Dialogs ist für den Schreiber offensichtlich »sich mit allem arrangieren wollen«, aber warum sich das rächt, ist nicht ersichtlich. Das wird man erst wissen, wenn es die Wahlen gegeben hat oder nicht.

Und das 4. Beispiel bringt auf den Punkt:

»Auf die ›Weisheit‹ des Volkes zu zählen, scheint mir in Malis Fall keine gute Sache«.

Aha!

Jetzt ist es raus.

In Europa kann man auf die Weisheit des Volkes zählen – in Mali nicht!

So kann ein Putsch Wahrheit ans Licht bringen: Das Volk, die Bevölkerung sind die allerletzten, die man abstimmen lassen darf. Vielleicht denken diese Leute genauso in Bezug auf ihre eigenen Länder – dort aber dürfen sie es nicht laut sagen.

Alle wollen angeblich die Demokratie – aber keiner will, dass über was auch immer abgestimmt wird, weil ihm das Ergebnis vorhersehbar nicht passen wird.

2.7.:

Das ist, einmal mehr, das neue Lebensgefühl seit dem Putsch: Man wartet auf den nächsten Termin, an dem sich dann endlich alles klären wird. Die Einsetzung des Interimspräsidenten, seine Rückkehr aus Frankreich, der Ablauf der 40 Tage Frist, das nächste Treffen der CEDEAO etc. etc. etc. – und immer, wenn es soweit ist, endet es wie das Hornberger Schießen und man wartet aufs Neue.

13.7.

Die Reaktion auf meinen Referendumsvorschlag zeigt mir vor allem, dass die in Mali engagierten Ausländer das, was das Besondere an Mali ist, was das Land von anderen Ländern unterscheidet, und woher dieses unerklärliche Vertrauen rührt, das jeder Besucher auf Anhieb verspürt, überhaupt nicht wahrnehmen und nicht zur Kenntnis nehmen wollen oder können.

Es ist die Kultur des Dialogs, die die malische Gesellschaft im Großen wie in Kleinen bestimmt, die reflexartige Reaktion auf jede auftretende Frage, jedes aufkommende Problem: Da müssen wir erst mal in Ruhe darüber reden. In den wenigsten Fällen die betroffenen Parteien: Ein Vermittler wird eingeschaltet, ob es Tante Aisha im Ehekonflikt ist oder der Präsident Burkina Fasos nach dem Putsch, der zwischen Junta und der westafrikanischen Union (CEDEAO) vermittelt.

Es ist eine Harmoniesucht, die für Europäer oft nur schwer nachvollziehbar ist und die eng an eine Kultur des Vergessens und Vergebens gekoppelt ist. Um des lieben Friedens willen wird der abgesetzte Diktator weder hingerichtet noch verurteilt, um des lieben Friedens willen wird der Dieb nicht bestraft, nachdem er und weil er gestanden hat und um des lieben Friedens willen wird über die Lüge nicht weiter gesprochen, nachdem sie ans Licht kam.

Die Zufälligkeit der Straße erleichtert die Kontaktaufnahme. In Europa muss man sich in den Wohnungen verabreden, das allein erzeugt eine völlig andere Struktur von Kommunikation. Wenn jeder jeden jederzeit besuchen kann, auch wenn es nicht passt, kann es zu einem Fünf-Minuten-Treffen kommen, das vielleicht sogar selbst neue Inspiration gibt, aber selbst wenn nicht, jedenfalls nicht schadet, sondern viele Eisen im Feuer hält. Nicht technisch, sondern live. Das erleichtert natürlich eine Kultur des Dialogs.

Was wir lernen können in und an Afrika, wenn wir hinguckten und es an uns ranließen:

Demut – und: Ich bin nicht so wichtig, alles ist relativ.

Ihren Ursprung hat die malische Kultur des Dialogs wohl im Charakter Malis als Vielvölkerstaat. Von den Tuareg bis zu den Bambara, von den Songhrai bis zu den Peul, von den Dogon bis zu den Bozo: Jede Ethnie für sich ureigenst und verschieden – entweder man schlägt sich gegenseitig tot, wie es in vielen Gegenden der Welt inklusive Afrikas meist der Fall ist, sobald politische Machtstrukturen zusammenbrechen, oder man findet eine Form des Zusammenlebens und der Toleranz.

Ein Merkmal ist vor allem die Verwandlung der Aggression in Ironie: »Wie? Du bist Peul? Das ist ja das Letzte!«, lachend und mit ausgestreckter Hand gesagt, drückt genau das Gegenteil des Gesagten aus.

An meinem malischen Namen habe ich diese Haltung, wie bereits beschrieben, sozusagen am eigenen Leib kennengelernt. Die Diarras sind allgemein Gegenstand des wohlwollenden und sympathischen Spottes in immer neuen Varianten: »Wie kommen Sie dazu, diesem Mann ein Brot zu verkaufen«, sagte ein neben mir stehender Kunde zur Bäckerin und deutete auf mich, »das ist ein Diarra! Der kommt aus dem Urwald, der weiß gar nicht, wie man ein Brot isst!«, allgemeines Gelächter im Laden, eine Situation, die vielleicht sogar der Beginn einer Freundschaft werden kann.

Mein Freund Souleyman Goro, der Dogon, Professor an der Kunstakademie, sitzt in meinem Wohnzimmer und malt an einem gemeinsamen Bild, Abdul Karim Yattara, der Targi, arbeitet mit seinem Sohn an meinem Tisch, den er mit Leder überzieht, in das Tuareg-Zeichen gehämmert werden. Die beiden sprechen Tamaschek, die Sprache der Tuareg.

»Hier wird kein Chinesisch gesprochen«, bemerkt Goro schließlich, alle lachen und die beiden sprechen auf Bamanankan weiter, der Sprache der Bambara, auf die man sich in Mali als Verkehrssprache geeinigt hat.

14.7.:

An den in Europa, vor allem in linken Kreisen, herumgeisternden Verschwörungstheorien entlarvt sich der Rassismus derer, die hinter der Entwicklung in Mali zum Beispiel eine ganz raffinierte und von dunklen Hintermännern gesteuerte Strategie der Amerikaner lauern sehen: Als ob es nicht auch in Mali Menschen gäbe, die Interessen haben und vielleicht umgekehrt die Amerikaner benutzen oder zu benutzen versuchen. Diese Kräfte werden schlichtweg ignoriert. Weil man sie nicht für voll nimmt. Das wird sich rächen.

19.7. :

Keiner weiß, wie groß in Mali der Mittelstand ist. Nicht nur in Mali, in ganz Afrika ist der Mittelstand die neue Kraft, die Afrika verändert. Es gibt bereits Bücher darüber, auch der »Spiegel« oder der »Stern« haben diese Entwicklung entdeckt, die unser Bild von Afrika verändert: Junge Leute, die mit viel Phantasie und Gründermut kleine Unternehmen anstoßen, teilweise im Elektronikbereich, und damit solide Geschäfte machen. Die Geld haben, mit dem sie in Bars gehen können und in Supermärkten einkaufen, die dadurch ebenfalls expandieren. Keiner weiß, wie viel Geld zusammengenommen in diesen Kreisen rundläuft. Geld, das in Mali bleibt und Initiativen, die Mali entwickeln.

Vielleicht ist der militärische Mittelstand, repräsentiert von Capitaine Sanogo, der gegen die 40 von ATT eingesetzten Generäle aufsteht, tatsächlich Ausdruck oder Sprachrohr dieser im letzten Jahrzehnt explosiv expandierenden Schicht und deshalb ernst zu nehmen. Vielleicht wollen diese Leute, die in Wahrheit das Land weiterbringen und wahrscheinlich relativ mehr Steuern zahlen als die Superreichen, die nur unterschlagen und alles ins Ausland abfließen lassen, jetzt auch ihren Anteil an der Macht.

26.7.:

Im ICE von Basel nach Berlin setzt sich ein Afrikaner auf den reservierten Platz neben mich. Als erstes zückt er sein Smartphone und ruft die »malijet.com«-Seite auf. Wir kommen ins Gespräch. Er ist tatsächlich Malier, lebt seit 15 Jahren in Deutschland und arbeitet als Informatiker. Er ist nicht für oder gegen den Putsch, sondern sagt:

»Man muss die Gründe von Sanogo kennen und verstehen, um die Situation beurteilen zu können, das heißt nicht, dass man sie befürwortet.

Mein Bruder war Militär in Gao: Seine Garnison wurde angegriffen, Soldaten getötet, aber er durfte nicht zurückschießen. Er war gezwungen, auf Befehl von oberster Stelle, zuzusehen wie seine Kameraden umgebracht werden.«

Zum Zeitpunkt des Putsches sei Toundennin bereits »gefallen«, wie er sagte, Gao, Timbuktu, Kidal wären auch noch verloren gewesen vor den Wahlen.

Mir wird dadurch vor allem klar, dass man die Frage des Putsches als innerstaatliches Problem und die Frage der Agression durch MNLA und Salafisten als äußeren Angriff voneinander trennen muss.

»Sanogo hat sich verschätzt: Er dachte, man muss nur die Waffen nehmen und zurückschlagen, fand aber dann nur leere Magazine.«

Die »classe politique« sei das Hauptproblem. Mein neuer Freund Oumar, mit dem die lange Zugfahrt kurzweilig wird und der bei allen anderen Fragen stets um Objektivität und Verständnis für die jeweils andere Seite bemüht ist, sagt dazu nur: »Am liebsten weg damit, alle miteinander!«

Dass es so nicht weitergehe, sei ebenso klar gewesen, wie dass es nur eine Frage der Zeit sei, bis Mali wieder zu sich selbst gefunden habe.

Das Diktat der CEDEAO habe Nationalismus erzeugt, den es vorher in Mali nicht gegeben habe. Das Gefühl der Fremdbestimmung erzeuge Widerstand, selbst wenn die Maßnahme an sich richtig sei, man wolle sie sich nicht vorschreiben lassen.

Meine Idee eines Referendums, in dem die Bevölkerung vorläufige partielle Wahlen im Süden abhalte, damit wenigstens eine legitimierte Regierung an die Macht käme, weist er kategorisch zurück: Das legitimiere

Azawad! Die Teilung des Landes könne nie und nimmer hingenommen werden: »Mein bester Freund ist ein Targi«, ruft er fast beschwörend, »wir können es beide gleichermaßen nicht hinnehmen, dass unser gemeinsames Land geteilt wird!«

Die Demokratie in Mali habe auf schwachen Füßen gestanden, weil ATT die erste Wahl nicht gewonnen habe, sondern knapp der Politiker Ibrahim Boubacar Keita (IBK), mit dem hinter den Kulissen vereinbart worden sei, dass er für dieses Mal ATT den Vortritt lasse, dafür das nächste Mal dran käme. Ich hatte das auch schon oft gehört. »Ich gehörte der Wahlkommission in Berlin an: Was bei uns 50 Prozent waren, kam in Bamako als 100 Prozent an«, führt Oumar als Beweis an. Die nächste Wahl hatte ATT aber derart haushoch und demokratisch legitimiert gewonnen, dass von der alten Verabredung keine Rede mehr war. Zudem war sie unter der Vermittlung und Zeugenschaft des damaligen gambischen Präsidenten zustande gekommen, der zum Zeitpunkt der zweiten Wahl nicht mehr lebte.

Sanogo sei nicht der Initiator des Putsches. All die niederen Ränge hätten ihn beauftragt.

Wenn es keinen Putsch gegeben hätte, wäre eine Volkserhebung gekommen – der herrschenden Klasse ist ein Putsch natürlich immer noch lieber.

»Wir sind eine junge Demokratie«, sagt Oumar, »wir haben noch keine Erfahrung damit, man darf die Leute nicht kritisieren, wenn sie damit noch nicht richtig umgehen können.«

Oumar Mariko habe bereits gigantisch profitiert. Bei einer Wahl jetzt würde er der zweite hinter IBK. Die anderen Politiker hassten ihn, könnten ihn aber gut gebrauchen, weil er die Massen mobilisiere, die sie dann für sich funktionalisieren können.

29.7.:

Der Interimspräsident Diacounda Traoré ist zurückgekehrt – Friede Freude Eierkuchen auf allen Kanälen. Die CEDEAO hat seine Sicherheit garantiert, wahrscheinlich gibt es Absprachen hinter den Kulissen mit den Putschisten. In seiner ersten Erklärung am Flughafen verzeiht er seinen Angreifern.

Der Premierminister Modibo Diarra hatte in der Zeit der Abwesenheit Traorés immer mehr Macht an sich gerissen und diese offenbar auch zu seinem vor allem finanziellen Vorteil ausgenutzt und steht deshalb unter schwerem Beschuss der Medien. Aber er weigert sich, zurückzutreten, im Gegenteil, er kündigt seine Kandidatur zur Präsidentschaftswahl an.

Inzwischen scheint sich die öffentliche Meinung zumindest dahingehend geändert zu haben, dass westafrikanische Militärs zur Unterstützung im Krieg gegen die Nordisten willkommen sind.

Sanogo wird seit Neuestem in dem Medien als »Ex-Putschist« bezeichnet, der aber ständig präsent ist, ohne etwas von sich zu geben. Heute unterzeichnet er seinen Rücktritt – von was wird nicht gesagt, denn eigentlich war er ja schon lange nichts mehr.

Das ist die malische Variante einer »Putschdemokratie«: Die Putschisten entführen einen ATT-treuen Politiker und einen ATT-treuen religiösen Führer und alle Zeitungen regen sich darüber auf, die beiden werden wieder freigelassen. Konsequenzen für die Entführer hat das nicht. Sanogo-Leute verprügeln zwei Journalisten, einer davon der Chefredakteur des »independant«, und diese geben hinterher, mit Fotos der bandagierten Verletzten illustriert, Interviews, sind auf allen Kanälen der Privatsender zu hören und klagen die Putschisten massiv an. Rechtsfreier Raum, gewalttätige Willkür – aber freie Presse: Die Vorgänge in Mali lassen sich beim besten Willen nicht in welches Schema auch immer pressen.

31.7.:

Der Chef des Hohen Rats der Muslime, der Imam Mahmoud Dicko, ist nach Gao gefahren, um mit den dortigen muslimischen Machthabern zu reden, die nach ihrer Auslegung der Scharia bereits zahllose Hände und teils auch Füße abgehackt haben und Frauen ausgepeitscht und bereits einmal gesteinigt: Schließlich seien es Glaubensbrüder, auch wenn sie noch so abweichende Vorstellungen vom wahren Islam hätten. Man dürfe sich nicht bekriegen, schon gar nicht unter Vertretern des gleichen Glaubens, sondern man müsse miteinander reden. Was ja im Prinzip richtig ist und wieder mal typisch Mali – aber was wollen die Herren reden, wenn die Salafisten im Norden ganz klar gesagt haben: »Die Einheit Malis ist kein Problem, das Gebilde Azawad kann wieder aufgelöst werden – aber nur unter der Bedingung, dass in ganz Mali die Scharia eingeführt wird.« Wie soll die Kultur des Dialogs funktionieren, wenn eine Seite nicht reden will? Was bleibt dann von Dickos Beteuerungen, Mali sei und bleibe tolerant gegenüber den Religionen? Auch seine Erklärung, Mali wolle und werde keine Gefahr für seine Nachbarn sein, bedeutet wohl, dass er die Drohung der Salafisten ernst nimmt, sobald Mali in ihrer Hand sei, auch die anderen westafrikanischen Länder unter ihre Kontrolle zu bringen. Da klingt die Versicherung, bald werde man in ganz Mali einen neuen Präsidenten wählen und unter ihm wieder in Frieden zusammenleben, eher wie Pfeifen im Walde.

»Mali ist eins und unteilbar!« – das zu betonen, ist inzwischen unverzichtbare Bedingung für jede öffentliche Äußerung, egal ob von politischer, religiöser oder künstlerischer Seite – auch zum Beispiel die Musiker singen vorrangig von der Einheit: »Mali ist eins und unteilbar!«, steht vor und über allem anderen und ich werde den Eindruck nicht los, dass es umso lauter proklamiert wird, je unsicherer es ist.

Und wie immer, wenn es wirklich ernst wird, gehen die Frauen auf die Straße: Diesmal die Mütter und Frauen der »Rotmützen«, also der ATT-Treuen im Gegensatz zu den »Grünmützen«, den Sanogo-Treuen, die die Rotmützen verschleppen, foltern und verschwinden lassen.

Die Demos der Frauen waren der Anfang vom Ende ATTs.

4.8.:

Ich telefoniere mit meinem Freund, dem Taxifahrer Sacko, der mich vom Flughafen abholen wird. Auf die Frage, wie es läuft in Mali, antwortet er kurz und bündig:

»Alles o.k. in Mali, der Präsident ist wieder da, der Krieg wird vorbereitet.«

5. August bis 2. September, Mali

5.8.:
Am Flughafen diesmal weder grüne Barrets, noch rote, sondern blaue. Ansonsten wie immer die lockerste Grenzkontrolle, die ich je erlebt habe. Wüsste man nicht, dass dieses Land politisch auf dem Kopf steht, könnte man fast auf die Idee kommen, in einem Schlafmützenparadies gelandet zu sein.

Die Straßen sind rappelvoll.

Sacko meint: »Alles ist gut, der Präsident wieder da, er hat seinen Angreifern verziehen, das Kabinett wird nicht neu zusammengestellt, sondern es kommen neue Mitglieder hinzu und die werden auf Herz und Nieren geprüft, ob sie sich schon mal der Korruption schuldig gemacht haben. Wer einmal was in die eigene Tasche gesteckt hat oder vom Staat geklaut, kriegt keinen Posten.«

Ich: »Gibt es in Mali Politiker, die noch nie etwas in die eigene Tasche gesteckt haben?«

»Nein«, antwortet Sacko, völlig selbstverständlich. Diese Frage scheint so überflüssig, dass es genauso überflüssig erscheint, den Widerspruch zu diskutieren.

Offenbar sollen also die einflussreichen Kritiker der Übergangsregierung dadurch kaltgestellt werden, dass sie Posten bekommen und das ganze nennt sich dann »Regierung der nationalen Einheit«.

Das Verprügeln des Chefredakteurs des »independant« hatte laut Sacko folgenden Hintergrund:

Er ging nach Kati, in die Kaserne, und erklärte Sanogo, das ATT ihm pro Monat 10 Millionen Francs CFA gezahlt habe, damit er gut über ihn schreibe. Wieviel Sanogo zu zahlen bereit sei, er gebe sich auch mit nur 5 Millionen zufrieden. Sanogo habe abgelehnt, er habe kein Geld und wenn er welches hätte, würde er es dem Militär geben, um den Norden zurückzuerobern.

Darauf hin habe er seine – wie Sacko findet – »verdiente Abreibung« bekommen, damit er ein für alle Mal lerne, dass die alten Zeiten in Mali vorbei seien. Sacko steht also offenbar nach wie vor ungebrochen zu Sanogo. Dass er wahrscheinlich Millionen, vielleicht sogar Milliarden Francs CFA allein durch die Freilassung der hohen Politiker, wie Modibo Sidibe, eingestrichen hat, weist Sacko kategorisch zurück. Dass Sanogos Frau nun, wie einst ATTs Frau Lobo, auch Businessclass reisend in Paris und Amsterdam shoppen geht, dementiert Sacko nicht, noch bestätigt er es, sondern er grinst nur vielsagend.

Ein Beweis für die auch heute noch gültige Legitimation und die angeblich positiven Auswirkungen den Putsches sieht er darin, dass das Saatgut billiger wurde, die Krisengebiete, zum Beispiel bei Mopti, Saatgut sogar umsonst bekommen.

Ich halte Letzteres für eine Propagandalüge, aber es ist egal, ob es stimmt oder nicht: Die Geschichte funktioniert als Geschichte! Hauptsache, sie funktioniert – und so, wie Sacko sie fast triumphierend erzählte, hat sie bei ihm funktioniert. Und wenn sie zudem noch wahr sein sollte, funktioniert sie bei noch vielen mehr.

Das ist Sackos Kommentar zur Lage der Nation: »Mehr wollen wir doch gar nicht.«

6.8.:

Wir müssen einen neuen Drucker für Madous Fotoatelier kaufen. Es gibt ein Modell, das ich in Deutschland übers Internet für die Hälfte des Preises bekommen hätte, aber auf Lager und direkt mitnehmbar. Von ökonomischer Krise kann keine Rede sein.

Als wir gehen, spricht mich der Verkäufer auf meine Kopfbedeckung an, eine aus dem Dogonland stammende Mütze mit Zotteln daran, die man schütteln kann, um Mücken zu vertreiben. Madou erzählte, dass der Bürgermeister seines Dorfes, der »dugutigi«, solch eine Mütze immer getragen habe, wenn etwas Wichtiges zu verkünden gewesen sei – sie strahle Autorität aus. Seitdem trage ich sie immer, wenn ich zu Behörden muss und habe das Gefühl, schneller als gewohnt zu meinem Ziel zu kommen – die Wirkung der Mütze funktioniert auch bei mir.

Und so lasse ich meinen oft erfolgreich getesteten Standardspruch ab: Ich sei der »dugutigi von Banconi Razel«, alle hörten auf mein Wort. Da wie bestellt alle, auch die anderen Kunden im Laden, lachen und mich beglückwünschen, setze ich noch eins drauf: »Mein Haus liegt höher als

Koulouba,« – der Präsidentenpalast – »der Präsident amtiert unter mir«, prahle ich weiter, »auf den schaue ich nur von oben herab: Yoro akafsa President!« (Wörtlich: Mein Platz ist besser als der des Präsidenten).

Da hebt der Verkäufer lachend den Zeigefinger und mahnt mich: »Pass auf, dass Sanogo nicht böse wird, dann nimmt er Dir Dein Haus weg!«

»Kein Problem«, erwidere ich, »Sanogo ist mein Freund, ich bin sein Berater – er tut nichts, ohne mich vorher zu fragen!«

Nun ist die Stimmung im Laden auf dem Höhepunkt, alle kringeln sich vor Lachen und wir ziehen wie die großen Helden ab.

Draußen sagt Madou kopfschüttelnd, bitter lachend: »Ist Dir aufgefallen, dass er nicht von Diacounda sprach?«

Ich verstehe nicht, was er sagen will.

»Er sprach von Sanogo«, erklärt Madou, »als ob Sanogo Präsident wäre – nicht Diacounda.« Deutlicher hätte sich die Stimme des Volkes nicht vernehmen lassen können. Diacounda ist Sanogos Marionette.

Dann lobt Madou mich für mein Spiel: »Man muss ja aufpassen, was man sagt heutzutage«, meint er. Zu viele seien für Sanogo.

In einer normalen Militärdiktatur wäre selbst das Spiel gefährlich gewesen, nicht in Mali: Selbst wenn die Verkäufer Proputschisten gewesen sein sollten, stünde diese Art von Humor darüber, denn Humor ist hier der höherstehende Wert.

Sanogo hat das letzte Wort, steht immer noch de facto über dem Präsidenten, er hat wohl auch in gewissen Grundsatzfragen einen Großteil der Bevölkerung hinter sich, selbst wenn die Basis davon größtenteils Projektion ist, Erwartung. Aber er hat nicht »die Leute«, er hat nicht ihre »Herzen«, wie man bei uns sagen würde. Er befriedigt Rachegelüste der unteren Klassen, aber auch zurückgesetzter Teile der oberen Klassen, die zwar offiziell den Putsch ablehnen, sich aber mehr oder weniger insgeheim davon eine Chance versprechen, selbst an die Macht oder die entscheidenden Hebel zu kommen.

Madou sagt, die aktuellen Machthaber wollen den Übergang möglichst lange rauszögern, um die Macht nicht abgeben zu müssen.

Es ist Fastenzeit – die hier nicht Ramadan, sondern Karem heißt – und Regenzeit, beides normalerweise Gründe für ein reduziertes gesellschaftliches Leben. Diesmal nichts davon zu merken. Prallvolle Straßen, Geschäfte und Märkte.

7.8.:

Wenn von dem Vorsitzenden des Hohen Rats des Islam in Mali, Imam Mahmoud Dicko, die Rede ist, wird Madou in einer Weise emotional, die ich an ihm gar nicht kenne, geradezu hasserfüllt: »Dicko benutzt seine religiöse Macht nur, um politische zu bekommen!«, schimpft Madou. »Er möchte gerne Vizepräsident werden, das ist alles!« Was ihn genauso zur Weißglut treibt: »Wieso verhandelt der Mann mit Händeabhackern und Vergewaltigern? Das geht doch nicht! Damit bestätigt er sie doch!« Ich bin hin und hergerissen: Der Versuch, zu verhandeln, ist natürlich ehrenwert und Teil der malischen Kultur des Dialogs, aber je länger verhandelt wird, desto mehr Tote gibt es, desto mehr Hände werden abgehackt, desto mehr Frauen werden ausgepeitscht – wie lange soll man noch warten? Und es gibt immer mehr verifizierte Berichte, dass gerade diese oberfrommen Verbrecher, für die Alkohol und außerehelicher Sex der Inbegriff der Sünde sind, in Gruppen und mit Wiskeyfahne Frauen vergewaltigen.

Aber auch der Außenminister von Burkina Faso, der Beauftragte des Vermittlers Blaise Compaoré, ist heute in Gao und verhandelt mit eben diesen Leuten. Und dass die Uhr im Moment für sie tickt, steht auch außer Frage, sie konsolidieren ihr Terrain, bauen eine Verwaltung auf, installieren – hauptsächlich von Qatar finanzierte – Schulen und Krankenstationen und wenn das lange genug so geht, finden sie womöglich sogar Sympathien.

Die große Frage bei allen Diskussionen auf der Straße und in den Teerunden ist: Wie sieht das neue Kabinett aus? Fliegt Modibo Diarra oder nicht? Die FDR, der Zusammenschluss der Putschgegner, also der derzeit ausgeschlossenen Parteien, will ihn weghaben. Er habe aber großen Rückhalt in der Bevölkerung, sagt man. Er vor allem ist es, der versucht, den Verandlungsprozess möglichst lange rauszuzögern, um länger an der Macht zu bleiben. Sein Motto: Krieg erst, wenn die Verhandlungen gescheitert sind. Was einmal mehr die zwei Seiten der Kultur des Dialogs zeigt: Theoretisch richtig, gibt sie praktisch der falschen Seite Spielraum.

Einmal mehr wird deutlich, dass die Kultur des Dialogs, wie ehrenwert sie auch sein mag, nicht automatisch die Lösung aller Probleme ist. Und es wird weiterhin deutlich, dass Malis innerstaatliche Probleme, wie der Putsch, von den von außen hineingetragenen, wie dem Salafistenüberfall, getrennt werden müssen. Innerstaatlich funktioniert die Kultur des Dialogs – fanatische, schwerbewaffnete Angreifer lassen jedoch nicht mit sich reden.

Madou erinnert daran, dass ATT angeblich deswegen vertrieben wurde, weil er zuviel, zu lange, zu unklar verhandelte – nun machen seine Vertreiber dasselbe! Madou tippt sich an die Stirn: »So was Verlogenes! Wieso merkt das denn keiner?«

Mariam Kiré, ehemalige Sekretärin bei dem Oppositionssender Radio Kayira, bis auch sie sich mit Oumar Mariko zerstritt, Muslimin, die das Fastengesetz einhält, aber eine politisch bewusste, kritische Frau, sagt eindeutig: »Der Krieg ist unausweichlich. Die Verhandlungen sind reine Formsache. Wir akzeptieren keine Scharia. Mali war schon immer ein laizistisches Land.«

Ich schlafe in meinem Haus immer auf dem Dach, nur wenn es regnet, schiebe ich mein fahrbares Bett in mein Zimmer. Leider wurde neben uns eine neue Moschee gebaut, deren Lautsprecher nun absolut nicht mehr zu überhören sind. Das normale, fünf Mal am Tag trompetete »Allah u akbar« (Gott ist groß) ist kein Problem, ich habe mich schon so daran gewöhnt, dass ich es morgens um vier und um fünf gar nicht mehr höre, den Rest des Tages sogar dankbar dafür bin, auf diese Weise mitgeteilt zu bekommen, wie weit der Tag schon fortgeschritten ist, um 14 Uhr weiß, dass die Mittagsruhe vorbei ist, um 16 Uhr daran erinnert werde, dass jetzt noch eine letzte Runde zu tun bleibt, um 19 Uhr weiß: Jetzt ist Feierabend. Der Prediger dieser Moschee hat aber die schlechte Angewohnheit, seine anschließende Predigt auch über die Lautsprecher zu verbreiten – und dann wird es richtig unangenehm. Sowas habe ich in den letzten neun Jahren noch nie erlebt. Es ist unmöglich, sich während seines teilweise aggressiv wirkenden Sermons zu konzentrieren und zu arbeiten. Ist das nur eine besondere Sekte die sich das eben herausnimmt – fast jede Moschee gehört einer anderen Glaubensrichtung an, manche, die neben einer Moschee wohnen, gehen weit weg in eine andere, die ihrer Version des Islam entspricht – oder ist das ein Zeichen der neuen Zeit, in der der Islam die Gesellschaft dominiert, was vorher nicht der Fall war? Ich rede mit einigen Nachbarn, die das wohl auch nicht gut finden – es sagt aber keiner was oder sie stimmen mir nur aus Höflichkeit zu. Jetzt, während des Ramadan, der hier Karem heißt, fühlt sich der »Schwatzkopf«, wie Madou ihn nennt, berechtigt, teilweise erst um 22 Uhr mit seiner Litanei anzufangen und sie dann stundenlang auf Höchstlautstärke über die Häuser dröhnen zu lassen. Ich frage mich, ob die hiesigen Muslime nun beweisen wollen, dass sie die besseren, die wahren Muslime sind, im Gegensatz zu den Islamisten im Norden. Auf mich wirkt das wie ein Versuch der Gleichschaltung, der Ausrichtung, Formierung.

Immer, nachdem er etwas Bedeutendes verkündet hat, ruft er Bestätigung heischend: Ha!?! Und lauscht dann selbstverliebt dem von dem gegenüberliegenden Steinbruch zurückhallenden Echo nach. Es ist inzwischen ein Uhr nachts, ich liege im Bett und kann nicht schlafen, phantasiere wildeste Racheaktionen von Strom durchschneiden, über Stinkbomben bis zu noch lauterer Musik, die ich über meinen Gitarrenverstärker dröhen lassen möchte, was ich mich aber natürlich nicht traue. Dauernd redet er von Geld, ständig nennt er kleine und mittlere Geldbeträge. Zwischendrin immer Absätze, in denen er zur Geduld aufruft. Erst gegen drei hört er auf.

8.8.:

Madou sagt, gestern sei ein besonderer Feiertag der Muslime im Rahmen des Karem gewesen, er habe es unten in seinem Zimmer auch gehört, aber dagegen könne man nichts machen. Er meint, in letzter Zeit hätten die Moscheen Zulauf bekommen, die Leute achteten vor allem darauf, gesehen zu werden, wenn sie beten. Auch ließen sich immer mehr Männer die frommen Kinnbärte wachsen.

Die CEDEAO wäre bereit, Militär zu schicken, Frankreich wäre bereit, sich zu beteiligen – wenn Mali darum bäte, einen offiziellen Antrag auf Militärhilfe stellte. Aber Mali will verhandeln, will die Sache selbst geregelt bekommen und viele Malier wollen keine Ausländer im Land haben: »Wenn sie mal da sind, kann man sie nicht mehr kontrollieren.« Andere sagen, sie wollen sich nicht blamieren, wenn Soldaten aus anderen Ländern den desolaten Zustand der malischen Armee sehen, diesen Haufen Desperados, die nur beim Militär sind, um leichter an Mädchen ranzukommen. Oder um freie Hand zu haben, wie zum Beispiel unser Nachbar, der »Commandant P« – wie er auf seine schnell wechselnden Autos schreibt –, der nachts um zwei mit aus den Autolautsprechern dröhnenden Bässen in Begleitung von ein oder zwei anderen Autos seine Zweit- oder Drittwohnung neben unserem Haus ansteuert, dort bis zur Puppenhaftigkeit aufgebretzelte Mädchen aussteigen lässt und sich dann mit anderen Herren auf die Seite begibt, wo verschiedenes die Hände wechselt, wovon eines sicherlich Geld ist. Anschließend wird unterm Laternenmast geknutscht, daraufhin drei bis fünf Minuten in dem kleinen Häuschen verschwunden. Aber zur Polizei zu gehen und auf Drogenhandel und Prositution aufmerksam zu machen, ist wenig sinnvoll, beziehungsweise gefährlich: Der Mann ist bei der Armee, mit dem ist nicht zu spaßen. Auch der Vermieter wagt nicht, ihm zu kündigen, obwohl ihm die dauernde nächtliche Ruhestörung, die auch andere kritisieren, peinlich ist. Ich weiß nicht, ob Soldaten aus Burkina Faso oder dem Senegal anders sind, kann aber nachvollziehen, dass ein »P« nicht möchte, dass sie ihm auf die Finger sehen.

Und es ist immer noch so, wie seit Beginn des Putsches, dauernd wartet man auf irgendeine Entscheidung: Den nächsten CEDEAO-Gipfel, die nächste Kabinettssitzung, die nächste Rede des Präsidenten oder Premierministers, das Ergebnis der Reise des Vermittlers hier oder dort –

und jedes Mal, wenn das Ergebnis kommt, ist es keines.

Yattara kam vor vier Tagen aus Timbuktu zurück. Er hat seine kleine Schwester plus sechs Kinder aus der näheren Verwandtschaft mitgebracht: »Wenn es jetzt bald Krieg gibt, ist das nicht gut für die Kinder.« Als ich das letzte Mal nach Deutschland fuhr, hatte er seine Familie wiederum an die Grenze zu Guinea gebracht, weil die Ausschreitungen gegen Tuareg in Bamako zugenommen hatten. Aber im Vergleich zu Timbuktu, seiner Heimatstadt, ist es in Bamako immer noch besser. »In Timbuktu geht gar nichts mehr: Wenn Du eine Frau hast, ist sie nicht mehr Deine, weil sie kommen und sie holen, wenn Du ein Moped hast, kommen sie, fragen, wie viel es kostet und nehmen es ohne zu bezahlen, wenn Du ein Haus hast und es ihnen gefällt, kommen sie und sagen, du sollst Deine Sachen packen und verschwinden.« Er schüttelt den Kopf, sieht zum Himmel, hebt die Hände und zuckt mit den Achseln.

»Was sind das für Leute, woher kommen sie?«, frage ich.

»Das sind die Islamisten,« – er selbst bezeichnet sich als Moslem – »die kommen von überall her, von Marokko, Mauretanien, Libyen, bis zum Tschad, sie sagen, sie seien Malier, aber es sind keine, es sind Araber. Wenn sie einen Schwarzen töten, passiert nichts, wenn ein Schwarzer einen von ihnen tötet, wird er sofort hingerichtet. Der pure Rassismus.«

Madou sagt, er habe das alles auch im Radio gehört und sich gefragt, ob es wahr sei.

»Es ist wahr«, sagt Yattara, »bei Gott«, schwört er und hebt seine Hand, »es ist wahr.«

9.8.:

Malische Anarchie: Verkehrsregeln interessieren nicht und deren Übertretung die Polizei auch nur, wenn sie glaubt, vom Fahrer Geld abgreifen zu können. Wenn die Straße frei ist, fährt man auch schon mal auf der gegenüberliegenden Seite, um in eine Toreinfahrt zu kommen oder schnell etwas zu kaufen. Bin ich guter Laune, ist mir das egal – bin ich, wie heute, gereizt, bringt es mich zur Weißglut, wenn ein Autofahrer mir auf meiner Straßenseite entgegenkommt, obwohl ich gut sichtbar mit meinem Motorrad dort fahre. »Blödmann!«, schimpfe ich laut vor mich hin, »Vollidiot, Euch Maliern ist eben einfach nicht zu helfen, alles nur zum Kotzen.« Er scheint es verstanden zu haben, hebt, seine ganze Miene voller verzweifelt schlechten Gewissens, eine Hand, winkt und sieht mich derart rührend, schalkhaft verlegen lächelnd und um Entschudigung bittend an, dass ich sofort schmelze, selbst lachen muss, ihm abwinkend zunicke, all meine Wut verraucht ist und ich den Rest des Tages gute Laune habe.

Der jüngste CEDEAO-Gipfel signalisiert aufs Neue die Bereitschaft, Truppen zu entsenden, was Mali ablehnt oder verschiebt, weil erst verhandelt werden soll. Die Kultur des Dialogs scheint tatsächlich speziell malische Sache, selbst innerhalb Westafrikas einmalig. Dabei bleibt der Verhandlungsgegenstand nach wie vor nur: Scharia oder nicht Scharia – was um Himmels Herrgotts willen soll denn da diskutiert werden?

Die Grünbarettler treten im Alltag teilweise wirklich wie die neuen Herren auf. Ich warte gerade auf dem Moped vor Batomas Haus, da kommt ein Taxi und ein Soldat mit grünem Barett steigt aus und geht straks auf die Haustür zu, wohl um die Vermieterin, von Batoma nur »Sunguru ba« (= Nutte) genannt, zu gehen. Schon die Gangart erinnert an John Wayne, seine Blicke nach rechts und links signalisieren, dass er hier der Chef ist. Als er an mir vorbeikommt, bleibt er stehen und fragt mich streng, ob ich Diarra oder Coulibaly sei.

Stolz verkünde ich, dass ich selbstverständlich ein Diarra sei, was denn sonst, die Diarras seien das beste, was Mali zu bieten habe. Sofort hellt sich seine Miene auf, er reicht mir die Hand und heißt mich in Mali willkommen. Ich sage, dass ich schon lange hier lebe und meine Frau gerade ein Kind bekomme. »Dann bist Du ein echter Malier!«, bescheinigt er mir, klopft mir auf die Schulter und verabschiedet sich von mir mit den Worten: »Wenn Du irgendein Problem hast, wende Dich an mich.«

Heißt er vielleicht selbst Diarra oder sind die Grünbarettler vielleicht doch Vertreter nicht des Mittelstandes, sondern des Proletariats? Damit hatte ja auch Hitler Erfolg. Vorsicht bleibt angesagt.

Batoma ist inzwischen hochschwanger, das Kind kann täglich kommen. Ich will eine Wohnung mieten, in der es Leitungswasser gibt, was wir ja auch in meinem selbstgebauten Haus nicht haben. Das Kind soll in einigermaßen hygienische Verhältnisse hineingeboren werden. Batoma findet das überflüssig, hat noch nie in einem solchen Haus gelebt, das sei rausgeschmissenes Geld. Aber der Unterschied dazwischen, einen 20-Liter-Kanister drei Stockwerke hoch zu tragen und einfach den Wasserhahn aufzudrehen, ist doch evident. So fahren wir zum Platz der Wohnungsvermittler, einem unbebauten Grundstück am Rande der rue Nelson Mandela, wo mehrere Männer neben ihren Mopeds unter einem Mangobaum sitzen und auf Kundschaft warten.

Einer von ihnen führt uns zu einem neugebauten, dreistöckigen Haus ganz in der Nähe des meinen, dessen Bau ich in der letzten Zeit verfolgte und das für mich ein Beispiel dafür war, dass die Rede vom armen Land

Mali relativ ist: Es gibt leider einen sehr hohen Anteil bitterarmer Menschen, sicher die Mehrheit der Bevölkerung, aber es gibt auch sowohl unvorstellbaren Reichtum, der zum großen Teil in ausländische Banken abfließt, als auch eine breite Schicht von reichen Bürgern, die ihr Geld im Land investieren, wie man allein an dem auffallenden Bauboom sehen kann, der auch durch den Putsch in keiner Weise gebrochen wurde.

Die Wohnung ist hell, gut geschnitten, afrikanischen Koch- und Waschbedürfnissen angepasst, hat zwei Bäder und einen großen Balkon, auf dem man schlafen kann. Ich hatte bis jetzt nach den komfortablen Villen für Reiche und Weiße durch Batoma und Freunde wie Sacko nur normale Unterschichtswohnungen kennengelernt: Ein, bestenfalls zwei Zimmer in Häusern mit bis zu zwanzig Parteien, mit gemeinsamem Wasch- und Toilettenbereich und Wasserstelle im Hof. Solche Wohnungen kosten zwischen 7 000 Francs CFA, was dem Monatslohn einer Bonne entspricht, und 20 000, maximal 25 000 Francs CFA, was dem Monatslohn eines Lehrers entspricht. Diese Wohnung kostet 90 000, ist also für die Unterschicht unbezahlbar – für Reiche und Entwicklungshelfer zu popelig, nur etwa 140 Euro, und hat ja auch keinen Garten, keine Garage, keinen Pool, keine Klimaanlage.

Das ist also eine Wohnung der Mittelklasse, denke ich, als ich das sehe, und die ist zum Beispiel daran erkennbar, dass ihr Ventilatoren, an der Decke angebracht, reichen, sie braucht keine Klimaanlagen. Aber fließend Wasser aus dem Hahn, aus der Dusche ist da, in der Wohnung selbst. Diese Wohnung ist an existentiellen Bedürfnissen wie Strom und Wasser orientiert, hat keinen Schnickschnack. Und in einer Dimension, die für alle realisierbar wäre, vielleicht sogar als das Minimum zu begreifen ist, was jedem und jeder zustehen müsste.

Was von den einen als bescheiden und zurückgenommen gesehen und von den anderen als der totale Luxus begriffen wird: Eine gekachelte Küche, in jedem Zimmer installierte Lampen und Stecker, Dusche, Wasserklosett – ist vielleicht das rechte Maß.

Ich bin selbst Mitglied dieser Mittelschicht, deshalb kann ich mich in sie hineinversetzen, ihr Leben nachvollziehen.

An dieser typischen Mittelstandswohnung lässt sich auch die Dimension des Luxusguts Wasser ermessen: Wer es geschafft hat, nicht mehr täglich mehrmals 20-Liter-Eimer voll Wasser schleppen zu müssen, hat es überhaupt geschafft. Das verändert das tägliche Leben in einem Ausmaß, das sich kaum absehen lässt. Was allein die Tatsache, von dieser täglichen Überlebensnotwendigkeit befreit zu sein, an geistigem Freiraum freisetzt!

Alle weiteren, auch elementaren Bedürfnisse erscheinen neben dem Trinkwasser als zweitrangig, umso mehr kann man sie auskosten, wenn sie befriedigt sind.

Vielleicht oder wahrscheinlich zahlt diese Mittelschicht sogar verhältnismäßig viel mehr Steuern, als die noch reichere Oberschicht – irgendwoher muss das Geld ja kommen, das der Staat hat: Mein Freund, der Kunstprofessor Souleyman Goro, hatte in Segou einen kleinen Betrieb zur Textilverarbeitung und Textildruck gegründet und musste ihn einstellen, weil er zu hohe Steuern zahlen musste. Ich hatte es im Kleinen auch oft erlebt: Ehrlichkeit ist teuer. Ein Strafzettel wegen falschen Parkens kostet 15 000 Francs CFA – der Polizist lässt sich mit 2 000, bei einem Weißen mit 5 000 abspeisen.

Vielleicht hat diese Mittelschicht in dem Mittelschichtler Sanogo ihren Vertreter gefunden, der durchsetzt, dass wer zahlt, auch das Sagen haben muss, die Mittelschicht nun auch an der Macht selbst beteiligt sein will. Heißt Sanogos Putsch: Die Mittelschicht klopft bei der Macht an?

Korruption ist nicht demokratisch, nicht einmal wer das Geld hat, kann deshalb unmittelbar teilnehmen, deshalb wollen die Mittelschichtler, denen die Prosperität, die jeder sieht und die in Europa bis jetzt nur wenige wahrhaben wollen, im Wesentlichen zu verdanken ist, nun ihren Anteil am Mitreden definieren und festklopfen.

Der Hausbesitzer drängt darauf, dass ich das Wohnungsschloss wechsele – ohne ihm eine Kopie des Schlüssels zu geben. Diese Wohnung ist meine und ich kann darin machen, was ich will.

10.8.:

Ich suchte den Dialog der Kulturen und traf auf eine Kultur des Dialogs.

Beispiel des Tages:

Batoma weigert sich, dem Wohnungsvermittler der neuen Wohnung seine Provision zu zahlen. Zur Begründung führt sie an, dass die Vermieterin ihrer vorherigen Wohnung die Kaution von drei Monatsmieten nicht zurückzahlt; ein Déjà-vu, das wir ja vor nicht allzu langer Zeit mühsam durchgespielt hatten. Das ist zwar nicht die Schuld des Wohnungsvermittlers der neuen Wohnung, aber Batoma lässt sich den Nicht-Zusammenhang nicht nur nicht ausreden, sondern setzt noch eins drauf: Die Provision, 50 Prozent des Mietpreises, sei eh viel zu hoch, soviel zahle sie nicht, es reichten 5 000.

Der Konflikt kommt auf, als der Wohnungsvermittler zusammen mit dem Schreiner den am Vormittag gekauften Schrank bringt. Und bei dieser Gelegenheit wird mir klar, wie im Rahmen der Kultur des Dialogs, die hier wieder reflexartig einsetzt, die Rolle des Vermittlers entstanden ist, sozusagen die Genese dieser Rolle, die sich zwangsläufig immer wieder neu reproduziert. Voraussetzung ist eine Gesellschaft, in der es fast kein Privatleben gibt, also immer andere Personen anwesend sind, an die sich die Konfliktparteien wenden können.

So auch in diesem Fall. Erst spricht mich der Vermittler an, ich solle Batoma daran erinnern, die Provision zu zahlen. Ich kenne meine Batoma und weiß, dass es gleich Krach zwischen ihr und mir geben wird, wenn ich das sagen werde, wende mich also an den Schreiner und bitte ihn unter dem Vorwand, ich könne nicht gut genug Bamanankan, Batoma das weiter zu sagen.

Nachdem er das getan hat, erklärt aber auch Batoma ihm – und nicht mir oder dem Makler –, wie sie die Sache sieht und ihm bleibt nichts anderes übrig, als das mit dem Makler zu diskutieren. Schon ist er in die Rolle des »Mediateurs«, des Vermittlers, gerutscht und hat keine Chance, daraus zu entrinnen.

Die Situation eskaliert, der Schreiner verzweifelt völlig an Batomas Sturheit, der Makler beginnt fast zu weinen – und ich erhalte meine nächste Lektion im Prozess des Dialogs der Kulturen, indem ich genau das tue, was ich nicht hätte tun dürfen. Ich gebe, um des lieben Friedens willen, dem Makler sein Geld und löse damit den nächsten Krieg aus: Batoma tobt nun gegen mich. Sowohl, weil ich ihre eigenständige Stellung als Frau untergraben habe, sie gedemütigt und vor dem blöden Makler bloßgestellt, als auch, weil ich genau das Weißen-Verhalten an den Tag gelegt habe, das ich sonst immer an den anderen Weißen kritisiere: Die Probleme aus der Welt schaffen, indem man zahlt. Wir können es uns ja leisten – die Menschen, die das Problem haben, nicht. Im Prinzip hatte ich alle Anwesenden in ihrer Autonmie als frei und selbstständig handelnde Menschen erniedrigt. Damit im Kleinen genau das gemacht, was ich US-Aid, GIZ oder Oxfam im Großen vorwerfe: Eine ganze Gesellschaft zu unmündigen Objekten zu degradieren.

So kommt es, dass Batoma mich aus der Wohnung, die ich eben für uns beide und das kommende Kind gemietet hatte, rausschmeißt und ich so wütend wie kleinlaut von dannen ziehe.

Kaum auf dem Moped, winkt mir der Chef des Schreiners, bei dem wir den Schrank gekauft hatten, und an dem ich gerade vorbeiknattere. Ich bleibe stehen und er kommt zu mir, obwohl ich mitten auf der Straße stehe. Er hat etwa mein Alter und spricht besänftigend auf mich ein:

Er sei verwandt mit dem Hausvermittler, erklärt er, und habe von unserem Problem gehört. Ob er uns helfen könne. Diesen Mann hatte ich vormittags erst kennengelernt! Trotzdem entstand sofort ein solches Vertrauen, dass ich jetzt, obwohl ich es eilig habe, ihm wütend mein Herz ausschütte, dass man als Weißer im Allgemeinen und als Teil einer Beziehung im Besonderen keine Chance habe in dieser rassistischen Gesellschaft, in der man als Weißer keine »creature humain« mehr sei, bloß, weil man weiß sei, eine wandelnde Bank oder was? Worauf er mich wortreich bestätigt und das unmöglich und unerhört findet und beteuert, dass es ihm sehr leid tue – und dieses in einer derart gütigen Weise gesagt, dass ich es auch dankbar annehme. Darauf folgen noch weitere philosophische Abhandlungen, wie dass wir doch längst nicht mehr durch Hautfarben getrennt seien, dieses Denken längst veraltet, wir seien eine Welt und jeder sei überall willkommen. Inhalte, denen ich öfters begegne, die also keine besondere Verbindlichkeit in sich tragen, aber die trotzdem gut tun. Das Ganze mitten auf einer breiten Sandstrasse, die Autos müssen uns umfahren. Was allerdings an dieser Beschwörung als verbindliches Moment bleibt, ist die Bereitschaftserklärung, mit dieser Haltung in einem Konflikt als Vermittler tätig zu werden, wenn gewünscht.

Und so funktioniert es hier im Großen wie im Kleinen, egal ob ATT, Diacounda Traoré, Modibo Diarra oder Amadou Haya Sanogo das Sagen haben.

Der Putsch selbst ist natürlich das Gegenteil, er setzt die Kultur des Dialogs außer Kraft, aber kaum ist er geschehen und als Fakt nicht mehr aus der Welt zu schaffen, setzt wieder der Dialog ein. Und das, obwohl der Putsch damit begründet war, dass mit der Kultur des Dialogs keine Schnitte zu holen seien.

Wer nicht dabei mitmacht, sind die Islamisten.

Der Dialog der Kulturen ist das Schwierigste auf der Welt. Genauso wie die Kultur des Dialogs. Deshalb schießen die Menschen ja lieber, wenn sie eindeutige Machtverhältnisse haben wollen.

In Mali steht dieses utopische gesellschaftliche Modell des Dialogs auf dem Prüfstand. Es darf nicht sein, dass im Nicht-Dialog mit Radikalislamisten herauskommt, dass überhaupt kein Dialog mehr geführt werden kann! Wir werden sehen.

11.8.:

Eine Erinnerung: Schon 2003 besuchte ich eine Ministerin – ATT hatte teilweise 50 Prozent Frauen im Kabinett – in ihrer Traumvilla. Ein gepflegter Garten, der an einen botanischen erinnerte, seltene Blumen, Sträucher, Büsche, die Farben geschmackvoll komponiert. Ihr über zwei Stockwerke reichender Salon wurde dominiert von einer leinwandgroßen Beamerprojektion, auf der gerade das »Journal« lief. Sie war vorher Botschafterin in Deutschland gewesen, woher ich sie kannte, ihr Mann war Geschäftsmann. Als ich eintrat, stand sie mit ihm auf der ins erste Stockwerk übergehenden Empore und tauschte Papiere aus. Dann kam sie herunter und überreichte ihrem entfernten Neffen, der mich zu ihr geführt hatte, das neueste Mobiltelefon, das sie von ihrer letzten Dienstreise mitgebracht hatte und das er lässig entgegennahm.

Das war bis zum Sturz ATTs die herrschende Schicht, die sich jetzt »classe politique« nennt und ihren Anteil an der Macht und Verteilung des Kuchens zurückfordert. Durch die offene Zurschaustellung ihres Reichtums und ihre unverhohlene Bereicherung an öffentlichen Geldern bei gleichzeitiger Steuerhinterziehung, schaffte sie in der von ihr selbst gezielt arm gehaltenen Bevölkerung ein Klima, das dazu führte, dass einem primitiven Demagogen wie Sanogo vertraut wird.

12.8.:

Die Entwicklung erinnert mich an die Strukturen einer klassischen reaktionären Massenmobilisierung. Immer mehr irrationale Begriffe wie »Ehre«, »Stolz«, »Nation«, »Verrat« irrlichtern nebelschwadenartig durch die Diskussionen und bestimmen sie, ohne hinterfragt zu werden, ein unausgesprochener sozialer Zwang lässt kein Entrinnen zu. Die Frustration der betrogenen Mehrheit der Bevölkerung wird geschickt geschürt und die dadurch freigesetzte Energie in die Unterstützung der eigenen Interessen umgeleitet.

Deshalb sind Leute wie Sanogo und Mariko aus Sicht der herrschenden Klasse letztlich gern gesehene Aufwiegler der Massen, die in dem Moment, in dem die aufgepeitschte Situation benutzt werden kann, die eigene Machtstellung zu festigen, ausgezahlt oder abgeschoben werden, wie es bei Mariko ja schon nach dem Putsch von 1991 der Fall war. Deshalb kritisiert ja keiner wirklich die Absetzung ATTs, sondern versucht nur, aus der Situation für sich selbst Kapital zu schlagen, allen voran der Wendehals IBK.

Deshalb ist auch klar, dass die Politiker mit Sanogo reden und ihn nicht ins Gefängnis werfen. Sie behandeln ihn von gleich zu gleich – und damit hat er politisch verloren, weil sie sich mit der politischen Trickserei besser auskennen. Dass sie ihn damit zunächst legitimieren, nehmen sie in Kauf – wer zuletzt lacht, lacht am besten. Das bisschen Geld, das sie abdrücken müssen, um ihn still zu stellen, können diese Multimillionäre, die die »politische Klasse« bestimmen, allemal verschmerzen.

Typisch Malier, eben die Kultur des Dialogs: Erst mal Tee trinken und alles in Ruhe besprechen. Es ist die gleiche Haltung, wegen derer Sanogo ATT weggeputscht hat: Erst mal reden mit den Tuareg. Deshalb ist jetzt auch keine Rede mehr von seinem angeblich falschen Verhalten der MNLA gegenüber, sondern nur noch von seiner korrupten Politik. Aber dass ATT korrupt war und sich schamlos bereichert hat, muss getrennt werden von seiner Politik der Verständigung.

Damit werden die zwei Seiten dieser Kultur des Dialogs einmal mehr deutlich: Dazu gehören notwendiger Weise zwei. Eine solche Haltung muss unausgesprochen einvernehmlich oder verabredet sein. Wenn eine Seite nicht mitspielt, hat sie freie Fahrt.

Und so schwankt die Kultur des Dialogs zwischen Utopie und Kapitulation.

Inzwischen sieht es so aus, dass das Problem im Norden nur der Vorwand war, das Problem im Süden, Korruption und Vetternwirtschaft ATTs, anzugreifen. Deswegen nehmen alle politischen Kräfte es auch so klaglos hin, dass diese zunächst vorrangigen Ziele des Putsches um 180 Grad gedreht sind. Jeder will nur selbst an die Macht und die Töpfe.

Der Premierminister Modibo Diarra war in Mali ziemlich unbekannt, weil er die letzten Jahrzehnte in den USA gelebt und für Microsoft gearbeitet hatte. Vielleicht schenken ihm deshalb viele Menschen von vornherein Vertrauen, weil er nichts mit der zuletzt herrschenden Klasse zu tun hat. Und deshalb hat es Übergangspräsident Diacounda Traoré bei denen schwer, die den Putsch zu einer grundsätzlichen Wende benutzen wollen: Er war zweiter Mann nach ATT, repräsentiert das vorige System. Ausgeschaltet, übersehen oder verdrängt wird, dass mit Modibo Diarra, dem Schwiegersohn des Diktators Moussa Traoré, das vor-vorige System repräsentiert wird.

Madou hat Angst, dass man in ein bis zwei Jahren zum Beten gezwungen werden wird.

13.8.:
Die Vermieterin von Batomas letzter Wohnung weigert sich weiterhin, die Kaution zurückzuzahlen. Der Konflikt eskaliert. Alle anderen Mieter warnen vor ihr: »Sie ist schlecht und schläft mit Polizisten, Du bekommst Dein Geld nie zurück.« Batoma wendet sich an den Besitzer des benachbarten Lädchens, einen alten Mann, dem die Konfliktparteien schon aufgrund seines Alters Respekt entgegenzubringen haben, auf ihn hören müssen. Dieser organisiert ein abendliches Gespräch mit der Vermieterin und deren Freund als ihrem Beistand, Batoma und mir als deren Beistand und sich selbst als Vermittler. Die Wohnung wird gemeinsam auf Schäden untersucht und es werden keine gefunden. Man einigt sich darauf, den angefangenen Monat als ganzen zu rechnen, Batoma bekommt eine Monatsmiete abzüglich der ausstehenden Stromkosten wieder.

Und ich lerne noch einen Aspekt der Kultur des Dialogs kennen: Der alte Herr nimmt kein Geldgeschenk – Vermittlung ist unbezahlbar. Und das in einem Land, in dem meist für die geringste Dienstleistung selbst unter Freunden, ein »cadeau«, ein Geschenk, meistens in Form von Geld, erwartet wird.

Auf der Straße treffe ich wieder den Nachbarn Koné, der eine Zeit lang in Deutschland lebte, auch ein paar Worte Deutsch spricht. Wir haben uns schon ein paar Mal über die politische Sitaution unterhalten, er stellt sich eher neutral dar, aber ich denke, er schildert die Dinge auch so, dass ich sie als Europäer, dessen politische Kriterien er kennt, akzeptieren kann.

Wir sprechen über die gestrige Versammlung der »Anhänger des alten Systems«, wie er sie spöttisch lächelnd nennt, im Stadion des 26. März – das ist der Jahrestag des Putsches gegen den Diktator Moussa Traoré. Der FDR, der Zusammenschluss der Putschgegner, bestehend aus den bislang herrschenden und vom Putsch aus dem Rennen geworfenen Parteien, fordert den Rücktritt des Premierministers. Koné weiß, warum:

»Sie wollen nur wieder an den Kuchen ran, sich daran bereichern und verheimlichen, was sie im alten System gestohlen haben«, sagt er, der auch schon in Diskussionen vor dem Putsch derart abschätzig über die Herrschenden gesprochen hat. »Diacounda« – der von der CEDEAO eingesetzte Präsident, von dem Koné wie alle Malier mit dem vertraulichen Vornamen spricht – »hat alle Beweise für die Klauerei im alten System vernichtet«.

Da Modibo Diarra sich weigere, zurückzutreten, berichtet Koné weiter, und großen Rückhalt in der Bevölkerung habe, weil er aufgrund seiner Auslandstätigkeit als Microsoft-Agent als nicht korrupt gelte, werde nun versucht, seine Macht einzuschränken, indem ihm zwei Vizeministerpräsidenten zur Seite gestellt werden. Der erste solle Sanogo sein.

Ich frage zweimal nach: »Wirklich Sanogo?« »Ja, Sanogo persönlich!«, versichert Koné.

»Dann wird langsam deutlich, warum er den Putsch gemacht hat«, fällt mir dazu nur ein. Und Koné grinst hämisch: »Seine Kollegen haben gedroht, ihn umzubringen, wenn er das annehme«, berichtet er weiter, »und daraufhin hat Sanogo dankend abgelehnt.«

Dicko, der Chef der Muslime, sollte der zweite Vizeministerpräsident werden, habe auch zunächst zugestimmt und, nach Protesten gestern bei der Versammlung im Stadion, öffentlich abgelehnt.

»Modibo hat drei Monate lang gute Arbeit geleistet«, fährt Koné fort, »er hat in Amerika gelernt, wie man effizient arbeitet.« Koné deutet auf seine Uhr: »Auf die Minute genau« – in Mali wahrlich ein fast utopischer Anspruch. Sein Kabinett bestehe mehrheitlich aus lange Jahre im Ausland tätigen Technokraten, die gelernt hätten, dass das korrupte System keine Zukunft habe. Wie Sacko, berichtet auch Koné, dass jeder Ministerkandidat einer moralischen Prüfung unterzogen werde und wenn ihm Korruption nachgewiesen werden könne, er den Posten nicht bekomme. Bevor ich Koné frage, ob er glaubt, dass es überhaupt jemanden nicht korrupten in Mali gebe, berichtet er:

Bei der Feier der Abitursabsolventen sei dem neuen Erziehungsminister vom Chef der Schuldirektoren »sein Anteil« des Schuletats angeboten worden, was er empört zurückgewiesen habe: »Die Zeiten sind vorbei«, habe er erklärt. Eine solche Tendenz hatte ich aber auch schon vor dem Putsch festgestellt, als ich einen LKW mit Möbeln und Büchern einführen wollte, wie ich es zwei Jahre zuvor ganz einfach durch Zahlungen an die entsprechenden Beamten gemacht hatte: Nichts ging mehr, Misstrauen, Angst, damit provoziert zu werden, und verschärfte Vorschriften wie zum Beispiel, dass Zahlungen nur bei der Hauptkasse in der Stadt geleistet werden durften und nicht mehr an die Zollbeamten selbst. Ein Beweis dafür, dass die neuen Herren nicht korrupt seien, sehe ich nicht darin.

Aber Koné klagt weiter:

»Die Staatskassen sind geplündert!«, ruft er. »Zwei Drittel der Staatskasse sind geklaut. Und deswegen kommt nichts Neues mehr: Die Geberländer weigern sich, weiter zu zahlen!«

Womit wir einmal mehr zum Kern des Problems kommen: Eine von außen finanzierte »Projektgesellschaft«, die es der herrschenden Raff-Klasse möglich macht, keine Steuern zu zahlen, ist unfähig, sich selbst zu entwickeln. Die nachkoloniale Einmischung der westlichen Welt in Afrika ist eine wirtschaftliche und menschliche Katastrophe: Die »Hilfe«, auch wenn sie »Zusammenarbeit« genannt wird, ist selbst Korruption. Ein einziger gigantischer Akt der Korruption, der die selbstständige Entwicklung Afrikas lähmt und nachhaltig verhindert. Soweit es sich bei Machtkämpfen um Gewinnanteile an diesem ungeheuren Kuchen handelt, ist die als Hilfe getarnte Einmischung der westlichen Welt mitverantwortlich für einen Putsch wie den in Mali. Koné, der den Westen kennt, stimmt mir mit bedauerndem Achselzucken zu.

15.8.:
Die Situation ist ein Teufelskreis, eine Teufelsspirale, die sich immer tiefer in den Boden bohrt. Alles ist offen und alles ist unklar. Nach wie vor gibt es von Seiten der Putschisten Überfälle auf und Plünderungen bei Reichen, vor allem Geschäftsleuten. Nach wie vor werden Putschgegner willkürlich und ohne juristische Grundlage verhaftet und verschwinden, »Amnesty« hat bereits einen Bericht erstellt. Die CEDEAO hatte die Neubildung der Regierung bis zum 10. August gefordert, sonst werde man die malische Regierung nicht anerkennen. Was das genau bedeutet, ist ebenfalls unklar, Boykott, Schließung der Grenzen etc.? Inzwischen ist der 15. und nichts ist passiert. Traoré hat sich öffentlich zu Diarra bekannt und ihn beauftragt, acht weitere Ministerien mit Vertretern der alten herrschenden Klasse zu besetzen. Die Verwirklichung davon wird jeden Tag um weitere 48 oder 72 Stunden verschoben. Inzwischen wettert die COPAM, die Vereinigung der Putschbefürworter, unter Führung Oumar Marikos, gegen diese Lösung als von außen diktiert und daher nicht akzeptabel, die Regierung der »nationalen Einheit« müsse von allen Kräften des Volkes getragen werden (was de facto nach dem Vorbild Gadhafis hieße: Oumar Mariko befiehlt, die »Kräfte des Volkes« jubeln).

Des Weiteren bietet die CEDEAO an, Militär zur Stabilisierung des Übergangsprozesses und zur Kriegsführung gegen den Norden zu entsenden. Beides wird immer noch von allen malischen Kräften, egal wie sehr sie sonst zerstritten sind, abgelehnt. Die CEDEAO solle Waffen liefern, um damit allein mit malischem Militär den Norden zurückzuerobern.

Damit soll allerdings erst begonnen werden, wenn die Verhandlungen mit den Besatzern des Nordens, »Ansar Dine« und »Aqmi« erfolglos bleiben. Diese werden wiederum damit begründet, dass in Mali 90 Prozent Muslime lebten, die Besatzer des Nordens sich auf den Islam beriefen und deshalb die malische Bevölkerung, ihre muslimische Mehrheit, entscheiden müsse, ob die Vorstellungen der Muslime des Nordens mit denen der Muslime des Südens in Übereinstimmung zu bringen sind. Verhandlungsführer ist deshalb der Chef des obersten Rats des Muslime im Süden, Cheick Mahmoud Dicko, der verhandelt und verhandelt, ohne dass klar wird, worüber er verhandelt.

Völlig klar hingegen ist die Position von »Ansar Dine« und »Aqmi«, dem maghrebinischen Ableger der Al Qaida, woran man nicht oft genug erinnern kann, zumal das mehrheitlich gar keine Malier sind, sondern Fremdbesatzer: Sie wollen die Einführung der Scharia in ganz Mali und dass das Tuareggebilde Azawad aufgelöst, Mali wiedervereint wird.

Dann wäre das ganze, von europäischen Intellektuellen wohlwollend geförderte Spektakel um die angeblich notwendige »Unabhängigkeit« eines Tuaregstaates nur der Transmissionsriemen zur Einführung der Scharia in ganz Mali gewesen. Der Putsch der auslösende Hebel, nach dem die Kultur des Dialogs sich ihr eigenes Grab geschaufelt hätte.

Draußen skandieren Kinder: »Mali – Mali – Mali – Mali«. Heute Nacht bis halb zwei ohrenbetäubende Einpeitscherreden aus dem benachbarten Moscheelautsprecher – ich verstand nur, dass es um Geld ging und immer wieder zur Geduld aufgefordert wurde. Im Fernsehen Bilder von »Bürgerwehren«, jungen Leuten, die für den Krieg trainieren, weil Politik und Militär zu lasch gegen die Banditen im Norden vorgingen.

16.8.:

100 Container mit Waffen sollen in Bamako angekommen sein, die vorher in Guinea und der Elfenbeinküste blockiert waren, angeblich, weil malische Parteien dafür gezahlt haben, dass sie nicht nach Mali kommen. Es gibt für keine Information verläßliche, hundertprozentige Quellen, »man hört« von all dem nur, auch in den Radionachrichten, aber die Informationen sind nirgends verbrieft.

Der Journalist Jonathan Fischer, Afrikakenner seit Jahrzehnten, hatte Mali besucht und »noch nie ein so freundliches, entgegenkommendes Land« gesehen. Er schreibt in der SZ, dass im Alltag Bamakos nicht das geringste Anzeichen einer Krise zu sehen ist.

Die konsequente Ignoranz all dessen durch die Bevölkerung, die einen Normalalltag praktiziert, als gäbe es keine Krise, legt die Vermutung nahe, dass sie die Querelen um Macht und Einfluss satt hat, die Nase voll von den Geiern, die sich um einen Kuchen streiten, der denen, die das Land am Laufen halten, nämlich dem Großteil der Bevölkerung, gestohlen wird.

17.8.:
150 Fallschirmjäger sind nach Sevare gesandt worden, das in der Nähe von Mopti liegt, also an die Grenze zum separaten Staat. Wann sie zum Einsatz kommen, wird nicht gesagt, aber morgen ist der Fastenmonat zu Ende – es ist anzunehmen, dass es in absehbarer Zeit danach losgeht.

Gleichzeitig beginnen die Vorbereitungen für des Fest zum Ende der Fastenzeit, das »kleine« Fest, das »große« folgt vierzig Tage später. Beim Kleinen werden vor allem Kühe geschlachtet, die meist von mehreren Familien gekauft werden, die dafür zusammenlegen, beim Großen sind es Schafe. Der Preis der Kühe ist enorm gestiegen, da sie normalerweise aus dem Norden kommen und dort im Moment nichts zu holen ist. Trotzdem sieht man überall Männer mit Kühen an der Leine. Die Frauen tragen morgens prall mit Nahrungsmitteln gefüllte Schüsseln auf dem Kopf, auf dem Markt und in den Häusernischen sitzen junge Frauen und flechten die Haare anderer Frauen oder applizieren Hennamuster auf Füße und Beine, Hände und Arme.

In der Regierung sollen nicht acht neue Ministerien gebildet werden, sondern acht ausgetauscht, sodass jede Partei vertreten ist. Vielleicht einigt man sich auf eine gemäßigte Scharia ohne Körperverletzung. Wahrscheinlich wird Sanogo der Oberbefehl über die Neustrukturierung des Heeres und den Krieg gegen den Norden übertragen, er damit integriert und von seinen Leuten isoliert. Diacounda Traoré hat Modibo Diarra nicht rausgeschmissen, weil das neue unabsehbare Probleme gegeben hätte. So lässt er ihn, wo er war, aber auch andere Quellen bestätigen, dass er dafür zwei Vizepräsidentenjobs schaffen will, die die Macht des Ministerpräsidenten praktisch aushebeln.

Bassy kommt direkt von einer Versammlung, auf der eine neue Partei gegründet wurde – völlig irre: die über 150.ste!!! – und die sich dem COPAM-Bündnis, also den Befürwortern des Putsches, anschließt. Er ist Sprecher dieser Partei, deren Namen er mir sagt, den ich aber sofort wieder vergesse, weil ich sie für komplett irrelevant halte. Für ihn ist sie notwendig, um sich gegen Oumar Mariko und seine SADI abzusetzen, mit der er aber innerhalb der COPAM verbündet bleibt.

Die COPAM wollte bis jetzt eine verfassungsgebende Versammlung, bevor eine neue Regierung gebildet wird, tritt nun aber davon zurück – bis auf Mariko – und hat heute zwei Ministervorschläge gemacht, wie jede andere größere Partei. Nächste Woche ist mit der neuen Regierung der nationalen Einheit zu rechnen. Vielleicht gibt es ein eigenes Ministerium zur Regelung der Frage des Nordens.

Bassy grinst schalkhaft: »Das wird jetzt so gemacht, dass jeder was abbekommt. Wir« – also COPAM und Alliierte, in unseren europäischen Kategorien: Linke – »wollen auch unseren Teil vom Kuchen!« Was daran neu sein soll und vor allem, was daran gut für Mali sein soll, kann er mit nicht erklären.

Sanogo stehe nach wie vor hinter und über allem, bekräftigt er. »Er beobachtet alles« – dieselbe Formulierung wie Sacko! Dass er umgebracht würde, wenn er den Posten eines Vizepräsidenten annähme, hält Bassy für gut möglich.

18.8.:

Endlich ist Karem zu Ende und es darf wieder offen gegessen werden, das »kleine Fest« steht an. Die Straßen sind voll, die Märkte laufen über, alle sind festlich gekleidet, auch die Kinder allesamt in neuen farbenprächtigen Bubus.

Ich kaufe zwei fette Hühnchen, die im Markt an Ort und Stelle geschlachtet und ausgenommen werden, aber als ich stolz damit zu Hause ankomme, bittet Batoma mich, ein Taxi zu holen, sie wolle nun doch lieber ins Krankenhaus, ich könne ihr ja im Bad nicht helfen, wenn das Kind komme. Ich bin erleichtert, weil sie bis zuletzt gedroht hatte, das Kind im Bad eben schnell rauszulasssen – man solle keinen solchen Bohei um derart alltägliche Dinge machen. Sie packt einige Tücher und Wickelröcke in einen alten Farbeimer, da man in die Krankenhäuser immer alles selbst mitnehmen und voraussichtlich viel Blut aufgewischt werden muss.

Heute, am zweitgrößten religiösen Feiertag, ist das CSCOM (Centre sanitaire de Commune 1) nur notbesetzt, aber die Geburtsstation wird natürlich immer versorgt. Ausgerechnet Amadou Diarra, mein ältester und bester Arztfreund, hat Dienst, führt Batoma sofort ins Arztzimmer, gibt mir ein Rezept für die geburtsnotwendigen Binden und Medikamente und schickt mich noch mal los nach Hause, um noch mehr Stoffe zum Aufwischen des Blutes zu holen.

Als ich 15 Minuten später zurückkomme, empfängt mich Amadou lächelnd mit den Worten: »Die Arbeit ist schon getan«, da wird auch schon Batoma aus dem Arztzimmer geführt, auf eine Liege im Ruheraum gelegt, in dem noch drei andere Frauen mit ihren Neugeborenen liegen, und an einen Tropf angeschlossen.

»Sobald das Kind gewaschen ist«, sagt Amadou, »bringen wir es Dir!« Ich bin der einzige Mann, normalerweise haben Männer hier nichts zu suchen, schon gar nicht ein weißer, aber ich darf mit in den Ruheraum, weil ich ein Freund von Amadou bin, was mich gerade in dieser existentiellen Situation sehr freut; ein bisschen integriert bin ich trotz aller Probleme nun doch nach bald zehn Jahren.

Kaum hängt Batoma am Tropf, kommt Amadou schon mit einem Bündel im Arm und legt es mir auf den Schoß, ein Köpfchen ragt aus den Tüchern, verschwitzt und mit verklebten Augen. »Ein Towabu« (ein weißer Mann), sagt Amadou, »da kannst Du sehen, dass es Dein Sohn ist!« Tatsächlich sind die anderen Kinder im Raum zwar hell, aber nicht weiß.

Ich frage Batoma, die es strikt abgelehnt hatte, vor der Geburt über den Namen des Kindes zu diskutieren, wie der junge Mann denn heißen soll. »Wie Dein Vater natürlich«, sagt sie in einem Ton, als sei es eine Zumutung, so eine dumme Frage zu stellen. »Das ist unsere Tradition«, klärt mich Amadou auf und ich habe kein Problem damit.

Auf der Rückseite eines durchgerissenen Rezepts schreibt Amadou die erste Geburtsurkunde, signiert und stempelt sie ab – am nächsten Werktag soll ich damit zur Verwaltung des CSCOM, um sie offiziell bestätigt zu bekommen, und mit diesem Dokument danach aufs Bürgermeisteramt, das mir schließlich die eigentliche Geburtsurkunde ausstellen wird.

Nachdem der Tropf durchgelaufen ist, wird ein Taxi geholt und wir fahren nach Hause – es gibt nur fünf Betten in dem Ruheraum, aber viele weitere Geburten an diesem Feiertag.

19.8.:

Die Verteilung der Ministerien in der neuen Regierung wurde nach folgendem Plan ausgehandelt:

Das FDR-Bündnis (=Putschgegner-Koalition) bekommt vier Ministerien, die COPAM (= Putschbefürworter außer Mariko) vier Ministerien, Diacounda Traoré und damit die ADEMA fünf, Modibo Diarra fünf und die Putschisten fünf – Letzteres wird noch versucht, zu verhindern, da sonst Weltbank und andere Geber aussteigen. Sie haben vor allem das Ministerium der territorialen Hoheit und der Dezentralisation inne, das sozusagen das Superministerium ist, bei dem am meisten abzustauben ist und mit dem fast alle anderen Ministerien verknüpft sind, die dadurch mehr oder weniger kontrolliert werden können.

Wir alle allerdings fürchten nur eins: Die Muslime dringen in die Politik vor, allen voran Dicko. Als Gegenprogramm zu dem Horrorszenario der Salafisten, schlagen sie eine gemäßigte Scharia vor, ohne Körperverletzung und nach der weltweit allgemein anerkannten liberalen Interpretation des Islam, bei der vor lauter Salafisten-Horror ganz nebenbei übersehen wird, dass Frauen »dem Manne untertan« sein müssen, eine auch nur annähernde Gleichberechtigung auf den Sankt-Nimmerleins-Tag verschoben wird und unter der Hand der laizistische Grundtenor Malis dabei verschwindet. Schmackhaft gemacht werden soll die Lösung dadurch, dass damit hinterher Mali ohne Krieg wiedervereint werden könnte.

20.8.:

Der Chef des Hohen Rats des Islam, Dicko, fordert die Absetzung des Chefs vom ORTM. Der Grund: Dicko hatte gefordert, dass die Verkündigung vom Ende des Fastenmonats nicht mehr, wie üblich, von einem, sondern von fünf Oberimamen vorgenommen und mit einem »talk« über religiöse Fragen verbunden werden sollte. Der ORTM-Chef hatte abgelehnt.

21.8.:

Die neue Regierung ist gebildet. Dreizehn neue Minister, fünf alte mussten gehen, einige Ministerien wurden geteilt, einige kamen neu dazu, darunter eines für Religion und Kult.

Die Putschisten behalten ihre drei Ministerien, bekommen außer dem Verteidigungsministerium vor allem das Schlüsselministerium für territoriale Hoheit und Dezentralisation und sogar noch eines dazu. Die beiden Hauptaufgaben dieser Übergangsregierung sind Rückeroberung des Nordens und Ausschreibung von freien und transparenten Wahlen. Wann das erledigt sein soll, weiß keiner. Viele vermuten, dass seitens dieser neuen Machthaber gar kein Interesse an einer schnellen Lösung besteht, weil sie dann ja wieder die Macht abgeben müssten. Gleichzeitig erklären die Machthaber des Nordens, die Einführung der Scharia sei ein religiöses Gebot und nicht diskutierbar. Sie seien bereits ein muslimischer Staat nach dem Vorbild Afghanistans und bereit, sich gegen sämtliche Truppen der Welt zu verteidigen.

Wenn der Chef des Hohen Rats des Islam sich als Präsidentschaftskandidat aufstellen lässt, besteht die Gefahr, dass er gewählt wird.

Die Benzinpreise haben sich fast verdoppelt – aber der Verkehr brummt mehr denn je, mit dem Auto ist fast kein Durchkommen in der Innenstadt.

Dicko fährt fort, die Absetzung des ORTM-Chefs zu verlangen – die Frage wird zum Präzedenzfall, wie groß der Machtzuwachs der Muslime in der Politik ausfällt. Die Intensität, mit der Dicko betont, keinerlei Einfluss auf die Politik und keinerlei politische Ämter zu wollen, legt die Vermutung nahe, dass das Gegenteil der Fall ist.

22.8.:

Die Enttäuschung über die »neue« Regierung ist groß – außer bei den Vertretern der alten herrschenden Klasse: Sie haben sich ein Mitspracherecht zurückerobert und von Machtkämpfen, die von nun an intern stattfinden werden, bekommt das gemeine Volk wie immer nichts mit. Die Frage ist nun, wie die westafrikanische und internationale Staatengemeinschaft darauf reagieren wird. Bis jetzt haben einzig die USA definitiv erklärt, keine weiteren Zahlungen zu leisten, solange Mitglieder der Junta in der Übergangsregierung sitzen. Die GIZ-Mitarbeiter, die in Deutschland auf ihren Marschbefehl zurück nach Mali warten, werden Woche um Woche vertröstet. Menschen, die in Bereichen wie Dezentralisierung oder Landwirtschaft arbeiten, können natürlich bei Kriegsvorbereitungen nicht viel helfen. Dazu müsste Herr Niebel die Experten der GIZ abziehen, die im Moment das saudische Militär ausbilden, um die Lieferung der Leopard-Panzer vorzubereiten, die an Qatar geliefert werden und womöglich an die in Nordmali tätigen Glaubensbrüder weitergeleitet werden, damit sie Bamako erobern können. Interessant wäre auch, zu wissen, wie viele weitere der im Norden Malis den Weltfrieden bedrohenden und die Ausbreitung des Radikalislamismus ermöglichenden Waffen aus deutscher Produktion stammen. Das bereits mit dem Chefterroristen Gadhafi durchexerzierte Spiel scheint sich zu wiederholen: Erst werden ihm Waffen geliefert, dann muss – oder darf oder kann – die NATO deren Benutzung verhindern.

23.8.:
Ich bin mit meiner Bestätigung des Krankenhauses über die Geburt meines Sohnes beim Bürgermeisteramt, um die Geburtsurkunde anfertigen zu lassen. Zwei große Schreibtische, hinter dem einen sitzt ein kleiner Mann, offenbar der Chef, hinter dem anderen ein großer dicker vor einem vorsintflutlichen Computer. Der Metallspind für die Akten steht offen, auf der linken Tür klebt ein vergilbtes, angerissenes Poster von Oberst Gadhafi, sonst sind keine Bilder angebracht. Daneben stapeln sich verstaubte alte Schreibmaschinen mit riesigen Wägen. Im Bürgermeisteramt wird alles auf zwei kleinen Reiseschreibmaschinen getippt, die in der Ecke sind wohl kaputt und der Herr hinter dem Rechner mit einem riesigen uralten Monitor macht offenbar andere Arbeiten. Nicht nur alle Politiker sitzen bei Interviews grundsätzlich neben großen Flachbildschirmen oder Laptops, sondern auch fast jeder zweite Telefon- und Telefonkartenverkäufer hat einen Laptop, mit dessen Hilfe er gigabyteweise Musik auf MiniSD-Karten kopiert, die mit dem gekauften Telefon gleich mitgeliefert werden, sodass die Bananen-, Orangen-, Kehrbesen- und so weiter Verkäuferinnen auch schon fast alle verkabelt rumlaufen und ein Telefon ohne Radio und MiniSD-Karte nicht einmal geschenkt nehmen. Die Tatsache, dass ein Bürgermeisteramt nicht einmal über rudimentäre elektronische Ausrüstung verfügt, drückt aus, was für ein gesellschaftliches Bewusstsein, was für eine soziale Verantwortung die malischen Politiker haben, die bei umgekehrt proportional so vollen eigenen Taschen wie leeren der Staatskasse, Ministerien splitten, um noch mehr von dem wenigen Geld in die eigenen Taschen fließen lassen zu können, anstatt ihr Land

zu entwickeln. Gerade auf dem Bürgermeisteramt wäre es ja vielleicht sinnvoll, die Bevölkerung elektronisch zu erfassen. Kein Mensch weiß, wie viele Menschen wo in welchen Familienzusammenhängen in Mali leben, was angesichts der Polygamie um ein Vielfaches unübersehbarer ist. Wie angesichts solcher Zuständen eine Bevölkerung Vertrauen in Demokratie bekommen soll, ist mir unklar.

An der Seite des Chefschreibtisches sitzt eine junge Frau, die die Kundschaft abfertigt oder an den Chef weiterleitet. Sie fragt nach meinem Alter und wie viele Kopien ich will. Dann bittet sie ihren Chef um einen roten Kugelschreiber und schreibt auf die Krankenhausbescheinigung: »personne âgée«. Als alles erledigt ist, ich informiert werde, dass ich die Bescheinigung nächsten Montag abholen kann, frage ich, wie viel das kostet: Nichts, weil ich über 60 bin. Das ist Mali. Alter wird hier noch geehrt: Wer über 60 ist, wird an jeder Warteschlange bei der Post, Bank oder einem Verkaufsschalter vorgelassen.

Aber auch das ist Mali: Auf dem Weg ins Krankenhaus suchten wir ein Taxi, eines näherte sich, meine Frau rief: »Schnell ins Haus, damit er Dich nicht sieht« – erst als sie den Preis ausgehandelt hatte, durfte ich mich blicken lassen, weil es sonst 50 Prozent teurer geworden wäre. Einerseits ist es gerechtfertigt, weil nicht einzusehen ist, dass die im Vergleich zu dem Großteil der Bevölkerung im Geld schwimmenden Weißen, meist Entwicklungshelfer, von der weit verbreiteten Armut profitieren sollen, andererseits drückt nichts das heillos zerstörte Verhältnis zwischen Weiß und Schwarz mehr aus als diese tief verankerte Haltung. Die reichen Schwarzen, deren Anteil an der Bevölkerung größer ist, als man sich vorstellen kann, der neue Mittelstand – sie müssen nicht mehr zahlen als das Übliche.

25.8.:

Sanogo ändert seine Strategie. Er geht auf Diacounda Traoré zu, ehrt ihn, spricht seine Bewunderung aus, umarmt ihn. »Mit dieser Verschmelzung mit den zivilen Kräften der Regierung zielt Sanogo auf die Quelle der Spannungen und handelt mit Intelligenz, denn die Kritiker der Junta werden dadurch entwaffnet«, schreibt Malijet. Mehr noch: »Er hat sich die Gunst der Anti-Putschisten erworben und Respekt und Ansehen der internationalen Gemeinschaft.« Und so reagiert auch

Diacounda wie bestellt und versichtert, dass er niemanden anklagt, obwohl er angegriffen worden sei, wiederholt, dass er seinen Angreifern verzeihe. Und offen wird in den Zeitungen formuliert:

»Das Triumvirat legt Wert darauf, den Übergang zu retten. Sie sind keine Rivalen, sondern Partner in einem Gewinn-Gewinn-Deal.«

26.8.:

Viele trauen sich nicht mehr, ihre Meinung zu sagen. Oder man muss eine Weile reden, sich gegenseitig abchecken, dann platzt die wahre Meinung raus.

Die Mehrheit ist enttäuscht von der »neuen« Regierung, die keine neue ist. Die entlassenen Minister sind durchs Hintertürchen wieder hereingekommen, RFI meldet: »Die Minister sind durch die Tür rausgeschmissen worden, aber durchs Fenster wieder reingekrochen«, die meisten Ministerien sind gesplittet, um mehr zu schaffen, 32, die drei Minister, die freiwillig zurückgetreten sind, wurden alle wieder ernannt, zum Beispiel der gestern nachträglich zum Berater des Präsidenten im Ministerrang ernannte. Von einem weiteren wurde gesagt, man habe ihn bei der offiziellen am Mittwoch herausgegebenen Ministerliste »vergessen«, es sind so gut wie alle alten Minister wieder drin und die neuen haben unwichtige Ministerien wie Kunst und Tourismus bekommen.

Diese Art der Trickserei sei die »de facto Abschaffung der Demokratie«, ist der einhellige Kommentar in Zeitungen wie Diskussionen. Die auf diese Weise einerseits zwar mit Ministerien bedachten, andererseits aber nach wie vor von der wirklichen Machtbeteiligung ausgeschlossenen Parteien seien gelähmt und ratlos. Die ADEMA-Zentrale, die größte Partei, die 400 der 600 Bürgermeisterämter inne hatte, ist verwaist, die Politiker verstummt und resigniert. Die Leute, die es ändern könnten, sind längst im Ausland. Viele sind in die Elfenbeinküste geflüchtet, wo jetzt aber der Bürgerkrieg neu zu entflammen droht.

Das neueste Gerücht:

Als die Meuterei am 21.3. ausgebrochen war, habe man den General Moussa Sinko Coulibaly, der heute nach wie vor das wichtigste Ministerium für Territorialverwaltung und Dezentralisierung innehat, fragen wollen, ob er die Putschführung übernehme, aber sein Telefon sei abgeschaltet gewesen, deswegen habe man Sanogo gefragt – er ist also reine Zufallswahl, aber nun nach wie vor der Strippenzieher.

Viele Malier sagen jetzt, »alles ist o.k., das normale Leben geht weiter«, obwohl sie wissen, dass das nicht stimmt, aber sie reden es sich ein, haben keinen Bock mehr.

Die auch von mir festgestellte Veränderung der Stimmung, der Atmosphäre, bestätigen Viele in Gesprächen: »Die Malier haben die Hoffnung verloren« – die sympathische Ausstrahlung, die die Menschen hier hatten und die auch mich so an dieses Land gefesselt hatte, diese Zuversicht, dass alles nur noch besser werden könne, sei weg, die Überlebenstechnik der Ironie und des Amüsements über alle schwierigen Fragen sei Zynismus gewichen.

Immer neue Enthüllungen über Modibo Diarras Umtriebe werden bekannt:

Zu Auslandsreisen des Premierministers wird von ORTM stets ein Journalist mitgeschickt, den der ORTM-Chef auswählt. Auf seine erste Auslandsreise – nach Mauretanien – nahm der neue Premierminister Modibo Diarra freilich nicht den von ORTM ausgewählten Journalisten, sondern eine so beliebte wie beleibte »Journal-«sprecherin mit, die nach dieser Reise ein Auto geschenkt bekam, mit dem sie seitdem wöchentlich mindestens einmal den Premierminister zu einem Schäferstündchen besucht. Als der ORTM-Chef gegen diese Einschränkung seiner Rechte und der Pressefreiheit protestierte, wurde er von Modibo Diarra abgesetzt. Sein Nachfolger wurde sein Vorgänger: Der ORTM-Chef des Diktators Moussa Traoré, des Schwiegervaters von Modibo Diarra. Seitdem ist Moussa Traoré wieder öfter in der Öffentlichkeit und im Fernsehen zu sehen, auch bei Staatsakten, Seite an Seite mit seinem Schwiegersohn, mit dem er sich lachend unterhält.

Vom Krieg gegen den Norden ist keine Rede mehr – nur noch von Verhandlungen über die Qualität der Scharia. Erst wurde sich beklagt, dass die Waffenlieferungen an das malische Heer von der CEDEAO zurückgehalten wurden – jetzt sind sie da und werden eingemottet. Jeder weiß, dass ein Krieg zur Katastrophe führt, aber keiner spricht es aus.

Viele Tuareg sind zum »kleinen Fest« anlässlich des Ramadan-Endes nach Timbuktu und zurückgefahren – haben sie Verwandte rausgeholt wie es

Yattara gemacht hat? Geht das so einfach trotz Belagerungs- und Kriegszustand? Ist das der beginnende Normalzustand, Akzeptanz des neuen Status quo?

Was ist aus dem ganzen »arabischen Frühling« geworden? Der Vormarsch eines radikalen, intoleranten – mit dem wirklichen Islam im Widerspruch stehenden – Islamismus. So scheint es nun auch in Mali zu laufen: Die vorgebliche Meuterei gegen ein marodes System – die in Wirklichkeit der Versuch einer neuen Machtverteilung war – machte den Weg frei für mit Drogen handelnde Auspeitscher, Steiniger und Händeabhacker.

27.8.:
Der »Ansar-Dine«-Chef Iyad al Ghaly gibt Verhandlungsbereitschaft zu erkennen, gnädigerweise, und es wird als Erfolg gewertet, obwohl für ihn die Scharia nicht zur Debatte steht.

In europäischen Medien ist von Hungersnot die Rede – hier platzen die Märkte aus allen Nähten. Meine Ex-Freundin Fatoumata Guindo schickt ihr Kind ins Dogonland, wo es anscheinend nichts zu befürchten hat. Der Verdacht liegt nahe, dass die angeblichen Hungersnöte gezielte Falschinformationen sind, um die Hilfsmaschinerie in Gang zu setzen und das Geld in die eigene Tasche zu stecken. Als in Badiagara vor einigen Jahren durch Überschwemmung 50 Häuser zerstört wurden und die internationale Gemeinschaft Geld für Neubauten schickte, heiratete der Bürgermeister vier Frauen und veranstaltete ein riesiges Fest. Die Betroffenen blieben in Massenunterkünften, bis sie sich aus eigener Kraft neue Häuser gebaut hatten. Diese Information habe ich aus Geberkreisen, die nichts dagegen unternehmen und beim nächsten Mal wieder zahlen. Jetzt in den Zeiten der Krise läuft diese Art von Geschäften besonders gut, da die Menschen in den Geberländern informiert sind und mehr Mitleid haben als sonst.

28.8.:
Islamistenführer al Ghaly auf allen Sendern: Er werde mit Hilfe ausländischer Staaten wie Afghanistan den Rest Malis erobern. Wenn Südmali Nordmali angreife, werde er Südmali überrollen.

»Ich will schon gar keine Nachrichten mehr hören«, klagt Madou beim Frühstück, »da ist gleich der ganze Tag verdorben.«

Ich besuche die deutsche Botschaft, um meinen Sohn Peter anzumelden: Die Besetzung ist auf drei Leute reduziert. Sie dürfen keine Familienmitglieder in Mali bei sich haben. Dürfen sich nur entweder zu Hause oder in der Botschaft aufhalten beziehungsweise auf dem Weg zwischen den beiden Orten hin und her. Malische amtliche Dokumente wie Heirats- oder Geburtsurkunden werden grundsätzlich nicht akzeptiert, sondern in einem dreimonatigen Prozess in Deutschland auf ihre Echtheit überprüft. Wie das gehen soll, wird nicht dazugesagt. Wenn nur ein Buchstabe undeutlich oder gar überschrieben ist, wird das Dokument nicht angenommen. Öffnungszeiten sind auf 9-11 Uhr reduziert – als ich um 9 Uhr 45 aufkreuze, wird mir der Zutritt verweigert, weil die Botschaft bereits überlastet sei. Erst nach mehreren wütenden Telefonaten werde ich vorgelassen. Im Warteraum sitzen drei Besucher. Zwei davon werden unverrichteter Dinge nach Hause geschickt, weil ihre Reiseversicherung nur bis zum 11.9. geht, ihr Rückflug aber am 12.9. ist.

Der sympathische junge Aushilfsbotschaftssekretär mit stark sächsischem Akzent erzählt bei unserem Gespräch über die politische Lage, dass er Musiker sei, »vom Militär« komme, vor allem Blasmusik und Militärmärsche liebe und deshalb mit Blasmusikern aus dem malischen Militär eine gemeinsame Band gegründet habe, die durch den Putsch beziehungsweise die darauf folgenden Restriktionen nicht mehr fortführbar sei. Was er sehr bedauere.

Die grünen Minibusse der »Sotrama«, in die 20 bis 30 Personen passen und die den Nahverkehr Bamakos bestreiten, sind oft mit Stars bemalt. Als ich 2003 kam, sah ich oft Madonna portraitiert, auch Michael Jackson und vor allem Muamar al Gadhafi, bald kam Osama Bin Laden dazu später, sozusagen gleichwertig, Obama. In letzter Zeit sind immer mehr Minibusse mit Portraits von Amadou Haya Sanogo zu sehen.

Letzte Nachricht des Tages: »Ansar Dine« und »Aqmi« sind angeblich schon mit bis zu hundert Undercover-Agenten in Bamako vertreten.

Batoma bekommt langsam Angst. Sie weiß, dass sie mit einem weißen Kind – selbst wenn es im Lauf der Zeit noch brauner werden wird – gesteinigt werden kann: »Ansar Dine« erkennt unsere Heirat nach malischem Recht nicht an.

29.8.:

Madou fragt: »Warum verhandeln sie mit diesen Verbrechern? Mit jedem anderen Dieb verhandelt man nicht, sondern steckt ihn ins Gefängnis. ATT wurde gestürzt, weil er verhandelt hatte – jetzt tun sie selbst das gleiche! Diacounda hatte beim Amtsantritt erklärt, er werde niemals verhandeln – jetzt verhandelt er trotzdem und schickt dann auch noch ausgerechnet Dicko!« Zur Begründung führe er an, die »Aqmis« seien Landsleute – wie ATT es auch in Bezug auf die MNLA begründete, wo es wenigstens teilweise zutraf – »dabei kommen diese Banditen aus Nigeria, Marokko, Algerien und sonst wo überall her – bloß nicht aus Mali!« Qatar schicke die Waffen und das Geld, schimpft Madou, ein sonst eher ruhiger Vertreter weiter: »Sollen sie doch nach Qatar gehen!«

Dass Mitglieder von »Ansar Dine« und »Aqmi« in Bamako seien, könne nur heißen, dass sie Kontakt zu Sanogo suchen, mutmaßt Madou. »Sanogo ist sauer, weil die CEDEAO das erste Abkommen der 40 Tage gebrochen und ihm den Status des Expräsidenten wieder aberkannt hat und er ist der Einzige, der hier noch militärische Macht hat. Wenn »Ansar Dine« sich mit ihm verbündet, ist alles aus. Je länger sie verhandeln, desto länger können die anderen den Krieg vorbereiten!«

Die CEDEAO würde ja helfen – und wenn sie da wäre, käme auch Frankreich –, aber da Mali das ablehnt und alles selbst geregelt bekommen will, passiert am Ende gar nichts. Das wiederholt sich seit Monaten.

Vieles ändert sich, aber nicht der Hip-Hop-Terror.

Ehemals das Land der tausend Gesichter, ist Mali in musikalischer Hinsicht heute ein Land ohne Gesicht: Wo vorher tausend verschiedene Musikrichtungen blühten, ist heute fast nur nur noch das eintönige »bumm, bummm bummm«, der RAP- und Hip-Hop-Bässe zu hören, die nicht nur aus vorbeifahrenden Autos dröhnen, sondern am Wochenende oft aus riesigen, auf der Straße oder auf Plätzen aufgestellten Boxen, die bis tief in die Nacht ganze Quartiere terrorisieren. Diese Veranstaltungen gehen auf ein uraltes Initiationsritual zurück, das es auf der ganzen Welt gibt und hier »Balani« heißt: Die pubertierenden Jugendlichen werden aufeinander zugeführt in öffentlichen Tänzen, von der sozialen Gemeinschaft getragen und letztlich auch kontrolliert. Noch zu meiner Anfangszeit in Bamako konnte ich die traditionelle Form erleben: Musiker spielen auf dem malischen Nationalinstrument »Balafon« – eine Art Xylophon mit Holztonträgern und kleinen Kalebassen als Klangkörper – und Moderatoren animieren die Jugendlichen zu rituellen Tänzen, außerdem gibt es viel Jux und Dollerei. Weniger Jahre später kam die moderne Form der weiterhin »Balani« genannten Festivität auf: Junge Männer mit dunklen Sonnenbrillen bauen Laptops, Verstärker und Boxen auf und nudeln aus dem Internet gezogene Bass- und Quäk-Loops auf Höchstlautstärke ab, dazu brüllen sich Moderatoren die Kehle heiser. Gegenüber der traditionellen Form ein Rückfall in die Steinzeit, da die beteiligten afrikanischen DJs so wenig Ahnung von dieser amerikanisch-europäischen Musikform haben, wie wahrscheinlich amerikanisch-europäische Love-Parade-DJs von afrikanischer Trommelkunst. Während früher Sozialverhalten eingeübt wurde, wird heute ein meist in der Elfenbeinküste hergestellter Ecstasy- und Crack-Verschnitt unter die Jugendlichen gebracht, der zu den Bumm-Bumm-Bässen gehört, wie das Amen in die Kirche, mit der Folge, dass auf dem Kontinent der Weltmeister des Trommelns, 11-13 Jährige mit glasigen Augen unbeholfen zu den elektronisch erzeugten Primitivrhythmen über die Plätze schwanken, nicht mehr ansprechbar sind und in diesem Jahr nur noch 13 Prozent das Abitur geschafft haben. Die einzigartige facettenreiche malische Musik, die weltweite Anerkennung bis hin zu Grammys erfuhr, ist bei der Jugend Malis out. Man trägt nach hinten gekehrte Baseballkappen, knielange Hosen, bei denen das halbe Gesäß herausschaut und Kopfhörer, mit denen man den von den Privatsendern rund um die Uhr ausgestrahlten RAP und Hip Hop hört.

Globalisierung ist die weltweite Egalisierung der Kultur auf unterstem Niveau.

In meinen Augen eine konsequente Entwicklung: Das ist die notwendige Gleichschaltung der Massen für die Abschaffung der Demokratie und den Marschbefehl, alle nicken im elektronisch eigehämmerten Takt.

Und auch hier: Alle sind dagegen, aber keiner tut etwas dagegen. Erst muss man mit den jungen Leuten reden, die das machen: Die lassen aber nicht mit sich reden, sondern drehen die Verstärker bis zum Anschlag auf und sind so vollgeknallt mit Crack-Verschnitt, dass sie weder hören noch sprechen können. Am Ende des »Balanis« folgt die Nationalhymne.

30.8.:

Trotz Krise, Abwesenheit von Staat und Bürokratie, allgemeiner Unsicherheit: Überquellende Märkte mit roten Tomatenbergen, grünen Gurkenbergen, gelben Bananenstauden, auch nach dem Fest. Orangen, Wassermelonen, Ananas. Abends an allen großen Straßen Hühnchenbratereien bis tief in die Nacht, Warteschlangen davor. Ich frage mich immer wieder, wie viel vermögende Leuete es hier gibt: Diese Hühnchen sind richtig teuer!

Der Schulanfang soll von Mitte September auf Anfang November verschoben werden. Das in einem Land, in dem in diesem Jahr nur 13 Prozent der Abiturienten bestanden haben. Im letzten Jahr waren es noch 22 Prozent, die Zahlen sanken seit Jahren. Seit der Einführung von Mobiltelefonen, Laptops und Internet macht sich auch in Mali die »Null Bock«-Mentalität breit. Auch diese seit Jahren fortschreitende Verblödung der Jugend ist eine der gesellschaftlichen Voraussetzungen, die den reibungslosen Ablauf des Putsches ermöglichten.

31.8.:

Mein Freund, Professor Souleyman Goro, meint:

»Die Regierung der nationalen Einheit wird alles regeln, aber man kann nicht sagen, wie lange das dauern wird. Der Norden ist nicht so gut bewaffnet, wie immer gesagt wird, er ist zu besiegen.

Sanogo muss in der Regierung drin bleiben, sonst gibt es Ärger. Er muss den Krieg gegen den Norden führen, denn er hat ATT abgesetzt, weil er den Krieg nicht geführt hat.

Die Leute, die ATT der Korruption beschuldigten, also auch Sanogo, sind inkonsequent: Warum haben sie ihn dann nicht umgebracht, Militär ist zum Töten da oder etwa nicht?«

Aus einem Gespräch mit meinem Arztfreund Bassy und Aminata Niamoye, einer Marketingstudentin aus Bamako, die eben den Norden besucht und Menschen getroffen hatte, denen die Hände abgehackt worden waren:

»Der Putsch hat den Menschen die Augen geöffnet. Die Politiker haben ihren Kredit verspielt, komplett und dass es gründlicher nicht geht«, sagen beide unisono. Ohne dass Bassy es explizit sagt, zählt auch Sanogo dazu, für Aminata sowieso. Auf meine Frage, warum die Malier nicht wollen, dass die CEDEAO am Kampf gegen den Norden teilnimmt, antwortet Aminata: »Weil sie sich bei der Reaktion auf die Krise schlecht benommen haben: Sie haben diktiert, sie haben uns boykottiert, sie haben die Grenzen gesperrt, um uns zu zwingen, ihrer Verhandlungslösung zuzustimmen. Das ist unfair, das ist nicht gleichberechtigt, das ist unwürdig.« Und sie fasst zusammen: »Sie haben keine keine Kultur des Dialogs. Sie hätten zuerst mit uns verhandeln sollen!« Sie erklärt mir die Begriffe »toguna« und »gwelekan«, die für den Dialog als oberstes Problemlösungsgebot stehen. In unserer Begrifflichkeit wohl am ehesten vergleichbar mit Forum, runder Tisch.

1.9.:

Nach neuesten Gerüchten über den wahren Ablauf des Putsches, hatten die eingedrungenen Soldaten bereits den Raum mit den Überwachungskameras besetzt und konnten auf den Monitoren sehen, wie ATT durch geheime Gänge floh, deren Zugänge sie aber nicht schnell genug fanden. Es sei klar gewesen, dass sie ATT hätten töten wollen. Ins Schafzimmer seiner Frau Lobo hatten sie, kurz nachdem diese daraus geflüchtet war, noch eine Handgranate geworfen.

Der verprügelte Chefredakteur des »independant« schreibt von Dakar aus: Wenn die Malier den Norden nicht militärisch besiegen, werden es die umliegenden Länder tun, auch ohne Erlaubnis der Malier, weil sie nicht warten werden, bis sie als nächste dran sind.

Die Administration soll zurück in den Norden – und die Politiker jubeln, dass die Islamisten das zulassen, verkaufen das auch noch als ihren Verhandlungserfolg – dabei zementieren die Salafisten damit ihre Macht und es wird alles zum Normalzustand.

Die normative Kraft des Faktischen: Im Maß, in dem die neue Situation sich stabilisiert, der Übergangszustand zum Normalzustand wird, wird ATT Restmüll, den keiner mehr will: Er kann auf Dauer im Senegal nicht bleiben, weil der senegalesische Präsident sonst nicht mit den neuen Machthabern klar kommt.

Die Stadt Douentza wird von den Islamisten eingenommen. Sie ist von Mopti nur noch 150 km entfernt, 750 km von Bamako. Das ist der bis jetzt am weitesten außerhalb des Azawad-Gebietes gelegene Stützpunkt der Salafisten auf dem Weg der Eroberung des Südens.

2.9.:

Für meinen Freund, den Taxifahrer Sacko, der mich wieder zum Flughafen bringt, ist und bleibt der einzige glaubwürdige Politiker IBK: »Er wird die nächsten Wahlen gewinnen. Sobald er dran ist, wirst Du sehen, wie dieses Land sich entwickelt!«

Aus verschiedenen Quellen habe die Regierung 41 Milliarden Francs CFA für den Reisanbau freigegeben, berichtet Sacko und fährt wütend fort: »Modibo Sidibe hat alles gestohlen und 200 Geländewagen gekauft für seine Kampagne. Er sollte der Nachfolger von ATT werden. Ich schwöre es Dir, ich kann Dir die Autos zeigen!«

Ich frage, wie es der Taxi-Kooperative geht, deren Vizechef er ist und die bereits mehrere Autos gekauft hat und jetzt abstottert.

»Ich bin in unserer Organisation jetzt für die Reparaturen zuständig, für meine Arbeit bekomme ich 15 000, was hinten und vorne nicht reicht. Die Schule kostet jedes Schuljahr mehr – ich kann nur höchstens bis zum 4. Schuljahr zahlen und die meisten anderen auch – so werden die Kinder zu Banditen und Prostituierten.«

Wir hängen in einem Stau vor dem Platz der Unabhängigkeit. Sacko stellt den Motor ab:

»Ich war in der Schule zu Zeiten von Moussa Traoré«, erinnert er sich. »Kaum kam die Demokratie – wurde die Schule für zwei Jahre geschlossen. Bei Moussa gab es keine Korruption, es wurden Fabriken gebaut, alle gingen zur Schule und an die Uni.

Mit der Demokratie war alles zu Ende.

Seitdem kommen die NGOs und die Hilfe von außen – und all das geht in die Taschen der Reichen. Die Politiker der Demokratie haben mehr Geld veruntreut als Moussa Traoré jemals, weil sie auch das Geld der NGOs und Entwicklungshilfe schlucken. Und sie schaffen das Geld außer Landes, auf ausländische Bankkonten und für Studien ihrer Kinder in den USA und Frankreich. Bei Moussa blieb es hier. Bei Moussa hat der Reis 15 000 gekostet, jetzt kostet er das Doppelte. Genauso der Zucker. Dazu passt, dass die Übergangsregierung erst mal den Schulanfang auf November verschiebt.

70 Prozent der Bevölkerung haben keine 500 Francs CFA pro Tag – die restlichen 30 Prozent haben mehr, als sie je verfressen können. Hast Du das Schloss von Kassim Tapo gesehen? Haben eure Politiker solche Paläste? Mit botanischem Garten und Tieren wie im Zoo? Auch die Partei ADEMA hat komplett das Vertrauen verloren.«

Er zündet den Motor wieder an. »Es geht darum, zu essen zu haben, Gesundheit und Schule«, ruft er emphatisch beim Anfahren, »all das gab es bei Moussa Traoré und all das wurde von Alpha Konaré und später ATT abgebaut!«

Die statistischen Zahlen, siehe Abiturabschlüsse, bestätigen das. Auch hörte ich von anderen, dass unmittelbar nach der Entkolonialisierung bis hin zur Dikatur Moussa Traorés das Bildungsniveau weitaus höher gewesen sei als heute. Die vielen 40- bis 50-jährigen Frauen in wichtigen Positionen, wie Richterinnen, Politikerinnen, Untenehmerinnen, belegen das.

»Die USA haben Millionen gegeben«, berichtet Sacko weiter, »in zwei Jahren wird man nichts mehr davon sehen, weil die Politiker alles eingesteckt haben«, »gegessen haben«, wie man, wörtlich übersetzt, hier sagt.

»Um nur ein Beispiel zu nennen«, fährt Sacko fort, »die Hausbesitzer müssten Steuern für die Miete zahlen – aber die meisten Häuser sind nicht einmal registriert! Wo sollen dann da die Steuern herkommen? Wie soll der Staat sie einfordern?«

Modibo Diarra leiste gute Arbeit, meint auch Sacko, er sei der Einzige, dem man vertrauen könne. »Bei dieser Übergangsregierung ist es nicht möglich, Geld zu stehlen!«, beteuert Sacko erneut.

»Aber sie bereichern sich legal, indem sie neue Posten geschaffen haben«, wende ich ein, »obwohl die Staatskasse leer ist.«

»IBK hat nie einen Franc gestohlen«, antwortet Sacko, obwohl ich das gar nicht behauptet habe, »das glaube ich nicht nur, das weiß ich, das schwöre ich, das hat er selbst bei der Bibel und dem Koran geschworen! IBK wird gewählt werden, ganz klar.«

»Und was ist mit dem Norden?«, frage ich.

»Norden?«, wiederholt Sacko und lächelt mich kopfnickend an: »Wer den Frieden will, muss den Krieg vorbereiten«, habe IBK dazu gesagt, und Sacko findet das in Ordnung.

»Das überflüssigste Ministerium ist das für die Religion. Es wird von der gewählten neuen Regierung als erstes abgeschafft werden. Die Christen haben nie Ärger gemacht oder Probleme bereitet, die Animisten sowieso nicht – das Ministerium dient nur dazu, dass die Muslime alles bestimmen können«, sagt Sacko, der selbst Muslim ist, aber zu der laizistischen Tradition seines Landes steht.

Im Radio sind Kommentare zu hören: »Jetzt verhandeln sie genauso wie ATT – am Ende wird die Geschichte ATT rehabilitieren.«

Am Flughafen keine Straßenkontrollen mehr. Die Leute ignorieren einfach die politische Situation, sind nur noch genervt davon, haben es satt.

Im Flugzeug sitzen zwei ältere Herren neben mir. Die beiden, offenbar Geschäftsleute, kannten sich nicht, kommen miteinander ins Gespräch und stellen schnell fest, dass sie gemeinsame Bekannte haben – und rufen sofort einen davon an, um ihm mitzuteilen, dass sie sich eben kennengelernt haben. Sie bemerken, dass ich das beobachtet habe und mich amüsiere und erklären mir: »In Mali kennt jeder jeden oder jemanden, den sie gemeinsam kennen. Man nennt das die ›Cousinage‹. Da wir im Gegensatz zu Euch in Großfamilien zusammenleben, finden sich schnell in jeder Familie mehrere Ethnien: Da kann man keinen Krieg gegeneinander führen! Da muss man reden anstatt zu schießen«, schließt der eine lachend und der andere wiederholt ein Witz-Sprichwort, das ich schon öfter gehört hatte: »Wenn Du einen Dieb erwischst, stecke ihn so schnell es geht in den Knast – bevor Du feststellst, dass er mit Dir verwandt ist.«

Grundlage der »Cousinage« ist wiederum die Polygamie. Wer zwei, gar vier Frauen hat, ist mit zwei, gar vier Familien verknüpft. Das bedeutet einerseits Verpflichtung: Das Familienoberhaupt muss nicht nur einem entfernten Verwandten seiner vierten Frau den Arzt und die Medikamente bezahlen. Andererseits hat er auch in allen möglichen Ämtern, politischen Parteien oder Betrieben einen Verwandten sitzen, der Urkunden besorgen kann, Posten verschaffen oder mit dem sich Geschäfte zu familiären Konditionen machen lassen. So kommt es, dass auch unter Freunden gesagt wird: Du gehörst zur Familie, dann lassen wir Fünfe gerade sein.

Mit wem auch immer ich rede, es geht um die Kultur des Dialogs als spezifisch malische Eigenschaft.

Das Flugzeug ist voll besetzt, auch die Businessclass – nur ein Weißer darunter. Viele Kinder und Jugendliche fliegen zurück nach Europa – zurück vom »kleinen Fest« nach dem Ende des Ramadan –, alle mit Smartphones, die Jungs mit halb herunterhängenden Hosen, aus denen der Bund der Unterhose mit dem Markenzeichen herausschaut, die Mädchen französische Frauenzeitschriften lesend: Sie wirken erleichtert, endlich wieder in den europäischen Normalzustand zurückkehren zu dürfen. So sieht die Realität der Upper-Class in diesem angeblich ärmsten Land der Welt aus.

3. September bis 12. November, Deutschland

3.9.:

Im Flugzeug lese ich in der Zeitschrift »chrismon« ein Gespräch mit der Theologin Käßmann und dem Rüstungsproduzenten Braunbehrens über die Notwendigkeit und moralische Berechtigung von Rüstungsindustrie. Herr Braunbehrens moniert, dass Deutschland Gadhafi Waffen geliefert hat, die heute im Norden Malis Unheil anrichten. Gleichzeitig verteidigt er die Lieferung von 200 Leopard-Panzern, Massenvernichtungswaffen, die er zärtlich »Leo« nennt, an Qatar.

»Herr Braunbehrens, Katar hat 200 Panzer bestellt. Wofür?

Braunbehrens: Bei Waffenkäufen geht es auch um Prestige. Der Leo ist ein Mythos. Katar ist sehr reich, aber nicht groß …

Käßmann: … eine Halbinsel mit 60 Kilometern Landgrenze …

Braunbehrens: … da steht dann alle 300 Meter ein Panzer. Dabei ist er eigentlich ein Gerät für Schlachten, die es so nicht mehr gibt.

Vielleicht will Katar die Panzer ja gar nicht für sich.

Braunbehrens: Staaten, die den Leo kriegen, müssen unterschreiben, dass sie die Panzer nur für ihre eigene Verteidigung nutzen, nicht gegen das eigene Volk einsetzen und so weiter.

Käßmann: Und wer kontrolliert das?

Braunbehrens: Es ist schlecht kontrollierbar. Neben der Intransparenz ist dies der andere große Mangel der Exportrichtlinien. Ein Mangel, der nicht leicht zu beheben ist.«

Qatar wiederum rüstet nicht nur die Salafisten und Assad-Gegner in Syrien militärisch aus, sondern auch die Salafisten von »Ansar Dine«, der »Aqmi« und »Mujao«, die die MNLA mit ihren Gadhafi-Waffen so schnell weggeputzt haben, wie man nicht einmal eine Internetseite aktualisieren kann, und die inzwischen fast täglich Arme abhacken, unverheiratete Paare auspeitschen oder zu Tode steinigen. Und jetzt sollen deutsche Leopard-Panzer ihnen ermöglichen, den Rest Malis zu überrennen?

Wohin bin ich geraten? Ich verlasse ein Land, in dem Bürgerkrieg droht und komme in ein Land, das diesen Bürgerkrieg durch seine Waffenverkäufe überhaupt erst möglich macht. Ein Albtraum.

4.9.:
Nun ist es doch so weit: Die politischen Parteien Malis fordern den Präsidenten auf, die CEDEAO um militärische Hilfe zu bitten. Die schwer bewaffneten »Gotteskrieger« kommen immer näher ans Zentrum, da stellt man dann auch eine Diskussion über Stolz und Scham lieber hintenan.

5.9.:
Der Übergangspräsident Diacounda Traoré sendet eine offizielle Bitte an Allassane Quattara, den Chef der CEDEAO, Truppen zur Verstärkung der malischen Armee zu senden.

Es wird bekannt, dass der Kommandant von Douentza, ein Herr Dicko, die Stadt den Truppen der »Mujao« zum Preis von 6 Millionen Francs CFA kampflos übergeben hat. Knapp 10 000 Euro.

Wen auch immer ich in Deutschland in Sachen 200 Panzer für Qatar anspreche oder anschreibe: Ich ernte nur gelangweiltes Achselzucken. »Da kann man nichts machen«, »Ohne Rüstungsindustrie bricht unsere Wirtschaft zusammen«, »Die Rüstungsindustrie ist unantastbar«, »Pass auf: Setz Dich nicht in die Nesseln«.

Es ist unfassbar: Dass in Nordmali Menschen zu Tode gesteinigt werden und vor allem, dass Weltkulturerbe vernichtet wird, erzeugt zwar gelegentlich ein kritisches Stirnrunzeln in »Spiegel«, »Zeit« oder der »Süddeutschen Zeitung« – dass deutsche Waffen das erst möglich machen oder gar potenzieren, ist ein Tabu, darüber spricht man nicht.

6.9.:
Waffen für Mali werden an der Grenze zu Gambia festgehalten. Dass sie ausgeliefert worden waren, war also eine Falschmeldung. Der Grund für das Zurückhalten kann eigentlich nur sein, dass die CEDEAO nicht möchte, dass Sanogo dann über sie verfügt.

7.9.:
Das Militär und die Putschisten erklären offiziell ihr Nicht-Einverständnis mit der Bitte um Militärhilfe.

8.9.:
Gerüchte über eine geplante französische Militärintervention.

9.9.:
In der Nacht beschießt die malische Armee in Diabali, 175 Kilometer nördlich von Segou, 400 Kilometer vor Bamako, einen Bus, weil er trotz Aufforderung nicht gestoppt hatte. 16 Insassen werden getötet. Laut privaten Quellen handelte es sich keineswegs um Islamisten, sondern normale Businsassen des normalen Personenverkehrs – der Busfahrer hatte wohl nicht angehalten, weil er Angst hatte, dass es nicht die Armee ist, sondern als Soldaten verkleidete Islamisten, die ihn anhalten. Wenn das die erste Aktion der malischen Armee ist, die alleine den Norden befreien will, dann sieht es wirklich düster für diese Truppe aus.

10.9.:
Nach noch unbestätigten Gerüchten ist der Präsidentenpalast von Soldaten der Putschfraktion angegriffen worden, die gegen die Bitte des Präsidenten um westafrikanische Militärhilfe sind. Sie konnten aber überredet (!) werden, wieder nach Hause zu gehen. Sowas gibt es nur in Mali!

11.9.:
Sanogo erklärt ORTM die völlige Übereinstimmung mit dem Übergangspräsidenten Diacounda Traoré und dem Ministerpräsidenten Modibo Diarra, die beiden stünden in ständigen Konsultationen mit ihm und er sei einverstanden mit all ihren Handlungen. Er ist und bleibt der Chef des Präsidenten von seinen Gnaden.

Inzwischen wird deutlich, dass die malische Armee in ihrer ersten »Kriegshandlung« 16 unschuldige Menschen massakriert hat. Es waren zwar Männer mit langen Bärten, aber »harmlose«. Die getöteten Muslime waren Mitglieder der aus Pakistan stammenden Sekte »Dawa«, die in seit 1990 in Afrika tätig ist und in einem Stadion in Bamako ihre Jahresversammlung abhält. Die Regierung entschuldigt sich in Mauretanien.

12.9.:
Die an der Landesgrenze festgehaltenen Waffen für Mali werden freigegeben. Sanogo bestätigt Spaltungstendenzen innerhalb der Putschisten, dementiert aber in einer Ansprache im Fernsehen »Insurrektionen« innerhalb der Armee.

13.9.:
Die CEDEAO hält sich offen, weitere Sanktionen gegen einen Teil der malischen Armee zu erlassen, weil Sanogo und seine Anhänger weiterhin den Übergangsprozess behindern.

15.9.:
Ergebnislose Mission der Unterhändler der CEDEAO: Mali lehnt jede Entsendung von Truppen der CEDEAO ab. Wie soll ein Mensch noch verstehen, was hier abgeht? Eben wurde doch noch offen darum gebeten! Weil diese Bitte ohne die Erlaubnis Sanogo ausgesprochen wurde?

18.9.:
Bezeichnend für die in Deutschland lebenden Malier ist, dass niemand eine eindeutige Position vertritt. Ich lerne einen seit 15 Jahren in Karlsruhe lebenden Ingenieur kennen. Ähnlich wie Oumar Traoré aus Berlin ist er zwar im Prinzip gegen den Putsch, versteht aber die Hintergründe. Und so wartet auch er mit einer Geschichte auf, die diese Hintergründe erhellen soll: Nach einem Überfall auf eine Kaserne im Norden Malis, bei dem die Angreifer zurückgeschlagen werden konnte, fanden malische Soldaten das Mobiltelefon eines Tuaregchefs, auf dem ein kurz davor geführtes Telefonat mit ATTs Geheimnummer registriert war. Meine Frage nach der Glaubwürdigkeit dieser Geschichte beantwortet er mit einer weiteren Geschichte: Einmal habe ATT mit seiner Präsidentenlimousine inklusive

Leibgarde den Norden Malis besucht. In der Nähe von Kidal habe es ein Treffen mit einem Tuaregführer gegeben, dessen Name freilich nicht verraten wurde. ATT sei umgestiegen in dessen Luxusgeländewagen und habe die malische Flagge von seiner Präsidentenlimousine abgenommen und auf dem Wagen des Tuargeführers aufgesteckt. Daraufhin sei der Chef seiner Leibgarde wutentbrannt zu dem Wagen des Tuaregführers gerannt und habe die Fahne wieder abgerissen mit den Worten: »Ich kann nicht dulden, dass die malische Flagge auf dem Auto eines Drogenhändlers steckt!«

Als Schriftsteller muss ich gestehen, dass diese Geschichten allesamt einen hohen literarischen Wert haben, erzählerische Qualität. Als Beobachter der Situation muss ich einmal mehr feststellen, dass jeder für jede Position eine entsprechende Geschichte aus dem Ärmel zaubert.

13.10.:

Endlich ist es soweit! Nachdem seit sechs Monaten im Süden Malis die Diskussion darüber tobt, wie die Abspaltung der nördlichen Landeshälf te rückgängig gemacht werden könnte, 152 Parteien, unzählige Gruppen und Vereinigungen der Zivilgesellschaft, ungefähr zwanzig private Radios, mindestens sechs bis acht ernst zu nehmende und verschiedene politische Standpunkte einnehmende Tageszeitungen, sowie an jeder Straßenecke in Bamako sich versammelnde Gruppen von Menschen darum rangen, ob man militärisch eingreifen soll oder nicht und wenn ja, nur mit eigenen Kräften oder mit Hilfe der umliegenden westafrikanischen Länder oder mit Hilfe der NATO;

nachdem die Putschgegner schon lange für äußere Hilfe, aber die Putschbefürworter aus »nationalem Stolz« gegen sie waren, obwohl Mali alleine gar nicht in der Lage wäre, die aus Afghanistan, Marokko, Algerien, Nigeria und Qatar eingeschleusten und schwerstbewaffneten Gruppen zu besiegen und somit nur den Killertruppen freie Bahn schufen, was die Putschisten ja angeblich hatten verhindern wollen;

nachdem die Führer dieser Killertruppen auf allen Kanälen vom Internet über Printmedien bis zum Fernsehen, auch in Frankreich, unmissverständlich und mit hasserfüllter Fratze erklärt hatten, dass sie ganz Mali erobern wollen, dieses als »heiligen Krieg« bezeichneten und explizit unzählige Male wiederholten, dass sie gegen den Rest der Welt, insbesondere die NATO, zu kämpfen bereit seien;

nachdem in Südmali eine beispiellose gesellschaftliche Diskussion, ein monatelanges, quälendes Hin und Her, begleitet von Massendemonstrationen, einer Attacke auf den Präsidenten und Kundgebungen vor vollbesetzten Fußballstadien dazu führte, dass die malische Regierung eine offizielle Bitte um militärische Hilfe an die Vereinten Nationen gerichtet hat,

nachdem diese sich für ihre Antwort ebenfalls quälend lange Zeit genommen haben –

ist der Beschluss nun endlich gefasst, dass die westafrikanischen Länder zusammen mit der malischen Armee und unterstützt von französischen, amerikanischen und deutschen Militärberatern, eine militärische Rückeroberung des Nordens vorzubereiten beginnen.

Was die, wahrlich nicht besonders große, deutsche Beteiligung betrifft, sind die Internet-Chat-Seiten voll von »Danke Angela«, »Die Deutschen waren schon immer unsere besten Freunde, sie waren die ersten, die 1961 unsere Unabhängigkeit anerkannten«, oder, zum Teil auf Deutsch: »Willkommen unter meinen Freunden. Stillgestaden!«, »Die Sprache eines Volkes ist seine Seele.« »Ich danke Ihnen im Voraus.« – »Vielen Dank, dass wir immer auf euch zählen können!«, »Danke Frau Merkel! Danke Deutschland! L' Allemagne est un pays de faits CONCRETS. Encore une fois MERCI.«, »Mit Deutschland wird alles ernst. Dieses Land ist nicht wie andere Länder. Deutschland von Karl Marx ist ein Land von Praxis. Unsere Partnerschaft mit diesem Land wird einen echten Erfolg geben. Wie man sagt ›Wollen ist Können‹. Zusammen mit Deutschland werden wir diesen Krieg gewinnen! Es lebe Deutschland!«

Freunde rufen mich an und bedanken sich persönlich bei mir, was nun wirklich nicht nötig gewesen wäre, Frau Merkel entscheidet für gewöhnlich, ohne mich zu fragen.

Und in Deutschland selbst?

Ein Aufschrei geht durch die – nicht nur radikal linken – Medien, der »eilig zusammengeschusterte Beschluss« der UN sei Ausdruck von Großmachtpolitik. Als ob die malische Bevölkerung aus bewusst- und willenlosen Marionetten an den Fäden finsterer Großmachtpolitiker bestünde.

Ich empfinde diese Haltung von Menschen, die sich als »links« und »kritisch« verstehen nur noch als postkoloniales, ignorantes, selbstgefällig-überhebliches Herrenmenschentum. Es offenbart sich im Bewusstsein dieses angeblich aufgeklärten Teils unserer Bevölkerung ein Afrika-Bild, das bei »Zehn kleine Negerlein« stehen geblieben und besonders übel bei Leuten zu konstatieren ist, die das Gegenteil von sich behaupten.

Erst nehmen sie die Ereignisse nicht zur Kenntnis, wollen von Folterungen so wenig hören wie von Auspeitschungen und sogar Steinigungen durch mit unter anderem deutschen Waffen ausgerüsteten Eroberer, sondern horchen erst auf, wenn es um Zerstörung von Weltkulturerbe geht. Das ist also die überlegene westliche Zivilisation mit ihrer tollen Kultur. Menschenleben interessieren nicht. Wenn aber die unter anderem mit deutschen Waffen, also von Deutschland mitverantwortete »Suppe« auch von Deutschland mit ausgelöffelt werden soll, schreien sie plötzlich: »Stopp!«

Was ist das für eine verantwortungslose Haltung.

Unterdessen peitschen im besetzten Norden Malis vermummte sich »Verteidiger des wahren Islam« nennende Vergewaltiger, Drogenhändler und Erpresser öffentlich unverheiratete Paare aus, filmen das und setzen es ins Internet. Sie steinigen Frauen zu Tode, die angeblich »Ehebruch« begangen haben. Sie hacken Menschen, die des Diebstahls nur verdächtig sind, Hände und oft auch Füße ab, fotografieren und filmen das, verbreiten es übers Internet und schicken die Verstümmelten nach Bamako, in den Süden Malis, damit dort auch die letzte politisch und religiös uninteressierte Bananenverkäuferin darüber Bescheid weiß, was sie in Zukunft erwartet. Längst sind auch Städte südlich des besetzten Gebietes erobert und Voraustrupps sondieren bereits im anliegenden Dogonland, welches die nächsten sein werden. Selbst in Bamako sah ich schon im August die ersten Späher.

Das alles interessiert die deutschen »Kritiker« nicht. Stattdessen hebt ein Gezeter an – wie damals, als der Kinderschänder und blutige Sadist Gadhafi endlich gestoppt werden sollte –, das sei imperialistische Einmischung. Sind die Malier und ihre Bitte um Hilfe unzurechnungsfähig oder was? Hier wird seit Monaten in allen Medien und an jeder Straßenecke diskutiert, wie man das Land wiedervereinigen kann und diese »Banditen«, »ausländischen Eindringlinge«, »Entführer und Erpresser«, die auch noch den Namen Allahs schänden, wieder vertreiben kann – und die deutschen Kritiker tun so, als gäbe es dieses ganze Volk gar nicht.

Ich habe in Bamako mit Freunden, Bekannten und wildfremden Menschen aller politischen Richtungen, unterschiedlichsten Bildungsgrads und unabhängig von religiöser Einstellung gesprochen:

Es hatte lange gedauert, bis es soweit war, aber dann waren alle für ein militärisches Eingreifen.

100 Prozent.

Derzeit wird in Deutschland die Lieferung von 200 Leopard-Panzern nach Qatar vorbereitet – 20 davon, weitergeleitet auf den Jumbotauglichen Flugplatz in Kidal im besetzten Norden Malis, würden reichen, den Süden zu überrollen.

Davon redet keiner in Deutschland.

Am Ende bilden die deutschen Helfer ihre malischen Kollegen darin aus, wie sie am besten gegen deutsche Leopard-Panzer kämpfen können.

In was für einer absurden Welt leben wir eigentlich?

12. November bis 8. März, Mali

18.11.:

Ein einheitliches Stimmungsbild der Situation in Bamako lässt sich nicht zeichnen. Madou zum Beispiel sagt: »Keiner traut sich mehr, was gegen die Putschisten zu sagen.« Es herrsche eine Klima von Angst und Misstrauen – Monica sagt das Gegenteil, Sanogo werde nur noch augelacht, von keinem mehr ernst genommen. Mal wieder scheint der Klassenstandpunkt die Einschätzung zu bestimmen: Madou ist sozusagen Proletariat – Monica Oberschicht, Mitglied der herrschenden Klasse. Mich befriedigt am meisten Bassys Urteil: Sanogo wolle doch nur Geld. Ich erinnere ihn nicht an seine Erklärungen nach dem Putsch – er aber weiß genau, dass ich daran denke und grinst, als wolle er mir die Zunge rausstrecken.

11.12.:

Sanogo ließ am Abend des 10.12. den Premierminister Modibo Diarra am Flughafen verhaften und zwang ihn, seinen und seines gesamten Kabinetts Rücktritt zu erklären und öffentlich im Fernsehen zu verkünden.

Praktisch ein zweiter Putsch, der überhaupt keine nationalen oder internationalen Folgen hat. Übergangspräsident Traoré verspricht, schnell einen neuen Premier zu ernennen, die europäische Union fordert, eine neue kompetente Regierung zu bilden. Von der CEDEAO überhaupt keine Reaktion.

Politisch ist das die Anerkennung Sanogos als über dem Präsidenten stehenden Staatschef, ohne den nichts mehr geht. Was und wer nicht seinen Segen hat, wird abgestellt.

12.12.:

In den Radios und Zeitungen erscheinen folgende Hintergründe der Absetzung des Premierministers Modibo Diarra:

Er habe sich immer weniger um die Angelegenheiten Malis gekümmert und immer mehr nur noch um seine Präsidentschaftskandidatur.

Seine angeblich aus gesundheitlichen Gründen geplante Reise habe nur dazu dienen sollen, ein Treffen aller zivilgesellschaftlichen Kräfte zu verhindern, in denen die Befreiung des Nordens diskutiert werden sollte.

Diacounda Traoré habe ihn anrufen wollen, um die Reise zu verhindern – Diarra habe nicht abgehoben und sich geweigert, mit dem Präsidenten zu sprechen. Darauf habe dieser Sanogo um Hilfe gerufen.

Sanogo habe Diarra angerufen – Diarra habe das Gespräch nach Kurzem abgebrochen.

Daraufhin habe Sanogo 20 Soldaten zum Flughafen geschickt, um Diarra zu verhaften.

Diese Meldungen werden nicht als Gerücht verkauft, sondern in verschiedenen Zeitungen als Tatsache gehandelt. Das Bemerkenswerteste dabei ist die Tatsache, dass der Übergangspräsident das Recht gehabt hätte, Diarra abzusetzen – er aber Sanogo gebeten habe, dies zu tun.

De facto ist dies der größte Sieg Sanogos seit dem Putsch. Selbst Leute wie Madou sind der Meinung, dass Diarra zurecht abgesetzt worden sei, da er sein Amt missbraucht habe – was allgemeine Meinung in der Bevölkerung war, kaum jemand stand noch hinter dem Premier. Sanogo als oberster Wächter über Recht und Gerechtigkeit. Allmählich beginnt er die Rolle Gadhafis zu spielen, der ja auch keine öffentliche Funktion hatte, kein Amt, keine gewählte Position – aber als »Bruder Muamar« über allem schwebte und bei allem das letzte Wort hatte.

Am Abend des 12.12. ist der neue Übergangspräsident Diango Sissoko bereits ernannt – das »Journal« zeigt seine Amtseinführung. Ansonsten hat dieser Vorgang das Leben in Bamako völlig unberührt gelassen: Das »Journal« berichtet außerdem von einer Informationsveranstaltung des malischen Roten Kreuzes über Maßnahmen zur Verkehrserziehung bis zur Diskussion über Sinn und Unsinn der Leiterwagenfahrer, die für die kleinen Geschäfte die Waren transportieren.

Ich selbst spiele eine kleine Rolle in einem Sketch zur Gesundheitsaufklärung bei der Veranstaltung des Roten Kreuzes auf dem Bürgermeisteramt und bin fast den ganzen Tag dort: Kein einziges Wort über die Absetzung des Premiers in den Diskussionen am Rande der Veranstaltung – ich ernte nur ein genervtes Stirnrunzeln, wenn ich darüber reden will. Auch mein Freund Bassy, der Arzt und Komödiant, der jetzt für das Rote Kreuz arbeitet und den Sketch schrieb und inszenierte, ist nicht bereit, mit mir darüber zu reden. Ich ziehe ihn nun doch noch auf, dass er doch anfänglich für Sanogo gewesen sei, aber er lächelt nur entwaffnend und schweigt.

7.1.2013:
Der Bundestagsabgeordnete Omid Nouripour besucht mich. Er ist auf Erkundungsreise in Mali, um eine Position in der Frage einer deutschen Beteiligung bei der Befreiung des Nordens zu finden. Zwei Botschaftsmercedesse mit Flagge erscheinen nach mehreren Telefonaten mit der Sicherheitsbeauftragten der Botschaft vor meinem Haus – der letzte hohe Besuch dieser Art war Oumar Mariko; davon wusste am nächsten Tag das ganze Quartier. Fünf weitere Herren vom Außenministerium, die sich für ihre Krawatten entschuldigen, sind auch dabei – aber ich habe mich auch europafein gemacht. Ich zeige den Herren den Blick über Bamako von meinem Dach und gehe mit ihnen durch mein Quartier – sie bedanken sich alle sehr dafür, nach den vielen klimatisierten Besuchen auf den Wolken der hohen Politik auch mal einen derart volksnahen, staubig unverfälschten Blick aufs Land zu bekommen. Beim Spaziergang spreche ich an, dass deutsche Waffen über Qatar an die Islamisten gehen könnten. Nouripour weiß Bescheid und als Oppositionspolitiker stößt er ins selbe Horn wie ich. Meine Haltung, dass Deutschland dann die Suppe, die es mit eingebrockt hat, auch mit auslöffeln muss, findet er »hochmoralisch«.

Leider weigert sich Batoma, die Herren zu empfangen und Peter vorzustellen, aber die Botschaftssekretärin beruhigt mich beim Abschied: »Die Sache mit ihrem Sohn kriegen wir schon in trockene Tücher.«

11.1.:
Die malische Armee greift zum ersten Mal die immer weiter in den Süden vorrückenden Islamisten an, die die Stadt Konna erobert haben. Das ist das Signal – im buchstäblichen Sinne der Startschuss –, dass endlich die Franzosen eingreifen sollen.

Nach dem UNO-Beschluss, erst im September zu intervenieren, war diese Verzweiflungstat – die malische Armee besitzt gerade mal vier alte

Hubschrauber, von denen zwei von den Putschisten zurückgehalten werden – die einzige Möglichkeit, das Ausland zur Hilfe zu zwingen.

Madou kommt unverrichteter Dinge mit seiner Tochter Mah auf dem Rücksitz des Motorrads von der Schule zurück. Soll das jetzt heißen, dass bis zum Ende des Krieges alles geschlossen bleibt? Das wäre ja eine noch viel größere Katastrophe!

Die deutsche Botschaft bittet die Bundesbürger um Ausreise.

12.1.:
Übergangspräsident Traoré ruft den Notstand aus – Schulen und Kindergärten werden wieder geöffnet! Typisch Mali – das Leben geht weiter. Die Frauen tragen morgens das Wasser auf dem Kopf von der Wasserstelle in ihre Häuser, gehen hinterher auf den Markt, kaufen Reis, Tomaten, Karotten und Zwiebeln, was alles wie immer ausreichend vorhanden ist, kochen und spülen und waschen und holen abends wieder Wasser auf dem Kopf in ihre Häuser. Die Jungs spielen Fußball wie immer und die Straßen sind voll mit stinkenden Auspuffgasen, der Verkehr ist so dicht, dass man mit dem Auto kaum vorwärts kommt. Mopeds werden repariert, an den Straßenrändern hobeln Schreiner und feilen funkenstiebend Schlosser, alle paar Meter sitzt eine Frau auf der Straße und verkauft frittierte Kochbananen, Süßkartoffeln oder heiße Teigteilchen. »Wie im tiefsten Frieden«, würde meine 94-jährige Tante dazu sagen.

Die Diskussionen sind völlig erstorben: »Die Verbrecher werden verjagt«, sagen Bauarbeiter wie Professoren, »und dann können wir endlich wieder unserer normalen Arbeit nachgehen.« Das Gerücht kommt auf, dass der Notstand hauptsächlich deshalb ausgerufen wurde, um Gegendemonstrationen nationalistischer Proputschisten zu unterbinden. Tatsächlich hatte Oumar Mariko eine Demonstration zur Absetzung Diacounda Traorés organisiert – und das in dem Moment, in dem der Krieg begann. Es kamen freilich nur ein paar bezahlte Claqueure. Aber angeblich plante Sanogo, der mit dem Erscheinen der Franzosen und der endlich verwirklichten Unterstützung der umliegenden Länder Nigeria, Burkina Faso und Senegal seine Felle wegschimmen sieht, einen erneuten Putsch, bei dem Oumar Mariko Ministerpräsident werden sollte und Sanogo Präsident. Der französische Geheimdienst soll Traoré diese Informationen gegeben haben.

13.1.:
Madou berichtet von dem Gespräch mit einem Fotografenkollegen, der eben aus dem Norden zurückkam. »Die Winterzeit geht dem Ende zu und die aufkommende Wärme lässt wie hier in Bamako auch in der Wüste starke Winde entstehen. Das ist so schlimm, dass man seine eigene ausgestreckte Hand nicht mehr sehen kann«, erzählt er und streckt seine Hand aus, »nichts, gar nichts sieht man mehr.« »Oh«, wende ich ein, »dann sehen die französischen oder deutschen Soldaten aber alt aus.« Madou lacht. Dann wieder ernst: »Die sind völlig verloren. Deshalb bin ich ja so froh, dass die 800 Soldaten aus dem Tschad jetzt gekommen sind – die kommen aus der Wüste und gehen in die Wüste und die werden die Salafisten, die sich jetzt in der Wüste verstecken, finden und ausräuchern!«

19.1.:
Innerhalb von wenigen Tagen sind Timbuktu, Kidal und Gao befreit. Das heißt zwar nicht, dass der Krieg zu Ende ist, aber das Verhältnis hat sich gedreht: Der Vormarsch ist gestoppt, die Angreifer sind auf dem Rückzug, haben sich in die Wüste verzogen, von einer Gefahr für Bamako kann keine Rede mehr sein.

Ich hätte mir nie vorstellen können, derart erleichtert und glücklich über einen Kriegseinsatz mit Bomben, Raketen und Drohnen und sicherlich einigen hundert Toten zu sein. Mein ganzes Leben kämpfte ich gegen die NATO – jetzt wische ich mir den Schweiß von der Stirn und bin froh, dass es sie gibt und ihre Übermacht mich gerettet hat. Wir alle wissen, dass die Franzosen das nicht aus reiner Menschenliebe gemacht haben, sondern später ihre Rechnung präsentieren werden, aber das steht alles hinten an angesichts der Bedrohung dieser schwerstbewaffneten wahnsinnigen Verbrecher mit ihren händeabhackenden Beilen.

Von einem Tag auf den anderen ist die ganze Stadt voll mit französischen Fahnen. Fast an jedem Laden hängt jetzt eine französische Fahne, oft hängt daneben noch eine malische. Ich frage mich, woher die Leute über Nacht so schnell diese Fahnen haben – offenbar haben da vorausblickende, gewitzte Geschäftsleute einen Treffer gelandet. Auch auf den Mopeds, die meist keinen Rückspiegel haben, prangt nun anstelle dessen ein Trikolorefähnchen, genauso in vielen Taxen. Das zum Imperialismusvorwurf der oberschlauen europäischen Linken.

21.1.:
Yattara erklärt mir den Unterschied zwischen weißen und schwarzen Tuareg. Die schwarzen Tuareg, die eigentlich »Bela« heißen oder »tuareg negre«, wie er sie nennt und zu denen er gehört, seien in der Vergangenheit die Sklaven der weißen Tuareg gewesen, die im Vergleich zu den schwarzen nur eine Minderheit sind. »Wir mussten immer die ganze Arbeit für sie machen«, sagt er bitter. Mit der Unabhängigkeit und der wachsenden Demokratie Malis seien diese Strukturen aufgelöst worden. »Jetzt müssen sie selber arbeiten«, erklärt er grinsend. Aber dann wieder ernst: »Diese ganze Rebellion, diese angebliche Unabhängigkeit, wollen sie nur, um uns wieder zu ihren Sklaven machen zu können.« Selbst wenn die Islamisten vertrieben sein werden, wird das Problem der Machtansprüche dieser als Vertreter einer Bevölkerungsgruppe auftretenden und von Marokko, USA und Frankreich aus operierenden Gruppen neu auf die Tagesordnung kommen, weil sie vor allem in Europa immer noch mit »den Tuareg« verwechselt werden beziehungsweise mit deren Mythos erfolgreich operieren.

Yattara hat jetzt in seiner Zwei-Zimmer-Wohnung zwölf Mäuler anstatt sechs zu stopfen, weil die Kinder der näheren Verwandtschaft aus Timbuktu zu ihm geschickt wurden, als die Salafisten die Macht übernahmen. Er zeigt mir seine Flüchtlingsdokumente und den Ausweis, mit dem er ab und zu Reis, Trockenmilch und Trockengemüse abholen kann – aber nur manchmal, wie er betont.

26.1.:
Bamako ist voll mit Journalisten. Die großen Hotels haben Hochbetrieb. Ich empfehle Andreas Rosenfelder von der WELT, der angereist ist, um mich zu interviewen, ein hübsches kleines Hotel in Hippodrome, eine wahre Oase und gar nicht teuer: Keine Chance, ausgebucht – und das, obwohl es keine Touristen gibt und stattdessen scharfe Reisewarnungen nicht nur des deutschen Auswärtigen Amts. Als wir dort einen Kaffee

trinken, spricht uns ein Kollege von der »Frankfurter Rundschau« an. Ein »Stern«-Fotograf aus Nairobi will völlig entnervt endlich wieder nach Hause fahren: Seit zwei Wochen versucht er, in den Norden zu kommen, aber es klappt nicht.

28.1.:

Notstand in Mali: In nächster Entfernung zu unserem Haus stehen mindestens drei Hühnchenbratereien, gasbetriebene Grillöfen, neben denen auf Holzkohleöfchen Pommes frites brutzeln. Normalerweise widerstehe ich den verführerischen Düften, die von diesen Grills ausgehen, aber heute war ein harter Tag, Kind krank, Krankenhaus, lange Warterei, keine Zeit zum Kochen – ich will meine Frau mit einem leckeren »schä« (Hühnchen) und frischen Fritten überraschen. Und ich muss eine Viertelstunde anstehen, so groß ist der Andrang, obwohl ein großes Huhn umgerechnet 5-6 Euro kostet. Offensichtlich können sich das mehr Menschen leisten, als man denkt. Und von sparen oder horten wegen der Krise, Notstand und angeblich gelähmter Wirtschaft kann keine Rede sein.

2.2.:

Mali spielt im Rahmen der afrikanischen Fußball-Meisterschaft in Südafrika ausgerechnet gegen den Gastgeber um die Teilnahme an der Endrunde. Krieg, Besuch des französischen Präsidenten Hollande, Notstand, Versammlungsverbot nach 20 Uhr hin oder her: Menschentrauben hängen vor kleinen Fernsehapparaten, die meist vor den »butiqui« genannten Lädchen oder vor Hauseingängen stehen, wo sie eigens zu diesem Anlass postiert wurden, damit möglichst viele Menschen an diesem nationalen Ereignis teilnehmen können. »Public viewing« ist hier in Mali schon der Normalfall gewesen, bevor es den Begriff bei uns überhaupt gab, allein schon, weil die meisten Menschen sich keinen Fernseher leisten können. Auf dem Dach meines Hauses arbeitend, brauche ich das Spiel selbst gar nicht zu sehen, da ich die Reaktionen der Zuschauer hören kann: Die enttäuschten Klagerufe, als Südafrika gleich zu Beginn mit einem Elfmeter in Führung geht und der explosionsartige Jubel, als Mali kurz darauf ausgleicht. Selbst die verpassten Torchancen sind am Klang der aus allen vier Himmelsrichtungen aufbrausenden Massenstimmen zu erkennen. Madou kann vor Aufregung nicht zusehen und steht vor seinem Fotoatelier, in das natürlich zu diesem Zeitpunkt kein einziger Kunde kommt. Verlängerung, Elfmeterschießen: Inzwischen ist es fast Mitternacht, Ansammlungen über drei Personen müssten eigentlich sofort verhaftet werden, aber kein Mensch kümmert sich darum, wahrscheinlich haben auch Polizisten und Soldaten dazu keine Zeit, weil sie selbst vor der Glotze hängen. Auch ich kann nichts anderes mehr tun, als gebannt von meinem Dach aus auf die etwa 50 Menschen vor dem Fernsehapparat des gegenüberliegenden Lädchens zu sehen und den sich steigernden Jubelchören bei jedem von Mali versenkten oder abgewehrten Elfmeter zu folgen.

Und dann bricht ein Jubel aus, wie ich ihn wahrlich mein Lebtag noch nicht erlebt habe. Freudenschreie ausstoßend treiben die Menschen auseinander, aus den Häusern quellen vor Freude hüpfende Menschen, Kinderhorden rasen kreischend durch die Straßen und dreschen auf Blechdosen ein, die Menschen tanzen und umarmen sich, ein Mann tanzt mit einem Blechstuhl und klopft mit einem Stock im Takt auf ihn ein, Mopeds rasen mit aufgedrehtem Motor durch die Straßen und wirbeln Sand auf, ohrenbetäubende Jubelchöre aus dem ganzen Quartier – und auch mir kommen vor Freude fast die Tränen, dass Mali ausgerechnet jetzt, in dieser furchtbaren, zum Zerreißen angespannten Situation diesen Sieg errungen hat – als ob es ein Zeichen wäre, dass auch im Krieg bald ein Ende abzusehen sein könnte.

3.2.:

Einige Freunde kritisieren mich jetzt als Kriegstreiber, weil ich in mehreren Artikeln und Interviews, auch im Radio und im Fernsehen, öffentlich um militärische Hilfe für das ohnmächtige Mali bitte. In einem Gespräch mit Monica errege ich mich über diese selbstgerechten Friedensengel, die es sich mit Hilfe der deutschen Rüstungsindustrie in Deutschland gemütlich machen, aber die Augen vor den Folgen dieser Strukturen verschließen, um nicht die Konsequenzen tragen zu müssen. Monica meint: »Die Leute sind einfach nicht informiert! Sie denken immer noch, es gehe um eine ›Rebellion‹ oder gar um berechtigte ›Unabhängigkeit‹, bei der man sich nicht einmischen dürfe! Was zum Beispiel überhaupt nicht bedacht wird, ist die Tatsache, dass die Tuareg im Norden Malis eine Minderheit sind, die immer schon besondere

Privilegien hatte, vor allem die ›weißen Tuareg‹, die jetzt das Gegenteil behaupten. Die überwiegende Mehrheit im Norden sind die Songhrai, die Tourés« (wie der weltberühmte Musiker Ali Farka Touré oder der abgesetzte Präsident Amadou Toumani Touré), »oder die Maigas« (wie mein Freund der Polizist von der Mairie), »das ist die Nordbevölkerung und die hat nichts mit Azawad am Hut, das sind ganz normale Malier wie alle anderen auch. Es handelt sich also nicht nur beim Angriff der Salafisten, sondern auch schon bei der angeblichen ›Rebellion‹ um einen von außen gesteuerten Überfall, um Besatzung, um Fremdherrschaft.«

13.2.:
Nach Oumar Marikos Verhaftung durch die Sicherheitsbehörden kommt nach und nach an die Öffentlichkeit, dass er mit »Ansar-Dine«-Chef al Ghaly die Besetzung der Städte Konna und Djabali forciert hat, um damit zu beweisen, dass Diacounda Traoré die Übergangsregierung nicht führen kann und abgesetzt werden muss. Parallel dazu organisierte er die Gegendemonstrationen während des Beginns des französischen Einsatzes.

Präsident Traoré ernennt in Anwesenheit des gesamtem Kabinetts auf Koulouba Sanogo zum Chef der Militärreform – alle sind überrascht, weil Sanogo den Posten ja schon seit einem halben Jahr hat. Aber Sanogo muss umziehen in ein Privatquartier in Medina Koura, wo er mit dem Generalstabschef zusammenlebt. Allgemein wird vermutet, dass er damit aus Kati und von seinen Kumpanen getrennt werden soll und somit sukzessive entmachtet.

14.2.:
Es kommt heraus, dass der ehemalige Verbindungsmann der GTZ in Timbuktu, dessen Bruder heute als Kultusminister seine Verbindungen knüpft, ein enger Vertrauter von »Ansar-Dine«-Chef Iyad al Ghaly ist! Im Juli 2012 hat er sich mit Oumar Mariko und Iyad al Ghaly zu Geheimgesprächen getroffen, um die Besetzung von Konna und Djabali zu organisieren. Ich frage bei verschiedenen – inzwischen – GIZ-Leuten nach, bekomme aber nur schwammige Antworten. Selbst ein Freund, der sogar entlassen wurde, weil er auf massive finanzielle Unregelmäßigkeiten mit eben diesem Verbindungsmann aufmerksam gemacht hatte, hält

sich bedeckt. Von dem Chef des »Projekts Nord«, das im Laufe der Jahre über eine Milliarde Euro verschlungen hat – auf einer der dabei gebauten völlig leeren, aber perfekt von Deutschen errichteten Landstraße fuhr ich immer in Batomas Dorf – und der stets das große Wort geführt hat, ist schon seit einigen Monaten kein Laut mehr zu vernehmen.

ORTM lädt mich zu der täglichen Propagandasendung »la ligne de front« ein, die für die moralische Aufrüstung der Bevölkerung sorgen soll. Der Fernsehchef Youssouf Touré bittet mich, über die Diskussion in Deutschland zu berichten, ob die Militärhilfe richtig oder falsch sei.

Während des Vorgesprächs erscheinen zwei Soldaten mit grünen Mützen, die eine Mitteilung in der Sendung machen wollen. Der Moderator Abbas Touré, der eben noch gut gelaunt und eloquent ironisch unser Interview besprach und sich Notizen machte, wird plötzlich steif und offiziell, deutlich verunsichert, um nicht zu sagen, leicht ängstlich. Er entschuldigt sich bei mir, dass wir unser Gespräch verschieben müssen und bittet die beiden Herren ehrerbietig, ihr Anliegen vorzutragen. Höflich, aber bestimmt, wortgewandt und intellektuell gewitzt bitten sie darum, vor Bodenminen warnen zu dürfen, die eine Gefahr für die Bevölkerung darstellen, vor allem für Kinder. Ich bin völlig baff von diesem unsoldatischen, gar unputschistischen Auftreten. Nichtsdestotrotz muss nach ihrer Pfeife getanzt werden: Ihre Aufnahme wird vor meiner gemacht, weil sie gleich weiter zu einer Pressekonferenz müssen.

15.2.:
Unglaublich, wie viele Menschen »la ligne de front« gesehen haben. Mein Freund Sacko, der Taxifahrer, schreibt eine SMS: »Ich bin stolz auf Dich, mon ami.« Ich werde von wildfremden Menschen auf der Straße angesprochen, von einem sogar umarmt: Sie alle bedanken sich bei mir stellvertretend für die deutsche Hilfe, obwohl sie zu diesem Zeitpunkt nur aus zwei Transall-Maschinen voller Material, nicht einmal Waffen, besteht. »Ihr wart die ersten, die uns diplomatisch anerkannt haben« (war zwar die DDR, aber egal), erinnern viele. »Ihr wart die ersten, die uns geholfen haben«, »Ihr seid wahre Freunde«, aber eben auch resignierend und ungern gesagt: »Wir schaffen es nicht alleine, diese Verbrecher davon zu jagen.«

16.2.:
Kaukasischer Kreidekreis in Malis Kultur des Dialogs.

Batoma lässt mich immer seltener unseren Sohn sehen. Da sie sich mit Madou Coulibaly zerstritten hat, betritt sie unser Haus nicht und lebt in unserer Wohnung in der Nähe. So lebe ich in beiden Wohnungen, nehme aber ab und zu Peter mit in mein Haus.

Heute brauchen wir ein Passfoto für Peter. Er ist zwar schon von der Botschaft bestätigter deutscher Staatsbürger, hat aber noch keinen deutschen, sondern nur einen malischen Pass und braucht deshalb darin ein Visum, damit wir nach Deutschland fliegen können – dafür das Foto. Ich schlage vor, dass wir es bei Madou in seinem Studio machen lassen und Batoma stimmt überraschend zu.

Doch mitten auf der Straße bleibt sie unvermittelt stehen und sagt: »Ich will nicht, dass Madou meinen Sohn fotografiert – er wird ihn verhexen.« Es hat wenig Sinn, darüber zu diskutieren, Batoma glaubt an den bösen Blick, sie mag es auch nicht, wenn Peters Gesicht zu erkennen ist, weil die meisten Menschen ihn dann anfassen wollen, ihn »Towabu« (weißer Mann) nennen und vor allem alte Frauen den »weißen Löwen«, wie ihn auch viele nennen, verhexen. Da ich ihn auf dem Arm trage, gehe ich einfach weiter und sage: »Wenn ich dabei bin, kann er das nicht!« Batoma krallt sich an meinem um die Schulter gehängten Laptop fest und ruft: »Wenn Du ihn mir nicht sofort gibst, mache ich Deine Maschine kaputt!«

Ein Gerangel entsteht, Peter lacht quiecksend, empfindet das offenbar als ein witziges Spiel, aber sofort bleiben Passanten stehen und fragen, was los sei.

»Der Mann will mein Kind stehlen«, ruft Batoma, da aber jeder an Peters heller Hautfarbe sehen kann, dass er unser gemeinsames ist, wollen die Leute Genaueres wissen – schnell sind wir von fünf, sechs Leuten umringt, die alle durcheinander reden. Ich deute auf das Haus, neben dem wir stehen, und sage: »Gehen wir in dieses Haus – da wohnen Freunde.« Es ist das Haus von meiner alten Freundin und Nachbarin Fatoumata Traoré, die leider nach Frankreich ausgewandert ist, aber deren Schwestern und Cousinen noch dort leben, ein Haus nur von Frauen bewohnt, eine Seltenheit in Bamako – Zeichen einer sich wandelnden Gesellschaft. Die meisten studieren oder gehen einer festen Arbeit nach. Wie immer sitzen einige beim Tee im Hof und sehen uns erstaunt entgegen, wie wir aufgeregt in ihre Beschaulichkeit eindringen. Ich erkläre das Problem und es wird erst mal Salimata Traoré, die jüngere Schwester Fatoumatas und Nachfolgerin als Chefin des Hauses, geholt. Sie hört sich Batomas und meine Version des Konflikts an und fragt Batoma, warum sie glaubt, Madou, den Salimata kennt, wolle Peter verhexen.

»Ich will nicht, dass Peter nach Deutschland geht«, sagt Batoma plötzlich, nachdem sie bisher immer das Gegenteil behauptet hatte (und ich immer vermutete, dass sie in einem in Deutschland ausgebildeten Sohn ihre Alterssicherung sehe), »er ist noch zu klein.«

»Willst Du Batoma denn nicht mitnehmen?«, fragt Salimata mich streng.

»Sie will ja nicht!«, antworte ich – und die anwesenden Frauen können es alle nicht glauben. Sie reden wild durcheinander auf Batoma ein, ob sie nicht mehr alle Tassen im Schrank habe, das sei doch das Paradies, was Besseres könne ihr doch nicht passieren, aber je mehr sie bedrängt wird, desto sturer wird Batoma: Ich solle mit ihr und dem Kind an den Fluss ziehen, dort von Selbstangebautem, Milch, Fischen und Hühnern leben, wie es schon immer war, Deutschland sei schlecht.

Schließlich wird es einer der anderen Schwestern zu viel, sie wendet sich an mich, tippt sich an die Stirn und sagt: »Die ist verrückt, die Frau, nimm Dein Kind und geh, wir halten sie zurück.«

Ratlos sehe ich zu Salimata, der nach malischem ungeschriebenen Gesetz der Kultur des Dialogs für die Entscheidung in dieser Sache zuständigen Vermittlerin.

Sie verschränkt die Arme und verkündet: »So geht das nicht. Man muss das trennen. Wenn Batoma nicht will, dass Madou das Foto macht, wird es bei einem anderen Fotografen gemacht.« Beifälliges Gemurmel, auch ich nicke. Und Salimata fährt an Batoma und mich gewandt fort: »Wenn Ihr Euch nicht einigen könnt, ob das Kind nach Deutschland soll oder nicht, müsst Ihr zur Mutterschutzpolizei gehen.«

Ich hatte schon mehrmals von dieser Einrichtung gehört, die vor allem dem Schutz von Müttern von unehelichen Kindern – derer es unzählige in Mali gibt – dient, Erzeuger zur Verantwortung zieht, Alimente eintreibt. An den Schranken des Gesetzes kommt auch die Kultur des Dialogs nicht vorbei.

Aber sie klärt die Verhältnisse im Vorfeld friedlich – und so suchen wir, begleitet von fünf Frauen, einen Fotografen auf und nachdem ich die Abzüge habe, geben die Frauen Peter in meine Arme, ohne dass Batoma widerspricht, setzen uns in ein Taxi und erklären dem Fahrer, wo er hin solle.

Inzwischen ist die Dämmerung eingebrochen und die abgewetzten Mauern der Mutterschutzpolizei, der bröckelnde Putz von den Wänden und die dumpf vor sich hinbrütenden Wachpolizisten wirken noch trister als ohnehin schon. In dem dreckig beigen Büro der Chefin, kaum größer als eine Knastzelle mit einem schmalen Fenster unter der Decke, hängt ein halb zerfetztes Bild von Muamar al Gadhafi, in der Ecke steht ein dünner, schiefer Spind und am Boden liegt eine ausgebeulte Matratze.

Mit strenger Miene hört sie erst Batoma, dann mich an – und macht kurzen Prozess: »In Mali«, klärt sie mich auf, »gilt das unumstößliche Gesetz, dass ein Kind die ersten sieben Jahre bei seiner Mutter zu bleiben hat. Wenn Batoma«, der sie einen so verständnislosen wie verärgerten Blick zuwirft, »Dir das Kind nicht geben will, obwohl es in Deutschland bessere Chancen hat, kann ich daran nichts ändern.« Und fast entschuldigend zu mir: »Du musst Dich an das Vormundschaftsgericht wenden.« Dann aber hart, im Befehlston: »Gib ihr das Kind.«

Und ich lege Peter, der friedlich in meinen Armen schläft, in Batomas Schoß.

23.2.:

Samstag Abend. Was ist los? Samstag Abend, le Weekend, normalerweise Saus und Braus, Dröhnen aus alles Ecken und Enden – und heute? Nur Menschenstimmen, aus allen vier Windrichtungen nur menschliche Stimmen in unzählbaren Klangvariationen, reine Gespräche, Gelächter, Kindergeschrei, Eselsröhren, ab und zu ein Moped oder Auto, Diskussionen, Getratsche, das ich zwar nicht verstehen kann, aber am Klang, an der Klangfarbe, zu erkennen glaube, um was es geht, entferntes Frauenlachen.

Je nach Windrichtung hört man entferntes Autobrausen wie bei uns, als Erinnerung, dass wir uns in der Hauptstadt Bamako befinden.

Das ist also der Ausnahmezustand, an den Diacounda Traoré heute in seiner Rede zur Beendigung der armeeinternen Kämpfe erinnerte:

Die erzwungene Rückkehr zur normalen menschlichen Umgangsform, dem Gespräch – ohne Medien, Unterhaltungselektronik oder andere psychosoziale Kommunikationsverstärker. Das scheint hier in Mali kein Problem zu sein. Man amüsiert sich allseits prächtig und hat sich viel zu erzählen. Aus dem ganzen Brausen höre ich sogar die Stimme der Nachbarin Mariam heraus, ihr provozierendes Lachen. Ein Zustand nicht nur ohne Techno, sondern auch ohne malische Musik.

So etwas hatte ich nicht einmal in meinen Anfangszeiten erlebt. Da war immer noch malische Musik aus Kassettenrecordern und live dem Radio zu hören, zwar nicht dominant und im Gesamten oft gemischt, aber doch laut genug, die Stimmung zu bestimmen. Auch einer der Gründe, die mich hier so gefesselt hatten. Ein Zustand, der sich schon nach wenigen Jahren in sein Gegenteil verkehrte: Hip Hop, RAP, Techno übernahmen die Staffel. Eine Veränderung, die mich manchmal nachts um halb drei, nach sechsstündigem »Bumm Bumm Bumm« zum Wahnsinn gebracht hatte und an meinem Dasein in Mali zweifeln ließ.

Alles im Moment verboten.

Ich gebe zu, dass ich das als eine ungeheure Bereicherung empfinde.

Die Malier können auch ohne den Globalisierungsabfall leben, auf den sie zwar voll abfahren und sich überschlagen dafür, der aber nicht zu fehlen scheint, wenn er gerade verboten ist. Hat tatsächlich etwas Entspannendes.

Ausnahmezustand als Erholungszustand. Besinnungszustand.

Das ist aber bis auf das Alkoholverbot genau der Zustand, den Herr al Ghaly herstellen will. Eine Vorform davon hat er bereits erzwungen.

8.3.:

Aus beruflichen Gründen muss ich wieder nach Deutschland zurück, kann Peter aber nicht alleine bei seiner Mutter lassen. Schneller als erwartet habe ich das richterlich bestätigte alleinige Sorgerecht für Peter erhalten und darf mit ihm ausreisen. Aber in der Situation allgemeiner Rechtsunsicherheit – noch immer hat Sanogo das letzte Wort, werden willkürlich Menschen verhaftet oder verschwinden sogar – ist das keine Garantie für eine problemlose Ausreise. Ich habe zwar Peter, aber Batoma ist damit nicht einverstanden, sie akzeptiert das Gericht nicht, begreift womöglich gar nicht seine Funktion. Und braucht nur zu einem Gericht in einem anderen Stadtteil oder zu einer Polizeistation zu gehen und einen korrupten Polizisten oder Staatsanwalt zu finden – was es ja nicht nur in Mali immer mal wieder gibt! – und ihm zu sagen: »Mein Mann hat mir mein Kind gestohlen«, schon reibt er sich die Hände, buchtet mich ein und lässt mich erst heraus, wenn er mir den letzten Pfennig aus der Tasche gezogen hat. Auch gibt es bereits Zweifel an der Zuständigkeit des Gerichts, das das Urteil schrieb: Es sei nicht das aus dem Quartier, in dem ich wohne, der Beschluss also nichtig, ich ein Kindesentführer.

Entsprechend unruhig sitze ich im Taxi zum Flughafen. Peter allerdings findet es spannend und lacht. Alle meine Freunde warten bang auf die SMS, wenn ich im Flieger sitze.

Kurz vor dem Flughafen ist die Straße mit rechts und links versetzten Sandsäcken gesperrt, die von Militärs mit Maschinenpistolen im Anschlag bewacht werden. Wieder fällt mir auf, wie viele Frauen hier bei Militär und Polizei vertreten sind, und gemeinhin sind sie die schärferen, muss man sich bei ihnen noch mehr vorsehen als bei den Männern. Und prompt hält uns eine Frau zwischen zwei Sandsackwällen an und befiehlt dem Taxifahrer, auszusteigen. Was wird sie sagen, wenn ein alter weißer Mann alleine mit einem Mischlingsbaby unterwegs ist? Aber Peter flirtet sofort mit ihr, ich begrüße sie auf Bamanankan und will ihr unsere Pässe geben, aber sie winkt ab, hat nur strahlende Augen für Peter, und so ruppig sie den Taxifahrer abfertigt, so zuvorkommend ist sie zu uns und wünscht eine gute Reise.

Wir sind viel zu früh, der Flug ist noch lange nicht aufgerufen. Ich trage Peter in einem Hängesack vor der Brust, rechts und links meine beiden Koffer und sehe mich suchend um. Ein junger Mann kommt auf mich zu. »Wollen Sie in die VIP-Lounge?«, fragt er. »Wieviel kostet das?«, frage ich. »15 000«, antwortet er, »und wir erledigen alle Formalitäten.« Das hört sich gut an, 25 Euro für eine entspannte Wartezeit mit Peter sind nicht zuviel.

Die »VIP-Lounge« ist ein relativ kleines Zimmer mit zwei Sesseln und dem unvermeidlichen Fernseher unter der Decke, auf dem die ebenso unvermeidliche Hip-Hop-Dröhnmusik läuft. Peter bekommt von der unvermeidlich hübschen VIP-Betreuerin ein Auto zum Spielen, hat aber auch sein Kuscheltier dabei und vergnügt sich auf dem Boden. Andere

Gäste sind nicht da und kommen auch nicht. Ich bekomme einen Ananassaft und die Betreuerin füllt unsere Ausreiseformulare aus. Zum Glück dauert es noch über eine Stunde, bis unser Flug aufgerufen wird, denn sie hat offenbar überhaupt keine Ahnung, wie das geht und ich muss ihr alles erklären. Ich frage mich, ob ich der erste Gast überhaupt in dieser VIP-Lounge bin.

Endlich kommt unser Aufruf. Beherzt nimmt unsere Betreuerin die beiden Rollkoffer in die beiden Hände und klemmt sich unsere beiden Pässe mit den mühsam ausgefüllten Formularen in den Mund, winkt mir, ihr zu folgen und führt uns stracks an der langen Schlange vorbei zur ersten Einlasskontrolle. Wir sind noch gar nicht ganz angekommen, da lassen die beiden Zerberusse am Eingang, sobald sie die junge Frau erblicken, von ihrer Klientel ab und umgarnen diese in der Tat recht attraktive junge Dame nach allen Regeln der Kunst, sodass unsere Pässe völlig unbeachtet bleiben. Peter und ich existieren überhaupt nicht und wir gehen auf die gewöhnlich allerschärfste Air-France-Vorkontrolle zu, die Visa und Pässe elektronisch kontrolliert und bei der geringsten Unklarheit kein Erbarmen kennt. Wenn sie womöglich die von der deutschen Botschaft ausgestellte Vaterschaftsanerkennung nicht anerkennen, weil ich keine amtlich beglaubigte französische Übersetzung habe, ist die Reise jetzt zu Ende.

Aber es wiederholt sich tatsächlich das gleiche Spiel: Sobald sie unseren Schutzengel sehen, überbieten sie sich im Scherzen, Kokettieren, Anzüglichkeiten verbreiten und unzweideutige Angebote machen, mit denen sie voll abblitzen, ohne deshalb frustriert zu sein, während sie nebenher unsere Pässe auf den Scanner legen und das Ergebnis überhaupt nicht zur Kenntnis nehmen. Ich liebe die Malier! Mein Herz fließt über, ja: Das Leben auskosten wie es kommt – deshalb bin ich hier zehn Jahre hängen geblieben und habe nun ein Kind vor der Brust.

Am Check-in sitzt eine Frau, und normalerweise ist sie verantwortlich dafür, dass kein Unbefugter ein Ticket bekommt. Sie fragt prompt nach der Mutter und ich antworte mit ehrlichem Bedauern, dass sie nicht mit könne, weil sie ihren älteren Sohn nicht alleine lassen kann, was sie ebenso bedauert und uns unsere Sitzplatznummern zuweist. Meine VIP-Retterin bestätigt das, die Check-in-Frau fragt nicht weiter nach. Die junge Frau verabschiedet sich und ich kann es nicht fassen, wie glatt alles ging.

»Hallo Christof! Welche Überrraschung!«, höre ich eine weibliche Stimme neben mir, während die Koffer aufs Transportband rollen. Eine Frau in einem traditionellen, »Bubu« genannten Kostüm mit Uniformcharakter steht neben mir, ein Schild mit »Douane« vor der Brust – sie lächelt mich an. Irgendwie kenne ich sie, weiß aber nicht woher.

Sie deutet auf Peter: »Ist Batoma nun doch einverstanden, dass Du ihn nach Deutschland mitnimmst?«, fragt sie – und ich erkenne sie wieder: Es ist Salimata Traoré, die damals das Drama mit Batoma moderierte. Mein Herz fällt in die Hose. »Ach«, sage ich, »Du arbeitest hier? Das wusste ich gar nicht.« »Ich bin schon lange beim Zoll«, antwortet sie und streichelt Peter die Wange, der sie anstrahlt. Mir geht ein Licht auf: Ihre ältere Schwester Fatoumata, eine meiner besten Freundinnen, hatte lange einen Geliebten beim Zoll, den sie immer an der langen Leine zappeln ließ, wie ich auf verschiedenen Festen feststellen konnte – und die Douane gilt als einer der lukrativsten Jobs.

»Es ist alles nicht einfach,« erkläre ich, »aber ich habe einen Gerichtsbeschluss.« Sie lächelt wissend und zwinkert mir zu, während ich meine Boardingcards entgegennehme.

»Ich denke, es ist besser, ich begleite Dich zum Gate!«

Und noch einmal lenkt eine schöne Malierin jegliche Aufmerksamkeit von Peter und mir ab, bei der normalen Zollkontrolle, bei der völlig sinnlosen zusätzlichen Kontrolle von drei Beamten zwischen Zoll und Gepäckröntgenband, wo jedes Mal ausführlich Pässe studiert werden – und dann trägt Salimata noch mein Handgepäck bis zur Wartebank vor dem Gate, lächelnd und alles durchschauend. Peter schenkt ihr sein strahlendstes Lächeln, wir leisten uns noch einen Imbiss und Peter krabbelt zu den französischen Soldaten am Nebentisch, deren Maschinenpistolen lässig an ihren Stühlen lehnen.

ab 9.3.: Deutschland

22.3.:
Jahrestag des Putsches. Sanogo feiert sich mit seinem Vorsänger Oumar Mariko als Retter Malis – und kein Schwein schaut hin. Dirk Niebel besucht Mali und macht sich an erster Stelle im »Journal« wichtig, die tschadischen Soldaten haben Al-Qaida-Chef Abou Zeid aufgespürt und umgebracht, was ein DNA-Test nun bewiesen hat, Kämpfe im Norden, drei Tote bei den südafrikanischen Soldaten, Studentenstreik, Vorbereitung der afrikanischen Fußballmeisterschaft: Malischer Alltag – Sanogo wird einfach ignoriert.

2.4.:
Angeblich verhandelt Sanogo über ein Asyl in Gabon oder Nigeria. Ein Telefonat mit Madou bestätigt, dass von ihm im Alltagsleben keine Rede mehr ist. Dass ich denke, der Mann müsste doch eigentlich in den Knast, kommt mir langsam selbst wie borniertes europäisches Rechtsstaatsdenken vor – die Malier lassen ihn einfach ins Leere laufen, wobei unklar ist, ob aus allgemeiner Harmoniesucht, Angst vor Konflikten oder Klugheit – und vielleicht ist es ja wirklich vernünftiger, einer Konfrontation auszuweichen.

Die Diskussion um den Wahltermin spitzt sich zu. Der 28. Juli wird von der internationalen Gemeinschaft vorgeschlagen, verständlich, weil sie das Problem Mali so schnell wie möglich vom Hals haben wollen. Mir kommt es etwas kurzfristig vor, außerdem ist das mitten in der Regenzeit, wenn die meisten Menschen Urlaub haben, Schulferien sind und das öffentliche Leben sowieso reduziert ist; zudem ist um diese Zeit Ramadan! Auch in Mali sind viele Stimmen zu hören, die lieber im September oder Oktober wählen würden. Nicht zuletzt ist die Situation in Kidal immer noch nicht geklärt, wo der malischen Armee der Zugang verboten, aber die MNLA militärisch präsent ist! Und die Klärung wird, wie die ganze Zeit schon, von dem so genannten Vermittler Blaise Compaoré verhindert, der permanent mit diesen Menschen- und Drogenhändlern der MNLA verhandelt, als seien sie tatsächlich die Vertreter »der« Tuareg, die ja nicht einmal eine einheitliche Gruppe sind. Wahrscheinlich wird er mit Millionen Dollar von ihnen bezahlt, wie er ja auch den liberianischen Schlächter James Taylor noch mit Waffen belieferte, als die gesamte Weltgemeinschaft ihn nur noch als Terroristen brandmarkte: Weil dieser mit Diamanten gezahlt hatte. Sein Verhalten, seine Politik ist wirklich nur noch ein Hohn auf die Funktion des Vermittlers, dieser wichtigsten Figur in der Kultur des Dialogs, weil er sie nur benutzt, um sich selbst zu bereichern. Andere westafrikanische Präsidenten fordern längst, dass die MNLA ihre Waffen niederlegen und sich ganz normal als Partei konstituieren solle, wie das ja auch ehemalige südamerikanische Guerillagruppen getan haben, die heute gewählt an der Macht sind.

15.4.:

Während Mali um seine Zukunft kämpft, streitet in Deutschland die der Partei »die Linke« angeschlossene Rosa Luxemburg Stiftung weiter wacker für die Vergangenheit: Sie lädt Dr. Oumar Mariko und die notorische Aminata Traoré nach Berlin ein, um das Einschreiten der Franzosen gegen die Frauensteiniger in Nordmali als imperialistische Aggression verurteilen zu lassen. Angesichts der frauenemanzipatorischen Bedeutung von Rosa Luxemburg besonders pikant. Ich schreibe an die Stiftung:

»Tatsache ist,

- dass der chancenlose Präsidentschaftskandidat Dr. Oumar Mariko der Drahtzieher und entscheidende Hintermann des Putsches ist, der Mali kurz vor den demokratischen Wahlen in die tiefste Katastrophe seiner Geschichte geführt hat,
- dass Mariko, Sanogo und der Salafistenführer al Ghaly den Plan hatten, Mali aufzuteilen, den Norden für al Ghaly, den Süden für Mariko/Sanogo,
- dass das, was Mariko als »Rückkehr zu den Idealen der Demokratisierung Malis in den 1990er Jahren« verkauft, das Modell der »Volksdemokratie« seines Freundes und Finanziers Muamar al Gadhafi ist, also die mit den Maschinenpistolen der »revolutionären Komitees« durchgesetzte totale Alleinherrschaft.

Die Tatsache,

dass die Bundestagsfraktion der Partei der »Linken«, die Rosa Luxemburg Stiftung und die Gruppe »AfricAvenir« unter dem durchsichtigen Vorwand des »Dialogs« in Europa eine Propagandaveranstaltung für eine demokratiefeindliche, rechtsradikale und gegen das malische Volk gerichtete Politik machen, indem sie, auf die Un-Informiertheit der hiesigen Bevölkerung setzend, die von der malischen Bevölkerung bejubelte Rettungsaktion der Franzosen vor dem von der malischen Bevölkerung verhassten Mariko und den noch verhassteren drogenhandelnden Hände-Abhackern und Frauen-Steinigern der al Qaida und Salafisten, als »imperialistische Intervention« bezeichnen,

ist ein Skandal.

Dieser Skandal zeigt die Ignoranz gegenüber dem Willen von 14 Millionen Maliern, denkenden und politisch bewussten Menschen, denen damit die Fähigkeit, selbst über ihre Geschicke zu bestimmen, abgesprochen wird, also überhebliches, neokolonialistisches Denken von Menschen, die sich »Linke« nennen.

Was die Leute heute in Mali wollen, sind demokratische Wahlen. Mariko und Sanogo wollen keine Wahlen, da dies das Ende ihrer Macht bedeuten wird, ihre Leute werden aus den strategischen Stellen verschwinden. Gott sei Dank, dann können Journalisten, Politiker etc. nicht mehr entführt, zusammengeschlagen, rechtswidrig verhaftet werden. Boubacar Daou, Journalist des »Républicains«, hat es gewagt, den Lohn von Sanogo zu kritisieren und wollte die Soldaten gegen ihn aufbringen. Er wurde ungeachtet jeglicher juristischer Regeln dreißig Tage festgehalten, am 16. April kommt er vor Gericht.

Der französische Militäreinsatz ist keine »Intervention«, sondern eine vom legalen Übergangspräsidenten dringend erbetene Militärhilfe, da das vom Putsch paralysierte malische Heer dem Ansturm der al-Qaida-Söldner – die übrigens zum Großteil mit deutschen Waffen ausgerüstet sind und auf dem Umweg über Qatar sogar Leopard-Panzer zu erwarten hatten – nicht gewachsen war.

Die Rosa Luxemburg Stiftung hielt es nicht für nötig, darauf einzugehen und hat es objektiv nicht nötig: Sie wird von dem Staat finanziert, den sie wohlfeil kritisiert, vom gemütlichen Hinterstübchen aus, das von der NATO abgesichert wird, die sie vollmundig und mit dem angenehmen Bewusstsein anklagt, nichts daran zu ändern, denn dadurch würde ja ihre aktuelle Finanzierung und spätere Rente gefährdet.

15.5.:

Wenn ich von Deutschland aus die Websites der malischen Presse inklusive Fernsehen und Radio – das man teilweise live mithören kann! – betrachte, finde ich immer häufiger nur noch das Bild eines normalen Landes, das sich mit seinen Problemen herumschlägt, wie jedes andere:

- Ein riesen Skandal um die dritte Telefongesellschaft wird jeden Tag breit gewälzt, dessen Einzelheiten ich nicht durchschaue,
- Immobilienschweinereien werden aufgedeckt, woraus aber ersichtlich wird, dass der Korruption immer mehr Steine in den Weg gelegt werden,
- Frauenrechte und Frauenorganisationen rücken immer mehr in den Vordergrund,
- die Regierung wird schonungslos kritisiert,
- der Kampf gegen die Diarrhö bei Kindern wird forciert,
- Oumar Mariko wird der Komplizenschaft bei zwei Morden angeklagt, was früher auch undenkbar gewesen wäre,
- die Geberländer versprechen Millionen und bis zu 3 Milliarden Euro, wenn Mali wählt und wieder stabilisiert ist,
- eine »Kinderfabrik« wird aufgedeckt, in der 17 14-17-jährige Mädchen geschwängert wurden, um ihre Kinder an Europäer zu verkaufen,
- die malische Armee steht zumindest vor den Toren von Kidal – ein normaler Sterblicher begreift mal wieder nicht, was da gespielt wird, auch die Rolle der Franzosen wird immer unklarer, die offen zu der MNLA stehen,
- aber auch Leichtathletikspiele werden ausgetragen –

und die Wahl am 28. Juli tritt immer mehr in den Vordergrund, steht wohl so gut wie fest jetzt, immer mehr Kandidaten präsentieren sich: Wenn diese Wahl tatsächlich stattfinden sollte – und natürlich korrekt und nachvollziehbar –, dann hätte der Spuk, der am 23.3.2012 begann, tatsächlich ein Happy-End gefunden.

11.6.:
Traurig, aber wahr: Die einzigen, die das geplante und von Blaise Compaoré bei den Verhandlungen in Ouagadougou eisern durchgesetzte und kurz vor seiner Unterzeichnung stehende Abkommen mit der MNLA offen kritisieren, sind die Ex-Putschisten. Nicht Sanogo selbst, sondern der Sprecher, ein Cousin von Oumar Mariko, Mahame Mariko. Kaum jemand in der Bevölkerung will es oder befürwortet auch nur die Verhandlungen mit den »Banditen«, wie sie nur genannt werden, aber keine offizielle Partei oder »Organisation der Zivilgesellschaft«, wie sie es inzwischen zuhauf gibt, spricht das aus. Gegen Blaise kommt keiner an, er vermittelt nicht, er diktiert.

17.6.:
Immer mehr Präsidentschaftskandidaten lassen sich aufstellen. Die einzige Frau unter den Kandidaten präsentiert sich: Madame Chato. Erste Umfragen sehen den überraschend unbekannten Kandidaten der größten Partei ADEMA (Mitglied der sozialistischen Internationale) Dramane Dembélé an erster Stelle, gefolgt von IBK und dicht darauf Soumaila Cisse, auch Soumi genannt. Das sind aber nur in den großen Städten Bamako, Segou und Sikasso gemachte Umfragen – die besten Aussichten hat wohl leider der windelweiche Taktierer und ewige zweite Mann IBK, für den mit seinen 68 Jahren sowieso die allerletzte Chance besteht, doch noch Präsident zu werden.

19.6.:
Ein Vor-Abkommen mit den »Rebellen« genannten MNLA-Führern wird in Ouagadougou unterzeichnet. Wieder ist es nur Oumar Marikos Partei SADI, die das als »Komplott gegen Mali« brandmarkt, das von Frankreich und seinen Alliierten gefördert werde, welcher Einschätzung man leider nicht widersprechen kann. Offenbar haben diese Herrschaften eben immer noch die Handhabe über das Uran, weswegen auch François Hollande vor ihnen kuscht.

Kidal ist immer noch unter der Herrschaft der MNLA – man erinnere sich: Die Franzosen vertrieben die Salafisten, aber nicht die malische Armee übernahm, sondern die von den Salafisten vertriebenen MNLA-Krieger.

Nun meldet sich die Präsidentin des Dachverbandes der malischen Frauenorganisationen, Fatoumata Diakité, zu Wort und erklärt, dass die

Frauen bereit seien, nach Kidal zu marschieren, wenn die Männer dazu nicht in der Lage seien. Derartige Erklärungen sind immer Anzeichen höchster Alarmstufe – die Märsche der Frauen gegen ATTs Umgang mit dem Problem des Nordens waren der Anfang von seinem Ende, wenn darauf nicht entschieden reagiert wird, gerät die Situation außer Kontrolle.

Am Anfang meiner Zeit in Mali durfte ich einmal die Jahresversammlung dieser Dachorganisation im Palais de culture besuchen. Über 1 000 Frauen, feurige Brandreden und eine Atmosphäre eindeutiger Dominanz. Und so lernte ich gleich zu Beginn, wie es um das Verhältnis zwischen Männern und Frauen bestellt ist: Die Fäden werden diskret im Hintergrund gezogen. »Wir bestimmen das Leben«, erklärte mir mit milde spöttischem Lächeln nicht nur eine Frau, »aber wir lassen den Männern gerne den Eindruck, dass sie es seien, die bestimmen, wo es lang geht.« In den folgenden Jahren hatte ich oft genug Gelegenheit, diese Einschätzung bestätigt zu sehen. Vor allem große, starke, laute Männer schrumpften neben ihren Frauen zu kleinlauten Hampelmännern.

20.6.:

Die Pressekonferenzen häufen sich, in denen verschiedene zivilgesellschaftliche Organisationen sich zu jeweils verschiedenen Kandidaten bekennen, beziehungsweise deren Unterstützung annoncieren. Der Wahlkampf kommt langsam in Fahrt.

Angeblich ist ein Ergebnis des Abkommens in Ouagadougou, dass ab 1. Juli die malische Armee in Kidal einmarschieren darf und somit die letzte Hürde für die Wahlen am 28. beseitigt wäre.

Gleichzeitig gibt es Meldungen, dass die MNLA Minen an die Eingänge von Kidal gelegt hat und auch der immer noch nicht ganz aus dem Rennen geworfene Salafistenchef Iyad al Ghaly in der Umgebung von Kidal gesehen wurde.

Auch generell muss man sagen: Timbuktu, Kidal und Gao sind zwar theoretisch befreit – aber praktisch belagerte Festungen; außerhalb der Städte herrscht Kriegszustand. Die Menschen haben kein Wasser, Strom fällt dauernd aus, es gibt keine Arbeit und der Essensnachschub muss unter Militärschutz gebracht werden. Ab und zu gibt es Selbstmordattentate mit explodierenden Militärautos – was aber auch schon unter der Rubrik »Alltag« registriert wird.

Und das bestimmt auch das widersprüchliche Verhältnis zu den Franzosen: Sie sind die Retter, ohne sie wäre Mali verloren gewesen – aber nun präsentieren sie, wie erwartet, ihre Rechnung, indem sie die MNLA stützen, wogegen die Malier wenig tun können, weil sie vor nichts mehr Angst haben, als dass die Franzosen wieder abziehen.

Und nachdem Interimspräsident Diacounda Traoré offenbar gewagt hatte, Blaise-kritische Verlautbarungen von sich zu geben, lässt Compaoré über die Medien an ihn verkünden: »Vergiss nicht, wer Dich zum König gemacht hat.« Das ist zwar die CEDEAO gewesen, aber damals war Blaise schon Vermittler und Diacounda hatte nach dem Putsch bei ihm Zuflucht gesucht.

22.6.:

Wahlkampf mit Volldampf voraus: IBK besucht Timbuktu und lässt sich vorteilhaft fotografieren. Gleichzeitig wird auch in den Medien ausgesprochen, was schon bei den Gesprächen mit den Menschen früher herauskam: »IBK allein gegen alle anderen« – und das ist es, weswegen viele, vor allem jüngere, Vertrauen zu ihm haben, wie zum Beispiel mein Freund, der Taxifahrer Sacko: »Er ist der einzige, der nicht lügt« – also etwa: Die anderen sind alle eine Mischpoke, die uns, das Volk, nur verarscht – IBK allein meint es ernst. Mir ist allerdings auch gegenteiliges zu Ohren gekommen: Dass er sich genauso wie ATT mit 14-jährigen Mädchen beliefern lässt und so gerne, wie er Wasser predigt, sich jeden Abend in den Kneipen, die er als Präsident schließen lassen will, besäuft. Dies allerdings höre ich nur aus Kreisen eben jener Mischpoke, der IBK nicht angehört.

Ansonsten freilich werden die Webseiten von den Themen Musik und Fußball beherrscht. Vorbereitungsspiele sowohl für die afrikanische Meisterschaft als auch für die Weltmeisterschaft laufen – dagegen kommt die härteste Krise nicht an.

Die Musiker haben ein neues Werbeterrain entdeckt: Konzerte für den Frieden! Rokia Traoré singt für die Flüchtlinge und ist damit nach langer Zeit wieder auf allen Kanälen präsent, Bassekou Kouyaté, der in Mali eher wenig bekannt ist, aber von dem Münchner Produzenten Jay Rutledge groß und in Europa bekannt gemacht wurde, widmet sein neues Album dem wahren Islam gegen die Salafisten. Dies wird ihm von seinem Freund und Nachbarn, dem westafrikaweit berühmten Prediger Cheick Haidara gedankt, der darüber auch sein Entree in deutsche Medien bekommt, als Retter vor den Salafisten, obwohl er in Wirklichkeit sich zwar taktisch nach außen als liberal gibt, nach innen aber stockreaktionär alle Frauen verschleiert an Herd und Küche zurück verbannen will und vor allem den Analphabetinnen, die als Haushaltshilfen arbeiten und fast nichts verdienen, dieses Geld für Segnungen aus der Tasche zieht. »Keine Scharia«, versichert Bassekou Kouyaté seinen Zuschauern in Europa – was nicht ausgesprochen wird, ist die damit einhergehende, und weil besser als die Scharia akzeptierte, schleichende Islamisierung der vordem so offen liberal und laizistischen Gesellschaft.

Alle profitieren von der Krise.

Der wohl berühmteste Fußballer Malis und Kapitän der Nationalmannschaft, Seydou Keita gibt sich staatsmännisch und kritisiert, dass nur 50 Prozent der Bevölkerung sich für das Land engagierten. Und sein Namensvetter, der weltberühmte Musiker Salif Keita, setzt sich wie immer noch einmal mehr gegen alle anderen ab und erinnert daran, dass die Masse der unbekannten und nichtsdestotrotz oft genialen Musiker unter dem Notstand leidet, weil öffentliche Musik verboten ist und die Musiker keine Aufträge bei Hochzeiten und Taufen bekommen, wie ich es ja noch mit eigenen Ohren während meiner letzten Zeit in Mali gehört hatte, von dem schwarzen Tuareg Yattara, von Madous ehemaliger Band, von anderen Musikern, die uns besuchten.

24.6.:

Immer neue Kandidaten: Cheick Modibo Diarra, der erst von Sanogo geförderte, dann von ihm abgesetzte ehemalige Ministerpräsident, schreibt sich als Präsidentschaftskandidat ein – ich frage mich, wann denn Anmeldeschluss ist, in einem Monat sollen doch schon Wahlen sein!

Normaler Alltag: Der renovierte Zoo eröffnet und präsentiert seinen Besuchern 300 Tiere.

26.6.:

Zeitungskommentar zum Abkommen mit der MNLA: »Unterschrift unter Vereinbarung mit Banditen – die MNLA hat den Krieg gewonnen«.

Malische Spezialvariante des Wahlkampfs: »Fetischeure reiben sich die Hände«, schreibt die Zeitung »26. März«, weil viele Kadidaten viel Geld ausgeben, damit die Zauberer etwas für ihren Sieg tun. Schon letztes Jahr hatte Madou mir erzählt, dass IBK sogar auf die andere Seite des Flusses umgezogen war, weil sein Hexer ihm gesagt hatte, dass er die Wahl verlieren werde, wenn er auf dieser Seite des Flusses wohnen bleibe, weil dort ihm feindlich gesonnene Strömungen herrschten.

27.6.:

Ich kann es kaum glauben, muss es dreimal lesen, aber es wird sogar von RFI berichtet: »Capitaine Sanogo bittet um Entschuldigung für den Putsch im März 2012.«

Wie das genau formuliert wurde, ist nirgends zu lesen, aber es ist eindeutig: Anlässlich einer von Diacounda Traoré und Django Sissoko organisierten Zeremonie zur Versöhnung der beiden Heeresteile, also den »bérets verts«, die den Putsch machten und den »bérets rouges«, die ATT treu blieben und später einen Gegenputsch versuchten, hatte Sanogo gesagt: »Ich bitte die malische Gesellschaft um Pardon«, nie wieder dürfe es zwei Heeresteile oder zwei Polizeiteile geben. Mal abwarten, was morgen für Kommentare in den Zeitungen stehen!

Die Hälfte aller weiteren Nachrichten beziehen sich auf den Wahlkampf: Welche Gruppen der Zivilgesellschaft – ein Begriff, der immer öfter auftaucht ohne genauer definiert zu sein – sich hinter welchen Kandidaten stellen, einige Jugendorganisationen wollen 500 000 Stimmen für Modibo Sidibe zusammenbekommen, die Jugend und Frauenorganisationen der ADEMA bezahlen die Anmeldegebühren für ihren Kandidaten Dramane Dembélé, Madame Chato verkündet, »incha Allah« (so Gott will) werde sie die erste Präsidentin Malis, die PSP bildet einen Block hinter Soumaila Cisse, elf Prüfkriterien für die Kandidaten werden veröffentlicht, zum Beispiel was die Kandidaten gegen die Korruption tun wollen, was für Jugend und Frauen etc. und alle versprechen mit verschiedenen Schwerpunkten vor allem riesige Summen, mit denen das jeweilige Thema gefördert werden soll, und alle wichtigen Kandidaten reisen in die umliegenden Länder und Frankreich, um sich dort vorzustellen und Medienberichte in Mali von ihren Besuchen dort zu bekommen.

28.6.:
Währenddessen geht der Krieg im Norden weiter. Ein Verantwortlicher der »Mujao« – neben al Qaida und den Salafisten die dritte der angeblich islamischen Verbrecher – wird in Timbuktu verhaftet. 880 Soldaten aus Niger treffen ein.

Sanogos »Pardon« trifft auf Unverständnis. Viele Fragen seien unbeantwortet, wird kritisiert, vor allem, wo die verschwundenen und entführten Putschkritiker blieben, von denen man seit Monaten nichts mehr gehört habe.

Die Anmeldegebühr, die die Jugend und Frauenorganisation der ADEMA für ihren Kandidaten zahlt, beträgt immerhin zehn Millionen Francs CFA! Ich frage mich, wieso diese größte und an sich aussichtsreichste Partei diesen unbekannten Mann als Präsidentschaftskandidaten aufgestellt hat. Entweder sehen sie sowieso keine Chance und bauen ihn schon für die nächste Wahl auf, oder sie setzen bewusst einen Kontrast zu dem alten, vor allem auch den alten politischen Filz repräsentierenden IBK, der keine Ahnung von den Notwendigkeiten und Möglichkeiten einer modernen, auf die Zukunft gerichteten Staatsführung hat.

29.6.:
Die Legalisierung von Homosexualität wird ein immer heftiger diskutiertes Thema, auch in den umliegenden Ländern. Allein die Diskussion ist ein deutliches Zeichen dafür, dass die schleichende Islamisierung der Gesellschaft oder Dominierung der Gesellschaft durch islamisches Denken und islamische Werte, nicht so weit fortgeschritten ist, wie viele es wohl gerne hätten. Im Senegal demonstrieren Schwule öffentlich während des Besuches von Barack Obama, dem Macky Tall, der senegalesische Präsident, klar erklärt hatte, dass Homosexualität nicht legalisiert werden werde.

Auf den Webseiten erscheinen nun animierte Werbebänder der Kandidaten mit Verweisen auf Facebook und Twitter. Auf Facebook entdecke ich immer wieder malijet.com-Nachrichten. Es ist ein moderner, heftiger, kontroverser Wahlkampf. Von Re-Islamisierung bis Pan-Afrikanismus, von Gesundheitsfragen bis Frauenrechten, von Schulwesen bis Justizreform. Wenn man bedenkt, wie viele Laptops und Smartphones auf den Straßen zu sehen sind, selbst bei Telefonkartenverkäufern und Bananenverkäuferinnen, und wenn man außerdem bedenkt, dass man mit den massenhaft verkauften Internetsticks überall, selbst auf dem Land, soweit Telefonnetz da ist, ins Internet kann, muss man davon ausgehen, dass an den Diskussionen nicht nur eine dünne Oberschicht teilnimmt, wie vor allem die schlauen europäischen »Experten« uns in Europa einreden wollen.

30.6.:
50 000 demonstrieren gegen Compaoré in Ouagadougou. Auf youtube erscheinen neue Dokumentationen über Thomas Sankara – er ist nicht vergessen und Blaise Compaorés zwielichtiges Verhalten in der Mali-Krise erinnert letztlich immer wieder daran, dass er es war, der die größte Hoffnung Afrikas umgebracht hat oder umbringen ließ, um das Rad der Entwicklung zurückzudrehen, gefördert von Mitterand und Gadhafi.

Macky Sall findet es »inakzeptabel, europäische Soldaten zu rufen, um unsere Probleme zu regeln«. In Bezug auf Mali ist das leider ein frommer Wunsch, aber trotzdem ist es, gerade während der Afrika-Reise Obamas, eine enorm wichtige perspektivische Klarstellung. Und es kommen immer mehr afrikanische Soldaten aus den umliegenden Ländern in den Norden Malis!

Die Zeitungen fragen, wer die Kampagnen der Kandidaten finanziert und mit welchen Geldern dies geschieht.

Es wird Zeit, das alte Bild vom korrupten Afrika, das sich nicht ändern will, zu erneuern: Die Verbrechen Gadhafis – der bisher immer vor allem von den unteren Schichten in Afrika als der große Afrika-Repräsentant gesehen wurde, obwohl er ja ein Araber war – werden nun recherchiert und peu à peu öffentlich gemacht. Der ehemalige Präsident des Tschad, Hissène Habré wird in seinem Exil in Dakar verhaftet und wegen Verbrechen gegen die Menschlichkeit angeklagt. Außerdem gibt es weitere Demonstrationen gegen Blaise Compaoré, die seinen Rücktritt fordern! Natürlich gibt es weiterhin Korruption, so etwas ist nicht von heute auf morgen zu ändern, aber es gibt nicht nur in Mali deutliche Anzeichen einer Bewegung zum Besseren hin.

1.7.:

Die ersten Blauhelmsoldaten kommen nach Mali.

Der Premierminister findet das Datum der Wahlen am 28. dieses Monats »unerträglich«, was insofern verständlich ist, als es dann mit seiner Macht ein Ende hat, aber auch weitere Artikel beschäftigen sich mit den Hindernissen für diese Wahl. Gleichzeitig legen Kadidaten wie Soumaila Cisse differenzierte Programme vor, »um Mali seinen Stolz zurückzugeben«.

Das Abkommen zwischen Mali und der MNLA steht von allen Seiten unter Beschuss. Außer der Regierung, die wohl von außen dazu gezwungen wurde, findet sich kein einziger Malier, der damit einverstanden ist. Es ist viel von Scham und Trauer die Rede.

Dr. Oumar Mariko und andere Mitglieder der Nationalversammlung verlieren ihre Immunität – gegen Mariko wird wegen Mordverdachts an putschkritischen Studentenführern ermittelt.

36 Kandidaten für die Präsidentschaftswahl – 4 Favoriten.

2.7.:

Die weltfremde Selbstgefälligkeit deutscher Linker kommt zu einem neuen Höhepunkt. Die ehemaligen Internationalisten, die einst für die Gleichheit aller Menschen auf diesem Globus kämpften, entpuppen sich als Pantoffeldiktatoren. Die »Kooperation für den Frieden – ein Zusammenschluss friedenspolitisch aktiver Organisationen und Initiativen in der Bundesrepublik Deutschland« erstellte ein Dossier zum »Mali-Konflikt«, in dem es um den »Kampf um die Kontrolle von Nord- und Westafrika« geht, also um unsere Interessen – die Menschen dort haben offenbar keine, sind reine Objekte imperialistischer Fremdsteuerung.

Diese menschenverachtende Sicht gipfelt darin, dass im Abschluss der Studie, die auf der Internetseite der Kooperation eingesehen werden kann, in seitenlangen, mit Strichpunkten abgesetzten Abschnitten, Regierung und Bevölkerung, Ethnien und religiösen Führern erklärt wird, was sie zu tun haben:

»die Regierung sollte …«, »die Tuareg sollten…«, »eine Einigung ist herbeizuführen …« – man muss sich das bildlich vorstellen: Da sitzen irgendwelche Herren in Berlin, wärmen sich die Hände, damit sie damit den unmündigen, unfähigen, bewusst- und hilflosen malischen Verantwortlichen vorschreiben können, was sie zu tun haben.

Geht's noch?

Sie haben sogar schon etwas von »Cousinage« gehört und fordern die Malier auf, diese dazu zu benutzen, Frieden im Lande herbeizuführen! »Die Regierung sollte:« – und das ist nun der wahrhaft überhaupt nicht mehr widerlegbare Rat der Berliner Friedensweisen – die europäischen Truppen wieder nach Hause schicken und weiter mit den Salafisten verhandeln!

Als ob sie das nicht viel zu lange getan hätte: In diesen Tagen erscheint ein Foto einer Frau, der Hände und Füße abgehackt wurden! Die Verantwortlichen sollen also demnach warten, bis die Zungen herausgeschnitten werden, damit sie den Inhabern der alleinigen Wahrheit (damit den Berlinern durchaus verwandt) nicht mehr widersprechen können – oder wie ist das sonst zu verstehen?

Als ob die unendliche Geduld der Malier nicht gerade an diesem Punkt die Kehrseite der Kultur des Dialogs, diesem Fremdwort für die Berliner Alleinvertreter des Friedens in der Welt, deutlich gemacht hätte! In diesem Fall mussten Unzählige die Kultur des Dialogs mit dem Leben bezahlen – nicht genug für die »Kooperation für den Frieden«.

Wenn es nicht zum Heulen wäre, wäre es zum krumm und schief Lachen, komplette Umdrehung der Verhältnisse: Diese Friedenherrschaften könnten von den Maliern lernen, was eine Kultur des Dialogs ist, sie sind es, die Aufklärung brauchen, nicht die Malier.

Ich schäme mich, Deutscher zu sein und bin nur froh, dass derartige Ergüsse zum Glück nicht bis nach Mali fließen.

3.7.:

Die Amerikaner sind wieder mal die allerletzten, die bereit sind, irgendetwas zu kapieren: Sie gratulieren dem Sankara-Mörder Compaoré zu dessen Vermittlung in der Mali-Krise.

Unverdrossen auch Oumar Mariko: Er erklärt auf einer Pressekonferenz, dass die Aufhebung seiner Immunität – immerhin wegen Verdachts auf Beihilfe zu mehrfachem Mord – kein Hindernis sei, sich als Präsidentschaftskandidat aufstellen zu lassen.

8.7.:

Seit Tagen melden und dementieren die Medien, dass die malische Armee in Kidal einmarschiert sei. Sicher ist, dass die MNLA es nicht tatenlos hinnimmt und mit Anschlägen provoziert.

20 internationale Beobachter der Wahlen treffen ein.

Nachdem verschiedene Kandidaten zurückgewiesen wurden, stellen sich nun 28 zur Wahl, die beim Interimspräsidenten Diacounda Traoré vorsprechen: Der Endspurt beginnt.

Lösung des Müllproblems, doppelte Gehälter und gerechte Justiz für alle werden von diesen und jenen versprochen, keine Toleranz gegenüber Korruption und Rechtsunsicherheit von allen: 20 Tage Wahlkampf bleiben.

Der Ramadan beginnt am 10.7..

10.7.:

Der deutsche Botschafter Günter Overfeld übergibt den malischen Sicherheitsbehörden sechs LKW. Wieder werden die Deutschen über den grünen Klee gelobt.

Regenzeit und Fastenzeit: Die denkbar schlechtesten Voraussetzungen für die Wahl – aber der Wahlkampf tobt auf allen Kanälen.

Kidal ist in Händen der malischen Armee – der dortige Gouverneur bereitet die Wahl vor.

12.7.:

ORTM stellt die Kandidaten vor. An mehreren aufeinander folgenden Abenden können sie in ausführlichen Interviews ihr Wahlprogramm erläutern. Dabei werden sie auch mit harten, kritischen Fragen konfrontiert.

14.7.:

Eine Abordnung der malischen Armee marschiert auf der Champs-Élysées beim Revolutionsfeiertag der Franzosen: Dank für die Befreiung von den händeabhackenden Besatzern des Nordens.

15.7.:
Der Wahlkampf verschärft sich. Ein großer Artikel in der Zeitung »Zénith Balé« erscheint mit dem Titel:

»IBK – der Manager der politischen Lüge« – an zehn Beispielen wird erklärt, warum und wie er Wasser predigt und Wein trinkt, was auch der erste Punkt ist: »Morgens findet man in seinem Abfall die Weinflaschen des letzten Abends«, er predige Gewaltfreiheit, habe aber als Premierminister nur mit Gewalt durchgegriffen, er sei zynisch, die personifizierte Bourgeoisie, Revanchist, schrecke nicht vor faulen Kompromissen zurück, beleidige seine Gegner, wie grundsätzlich die anderen an allem Schuld seien, nur nicht er.

16.7.:
Die 158 Parteien Malis verteilen sich auf die Kandidaten und erklären ihre Unterstützung. Es ist kaum mehr möglich, einen Überblick über die unzähligen Pressekonferenzen, Presseerklärungen und sonstigen Verlautbarungen zu bekommen, die das Land überschwemmen. Unvorstellbar, was das alles kostet! Aber genügend Geld scheint ja da zu sein. Dabei ist zu beachten, dass zum Beispiel eine halbe Seite in einer Zeitung – nicht Werbung, sondern als redaktioneller Beitrag verpackt – etwa 400 000 Francs CFA kostet, circa 600 Euro. Entsprechend teurer sind Fernsehbeiträge. Mit ganz vorne dabei immer die einzige Frau im Rennen: Haidara Aishatta Cisse, genannt Madame Chato, sie muss unendlich reich sein, sie gehört zu den drei Kandidaten, die sich animierte Laufbänder zum Beispiel auf malijet.com leisten, auf denen sie der Jugend und den Frauen Malis ein neues Zeitalter verspricht, was ich ihr durchaus abnehme. Ob sie damit allerdings schon im ersten Wahlgang Präsidentin werden kann, wie sie sich sicher zu sein, hin und wieder beteuert, bleibt fraglich.

Die religiösen Führer Dicko und Haidara rufen dazu auf, zu wählen, betonen aber, keine Empfehlungen zu geben. Von Dicko, dem reaktionären Chef des Hohen Rats, ist bekannt, dass er IBK bevorzugt. Und damit einer Meinung mit Sanogo ist.

Ein Detail noch zu den Wahlverhältnissen: 60 Prozent der Wahlberechtigten sind unter 30 Jahren. Deshalb versprechen alle Kandidaten vor allem der Jugend und den Frauen, dass alles sich ändern werde, wenn sie Präsident werden, Madame Chato zum Beispiel verspricht 500 000 neue Arbeitsplätze für Jugendliche.

17.7.:
Die malische Armee zurück in Thessalit. Das ist deswegen besonders symbolträchtig, weil mit der Flucht der malischen Soldaten aus Thessalit im Januar 2012 der Niedergang ATTs begann. Der Kreis schließt sich.

18.7.:
Chipkarten werden ausgegeben, ohne die nicht gewählt werden kann. Jeder braucht seinen Ausweis plus Chipkarte, um wählen zu können. Überall wird aufgeklärt und daran erinnert, dass jeder sich seine Karte holen soll, um seiner »Bürgerpflicht« nachkommen zu können. Fotos werden veröffentlicht, auf denen lange Schlangen von Menschen zu sehen sind, die sich ihre Wahlchipkarten abholen.

18.7.:
Vier Tote bei gewalttätigen Auseinandersetzungen wegen der Wahlen in Kidal. Soumalia Cisse lässt sich von 200 Autos und 2 000 Motorrädern zum Palais de cultur begleiten. Modibo Sidibe stellt sein Programm »Horizont Mali 2030« vor.

19.7.:
Vier Wahlhelfer werden in Kidal entführt.

20.7.:
Präsentation der Partei SADI von Oumar Mariko im Fernsehen (wie alle anderen zuvor und noch danach). Er spricht nicht selbst, sondern sein Repräsentant. Und zwar auf Bamanankan, der Sprache, die alle Ethnien verstehen. Denn auf den Wahlzetteln stehen nicht nur die Namen der Kandidaten, sondern sind auch Fotos von ihnen zu sehen, sodass auch Analphabeten wählen können.

21.7.:
Die vier entführten Wahlhelfer aus Kidal werden in Thessalit befreit.

22.7.:
Religionsführer Dicko macht 100 Millionen Francs CFA locker, damit IBK gewählt wird. Rein statistisch gesehen, berichtet die Mehrheit der Artikel von Unterstützung für IBK. Chato erklärt, dass sie aufgrund ihrer profunden Kenntnisse der Probleme des Nordens die Beste und Fähigste sei, die Krise zu lösen. Oumar Mariko schimpft bei einer Wahlveranstaltung mit Volksmusik und T-Shirt-Verteilung auf alles und jeden – kein Wort über seine Putschbeteiligung, die Mordvorwürfe, seine Treffen mit den Salafisten. Modibo Sidibe behauptet auf Massenveranstaltungen – deren Teilnehmer im Wesentlichen aufgrund der »Geschenke« kommen, die er verteilt und die meist aus Geld bestehen –, er vereine Jugend und Frauen hinter sich; nirgends ein Wort über seine Rolle als Drogenchef von Kidal, obwohl er mit dem dabei verdienten Geld derartige Veranstaltungen bezahlt. So sind sie, die Malier: Alle wissen alles, keiner redet darüber.

Dann das Unfassbare: Diacounda Traoré empfängt die MNLA-Führer, gegen die zum Teil Haftbefehl erlassen ist! Das wird »nationale Versöhnung« genannt.

23.7.:
Auf der hochprofessionell gemachten Website des ADEMA-Kandidaten Dembélé wird zur Abschlussveranstaltung des Wahlkampfes am 25.7. eingeladen. Ich bin ziemlich beeindruckt von der Aufmachung der Webseite und entdecke bei mir immer noch die Grundhaltung »Das können die doch alle nicht, die sind doch alle nicht so weit wie wir«, obwohl ich ja von mir selbst denke, das überwunden zu haben – warum sonst bin ich so angenehm überrascht von etwas, was heute auf der ganzen Welt absoluter Standard ist? Dabei ist die Gestaltung witziger als tumbe FDP-Reklame oder bemühter Piraten Non-Konformismus, der wie Rabattwerbung wirkt.

RFI interviewt alle 28 Kandidaten mit zum Teil denselben Fragen.

Regengüsse verhindern die Wahlveranstaltung von Cisse.

Zweifel an der Korrektheit der Wahlchipkarten werden laut. Geht alles mit rechten Dingen zu? Auch damit könnte man mauscheln.

Die Wahlparolen konzentrieren sich auf die Essentials. IBK verspricht, Mali seinen Stolz und seine Würde zurückzugeben. Anders Soumaila Cisse, ihm geht es um wahrhafte und dauerhafte Entwicklung.

Der Rückzieher der malischen Autoritäten gegenüber der MNLA wird kritisiert, speziell Diacounda Traoré, der die Haftbefehle gegen die MNLA und »Ansar Dine« aufhob. Die Verträge mit der MNLA werden als Schändung Malis bezeichnet.

Die Wahlhelfer werden in ihre Rolle und Funktion eingewiesen.

24.7.:
Generalstaatsanwalt Daniel Tessougué bezeichnet die Aufhebung der Haftbefehle gegen die MNLA als Hochverrat. Andere Stimmen nennen das Treffen der MNLA-Führer mit dem Interimspräsidenten »Beleidigung der Justiz«.

25.7.:
Alle Kandidaten stellen sich noch einmal im Fernsehen vor und die meisten beschwören, dass sie im ersten Anlauf gewinnen werden.

26.7.:
Die Frauen der Kandidaten und damit eventuellen zukünftigen First Ladies werden vorgestellt.

Es ist klar, dass die Wahl ein heftiger Zweikampf zwischen IBK und Cisse werden wird.

Ich telefoniere mit Madou und frage ihn, wen er wählen wird. »IBK – ist doch klar!«, antwortet er. Ich bin schockiert. »Der alte Sack hat doch keine Ahnung von der modernen Welt«, wende ich ein, »und hast Du nicht den Artikel ›Manager der Lüge‹ im Netz gelesen?« »Ich habe kein Geld für das Internet«, erklärt Madou, »alle Malier wollen IBK, er ist der Einzige, dem man vertrauen kann, alle anderen lügen.« Wahrscheinlich hat ihn unser Nachbar Bakary, der der Quartiersvorsitzende von IBKs Kampagne in Bankoni Razel ist, überzeugt. »Aber er repräsentiert doch nur das alte System!«, rufe ich verzweifelt ins Telefon. »Er hat sich bei Sanogo angewanzt, er arbeitet mit dem von Dir so gehassten Dicko!« Madou wiederholt: »Alle Malier wollen IBK!«

27.7.:
Ich rufe eine malische Freundin an, die seit 15 Jahren mit einem Deutschen verheiratet ist, zwei Kinder hat und in Karlsruhe lebt, um ihre Einschätzung zu den unmittelbar bevorstehenden Wahlen zu hören.

»Es wird gewählt, keine Frage, alles ist bestens vorbereitet, wir sind sehr froh, dass niemand versucht, die Wahl zu verhindern, alle Malier wollen sie!«

Auch auf den Webseiten las ich: »Die Wahlvorbereitungen laufen unbeeinflusst von der Ex-Junta.«

»Ich bin Wahlhelferin in Frankfurt«, berichtet Djeneba – und ich freue mich, da ich zu diesem Zeitpunkt gerade in der Nähe von Frankfurt bin.

»Komm doch vorbei, dann lerne ich Peter endlich kennen«, schlägt sie vor, »das Wahllokal ist direkt am Hauptbahnhof, im Intercity-Hotel.«

28.7.:
Am Ende des Bahnsteigs im Frankfurter Hauptbahnhof, an dem mein Regionalzug aus Würzburg ankommt, sehe ich einen Mann in einem blauen Bubu, dem traditionellen malischen Festtagsanzug, der offenbar jemanden erwartet. Ich fasse mir ein Herz und spreche ihn darauf an, dass ich das malische Wahllokal suche.

»Kein Problem«, antwortet er, als sei es das normalste auf der Welt und sucht mit seinen Blicken weiter die ankommenden Fahrgäste ab, »Du kannst mit uns kommen, wir gehen direkt dorthin.«

Ich stelle ihm meinen Sohn Peter vor, der ihn aus dem Kinderwagen anstrahlt, berichte, dass er einen malischen Pass hat und bedauere, dass er noch zu jung ist, um zu wählen. »Das dauert nicht mehr lange«, tröstet er mich und begrüßt die ankommende Gruppe, zwei Männer, drei Frauen, zwei Kinder, alle traditionell gekleidet, der ältere der beiden Männer offenbar ein hochrangiger Malier, den der Abholer besonders respektvoll begrüßt. Ich werde wie selbstverständlich in die Gruppe integriert und frage, ob sie Kontakte zu in München lebenden Maliern haben, damit ich Peter mit malischen Kindern zusammenbringen kann.

»Kein Problem« (auch in Mali der meistgehörte Satz), sagt der Abholer, »ich bin Präsident der Vereinigung der in Deutschland lebenden Auslandsmalier, ich bringe Dich in Kontakt mit den Menschen, die Du suchst.« Wir tauschen Visitenkarten aus, er heißt Dadji Touré, ist »Président de Conseil de Base des Maliens de L'Extérieur d'Allemagne«. Ich werde gefragt, wie lange ich in Mali lebte, die beiden Frauen holen sich noch etwas bei Mc Donalds und kurz darauf sind wir in Saal acht im Keller des Intercity Hotels. Etwa 30 Personen, viele Kinder, die sich sofort um Peter kümmern, heftige Diskussionen. Noch im Wahllokal streiten sie sich bis aufs Blut, diese Malier – welche Demokratie! Wo gibt es solches Engagement in Deutschland?!

»Das neue Mali ist nicht mehr von Traditionen und Ethnien bestimmt, sondern von Arbeit und Solidarität!«, ruft Djeneba gerade auf französisch mit Zornesfalten zwischen den Augen einem vor ihr am Tisch stehenden, Tuareg-blau gekleideten jungen Mann zu, der heftig den Kopf schüttelt, aber bevor er etwas entgegnen kann, fügt Djeneba hinzu: »Natürlich werden Traditionen und Ethnien respektiert – aber sie bestimmen nicht das Leben!« Leider verstehe ich seine Antwort nicht, da er schnell und kompliziert auf Bamanankan antwortet.

Ein Wahllokal wie jedes andere auch: In der Mitte die Urne, hinten rechts und links je eine mit der malischen Flagge geschmückte Wahlkabine, vorne ein langer Tisch, an dem die Wahlhelfer sitzen, dahinter eine Pinnwand, auf der Fotos mit Personenangaben von etwa 300 Frauen und Männern zu sehen sind. Auch auf dem Tisch der Wahlhelfer liegen diese Listen mit Fotos.

Dadji Touré erklärt mir das Verfahren: Alle Wahlberechtigten müssen sich mit Ausweis und der speziellen Chipkarte ausweisen, die sie auch in Deutschland im Vorfeld bekommen haben, dazu ihren Fingerabdruck abgeben. Außerdem werden ihre Gesichter mit den Fotos verglichen – abends sehe ich auf den Fotos von Malijet und Maliweb dasselbe Bild aus den Wahllokalen in meinem Bezirk der Commune I von Bamako. Bestimmt kann man auch in diesem Verfahren etwas fälschen, aber das Gerede der europäischen Besserwisser von der Fassadendemokratie, bei der willkürlich irgendwelche Ergebnisse zustande kommen, ist mal wieder beschämend für diese, und wird sowohl vom Engagement der Menschen als auch vom Verfahren widerlegt.

Es gibt Wahllokale in Hamburg, Berlin, Düsseldorf, Frankfurt und München.

Dadji schaut auf den Listen in seinem Smartphone nach und gibt mir die Adresse des Wahllokals in München, wo am 11.8. die zweite Runde der Wahl stattfinden wird. »Dann findest Du dort die Münchener Kontakte, die Du brauchst«, sagt er lächelnd.

Alle gehen davon aus, dass keiner der Kandidaten bereits im ersten Wahlgang über 50 Prozent bekommen wird. So spannend war noch keine Wahl in Mali, auch wenn die beiden Hauptkonkurrenten IBK und Soumaila Cisse heißen, gegen die der Kandidat der größten Partei ADEMA, Dramane Dembélé, keine Chancen hat, aber sicher erst mal eine 50-Prozent-Mehrheit verhindern wird.

Djeneba begleitet mich zum Ausgang. »Ich habe Soumaila (Cisse) gewählt,« sagt sie, »ist doch klar: IBK ist ein Einzelgänger, er kann kein Land führen.« Ich berichte von Madou, Sacko und Bakary, meinem Nachbarn, dem Taxifahrer und dem Elektriker, diesen jungen Leuten, die alle diesem alten Mann vertrauen, er sei der einzige Glaubwürdige.

Djeneba zuckt eher resigniert mit den Achseln. »Wenn IBK gewinnt, geht das kein Jahr gut – dann werden die Malier sehen, wie sie sich getäuscht haben.«

Und während ich den Kinderwagen zum Bahnhof schiebe, denke ich:

Demokratie heißt in den wenigsten Fällen, dass die eigene Meinung die ist, die gewinnt.

Aber die Kultur des Dialogs –
sie hat gewonnen.

Die Erzählungen sind mit zahlreichen Fotos des Autors illustriert.

Knut Mueller
Afghanischer Traum

Ein Kriegsreporter erzählt

Klappenbroschur,
203 Seiten, 19,– €

ISBN 978-3-941688-18-6

Osama bin Ladens Fluchthöhle im Tora Bora-Labyrinth, Opiumbasare und Treffen mit warlords sowie deutschen und US-Militärs – von diesen Orten und Begegnungen hat Knut Mueller nicht nur geträumt, sondern sie als Kriegsfotograf hautnah erlebt. Nun veröffentlicht er seine sehr persönlichen und mit zahlreichen Anekdoten und »Insider-Wissen« gespickten Erinnerungen erstmals in gesammelter Form. Die Erzählungen zeigen Afghanistan aus einer bislang wenig bekannten Perspektive: Abseits von politischer Propaganda für oder gegen den militärischen Einsatz, dafür mit dem zielgerichteten Blick des Journalisten und Fotografen, gelingt es Mueller, die verschiedensten Seiten des in den Medien dauerpräsenten aber in vieler Hinsicht doch gleichzeitig so unbekannten Landes eindrücklich darzustellen.

Prospero

Alles zu unserem
Programm gibt es unter
www.prospero-verlag.de

Jürgen Schmidt
Die Tochter des Kongolotsen

Broschur,
251 Seiten, 14,– €

ISBN 978-3-941688-06-3

Kapitän Jürgen Schmidt schildert in diesem ergreifenden autobiographischen Werk eine ungewöhnliche Liebe. Die authentische Geschichte handelt vom sechzehnjährigen deutschen Schiffsjungen Jürgen Schmidt, genannt Mozo, der sich unsterblich in die gleichaltrige Tochter eines Kongolotsen verliebt.
Er verlässt sein Schiff, um sein Leben im damaligen Belgisch-Kongo, an der Seite seiner neuen Freundin zu verbringen, allen Widrigkeiten zum Trotz.

1960 gerät er in die Kriegswirren der Entkolonialisierung und erlebt bestialische Verbrechen. Als die Stadt Matadi bombardiert wird, verläßt er unter größten Gefahren das Land, ohne seine geliebte Freundin Ruby, die bereits ein Kind von ihm erwartet.

Prospero

Alles zu unserem
Programm gibt es unter
www.prospero-verlag.de